五四運動

的歷史詮釋

歐陽哲生

自序

　　收集在本書的八篇論文是自己在近二十年間圍繞五四運動史的研究成果。其中前五篇是在上世紀九十年代撰成並發表，後三篇是在新世紀的前九年寫作或整理成稿，這些論文在收入本集時，又小作了一些文字修訂。相對來說，這二十年是五四運動史研究比較「冷」的年頭，我懷著熾熱的激情在這塊充滿爭議的領域頑強地耕作。這些論文都是帶著強烈的「問題意識」，以一種胡適所謂「不苟且」的態度寫就而成。

　　在中國近代史研究領域，最近三十多年的研究大勢可以說是此起彼伏。有些重大事件的研究（如太平天國史）在經歷了一陣熱鬧、爭議之後，似乎正在消沉下去；有些重大事件的研究（如戊戌變法史、辛亥革命史研究）借助週期性的每隔十年一次的紀念活動，仍然高潮迭起，頗有長江後浪推前浪之勢。五四運動史研究的情形與辛亥革命史類似，它在最近三十年間舉行了四次大規模的紀念性學術研討活動，頭兩次（1979、1989 年）的紀念性學術研討活動，表現了強烈的解放思想、呼籲新啟蒙的勁頭，使五四運動史研究與新時期改革、開放的時代大潮緊密結合在一起；後兩次（1999、2009 年）的紀念性學術研討活動則在學術的廣度、深度，在參與研討的國際性、多學科性方面有了新的突破和發展，使五四運動史的學術研究層面得以大大拓展。我有幸負責籌備 1999、2009 年北京大學紀念「五四」運動的國際學術研討會，對五四運動史研究在這段時期的發展有了更為親切、現場的體驗，其中甘苦自知。

　　新時期中國人文學術的發展經歷了「三變」：突破「文革」時期那種講究教條的極「左」思維，解除禁錮，回歸文化本身，這是「一變」；戒除 1980 年代「文化熱」中的浮躁情緒，講究學術規範，推

崇學術史研究，這是「二變」；在中外文化交流的廣闊視野中，通過與外來文化的對話和交流，通過對中國自身文化傳統的理性反省，對中國人文學術的發展走向有了新的體認和自信，中國人文學術由此在更高層次上開始新的推進，中西文化在全球化的大背景下更為緊密地交融，是為「三變」。這是正在進行的一個過程。總結自己走過的學術道路，《二十世紀中國文化》（北京大學出版社 2010 年版）是「一變」時期的產物，《五四運動的歷史詮釋》和《重新發現胡適》可謂「二變」過程中的代表性成果。我們這一代人的學術成長正是在經歷了這「三變」的過程中脫胎換骨，不斷前行。我堅信，伴隨中國人文學術自我意識的深度覺醒，隨之而來的應是巨大創造能量的釋放，這可能是在新世紀我們可以期待的一次飛躍。

當初我進入五四運動史研究領域時，曾心存一個願望，寫作一部類似瑞士歷史學家雅各・布克哈特的《義大利文藝復興時期的文化》、甚或像法國年鑒學派歷史學家費爾南・布羅代爾的《15 至 18 世紀的物質文明、經濟和資本主義》那樣的五四運動史巨著，以反映那個動盪、巨變時期中國的歷史全貌。在學術界沒有出現這樣一部著作前，我以為這仍是一個值得自己追求的學術目標。但願自己能為此繼續努力，希望現在所做的這一切，能為自己未來的工作做一些鋪墊。

感謝最初為自己發表這些論文的刊物。感謝蔡登山先生為本書所作的出版安排，他的催促使我在緊張的工作中抽空加快這本論文集的合成。這是我在寶島臺灣第一次出版著作，希望借助此書，與海外讀者作一次愉悅、暢快的交流。

歐陽哲生 2011 年 8 月 16 日於北京海澱藍旗營

目次

中國新文化運動的傳統起源

　　中國新文化運動與傳統文化之間的歷史關係如何？這是「五四」以來迭招物議、聚訟紛紜的一個問題，對它的解答不僅伴隨著緊張的史事爭辯，而且包含著激烈的文化衝突。以現代新儒家為代表的文化保守主義者站在反對派的立場上，指斥新文化運動拋棄傳統、毀滅「國粹」、一意西化，造成中國傳統文化的「斷裂」；與此相左的極端反傳統主義者則以這一運動的繼承者相標榜，認定新文化運動的精神是整體否定傳統，是「全盤性反傳統主義」。儘管二者所持的文化立場截然相反，但否認新文化運動與傳統文化的歷史關係卻有著驚人的一致。正因為如此，他們不願意，也不可能去追溯中國新文化的傳統起源。

　　站在今天的歷史高度，重新審視上述觀點，我們不難發現他們的文化偏見和學術缺陷。從文化理論上言之，他們以中西之爭代古今之爭，僅僅從中西文化衝突這一歷史背景去認識和把握新文化運動，看不到外部的中西文化衝突畢竟要受到中國人文傳統自身演進的內在規律的制約，看不到中國新文化運動的發生、發展畢竟要以傳統文化作為自身的歷史基礎。從歷史材料上分析，他們以價值判斷代歷史判斷，與新文化運動的歷史實際相脫節，與倡導這一運動的領袖對這一問題的看法相抵牾。胡適晚年在回顧總結新文化運動的歷史時指出，它作為中國的「文藝復興運動」，不過是宋代以來「這個一千年當中，中國文藝復興的歷史當中，一個潮流、一部分、一個時代、一個大時代裏面的一個小時代。」[1]胡適的看法是否精當，

---

[1]　胡適：〈中國文藝復興運動〉，收入《胡適作品集》第24冊，臺北：遠流出版

可容商榷。不過，作為新文化運動的歷史見證人，他承認這一運動是中國人文傳統自身演變的產物，這是顯而易見的。基於文化的、歷史的理由，我認為有必要就新文化運動與中國傳統文化的歷史關係重新加以全面探討。這裏我們通過對新文化人和他們的反對派（主要是現代新儒家）與傳統文化繼承關係的粗略比較，勾勒兩者的分野之處，理清新文化運動的歷史淵源，以期澄清長久以來人們在這一研究領域積存的某些誤區。

一、清代樸學與新文化人的治學路徑

中國傳統文化在其漫長的歷史發展過程中，經歷了六個重要階段，每一階段都有其佔主導地位的學術思潮，這就是先秦之諸子學、兩漢之經學、魏晉之玄學、隋唐之佛學、宋明之理學、清代之樸學。若以中國傳統文化與新文化的歷史關係之密切而言，則首先不得不言及新文化的前身——清代樸學。曹聚仁曾謂：

> 在今日要讀古書，得把科舉時代的觀念拋開，把漢學、宋學的病根切斷，首先要接受清代樸學所已整理了的業績。不讀清儒所已整理了的經子古籍，尤其是諸子，那就不必讀古書。對於皖學、揚學、浙學沒有瞭解的人，就不配讀古書。[2]

要讀古書是如此，因為樸學是開啟中國傳統學術的一把入門鑰匙。要追溯新文化運動的傳統起源，自然也得從其前身清代樸學入手。

清代樸學又稱漢學、鄭學，它以推崇漢儒樸實學風、反對宋儒空談義理著稱，與同時期繼承理學的「宋學」抗衡。其治學特徵是「厭倦主觀的冥想而傾向於客觀的考察」，[3]研究內容則是從文字音韻、名物訓詁、校勘輯佚等方面從事經書古義的考證。

公司，1988 年 9 月三版，第 180 頁。
2　曹聚仁：《中國學術思想史隨筆》，北京：三聯書店，2003 年 8 月版，第 380 頁。
3　朱維錚校注：《梁啟超論清學史二種·中國近三百年學術史》，上海：復旦大

　　新文化運動的主要倡導者蔡元培、陳獨秀、胡適、劉半農、錢玄同、魯迅、周作人、李大釗、沈尹默、劉叔雅、吳虞、易白沙諸人生長於晚清末年，在其青少年時代無不受過典型和嚴格的傳統式教育，其文化背景可謂以傳統舊學為底色。由於他們的治學興趣主要集中在文史方面，故他們大都接受了在晚清學術界仍據正統地位的樸學訓練，邃於國學。或有所師承，或有所專精，或有所撰著。以新文化人早年與清代樸學的關係而言，大致可分為三種類型，茲述如下：

　　第一種類型以蔡元培、陳獨秀為代表，他們擁有前清進士、舉人、秀才的傳統功名，為謀求進身之階，他們自然受過系統的樸學訓練。

　　蔡元培先生 23 歲參加浙江鄉試就中了舉人，27 歲進京補行殿試，被錄為二甲第三十四名進士，旋授為翰林院庶吉士。清廷戶部尚書翁同龢十分欣賞青年蔡元培的才華。1892 年 6 月 11 日，蔡元培拜見翁，翁在日記中讚歎地寫道：「新庶常來見者十餘人，內蔡元培乃庚寅貢士，年少通經，文極古藻，俊材也。」[4]1894 年，蔡又由庶吉士升為翰林院編修。這時，不過而立之年的蔡元培已是才華卓著，「聲聞當代，朝野爭相結納」[5]的士大夫了。蔡先生博學多聞，舉凡關於考據、詞章、醫學、算術等書均隨意拾讀，涉獵極廣。他明白交待：

> 　　我的嗜好，在考據方面，是偏於詁訓及哲理的，對於典章名物，是不大耐煩的；在詞章上，是偏於散文的，對於駢文及詩詞，是不太熱心的。

　　學出版社，1985 年 9 月版，第 91 頁。

[4] 陳義傑整理：《翁同龢日記》第 5 冊，北京：中華書局，1997 年 6 月版，第 2525 頁，。

[5] 羅家倫：〈從蔡孑民先生致吳稚暉先生函看辛亥武昌起義時留歐革命黨人動態〉，收入《逝者如斯集》，臺北：傳記文學出版社，1967 年 9 月版，第 80 頁。

他曾想編一部《說文聲系義證》和一本《公羊春秋大義》，惜後未成書。[6]

陳獨秀雖從小即具叛逆性格，但迫於祖父的權威，不得不隨兄鑽研經學，年僅 17 歲即以第一名考取秀才，足證其舊學修養不錯。[7]對有清一代的學術重鎮「樸學」，他亦曾下過功夫，尤擅長文字聲韻之學。1908 年周作人在東京曾目睹陳獨秀與古文經學大師章太炎討論清代漢學問題，說他「那時也是搞漢學，寫隸書的人。」[8]1910 年陳獨秀以陳仲的筆名，撰〈說文引伸義考〉一文在《國粹學報》連載。[9]1913 年他亡命上海，閉門過冬，又著《字義類例》一書，序中自稱：「對解釋假借有點特殊的意見」，「近代學問重在分析，此書分析字義底淵源，於中學國文教員或者有點用處。」[10]窺察這些事例，可以看出陳獨秀早期與漢學的密切關係。

第二種類型以吳虞、周氏兄弟和錢玄同為代表。雖未具傳統功名，卻曾拜業於經學大師門下，接受了紮實的樸學訓練和正統的經學教育。

吳虞 19 歲即入四川經學名門——成都遵經書院，師從經學家吳伯竭學習詩文。受其影響甚大，「側聞緒論，始知研討唐以前書。」[11]逐步登入漢學門堂。

周氏兄弟和錢玄同東渡日本留學時，因仰慕「革命的學問家」章太炎先生的大名，前往東京《民報》社，參加他主辦的「國學講

---

[6] 蔡元培：〈我的讀書經驗〉，載 1935 年 4 月 10 日《文化建設月刊》第 1 卷第 7 期。收入《蔡元培全集》第 6 卷，北京：中華書局，1988 年 8 月版，第 507 頁。

[7] 晚清秀才分兩種：一種是考八股時進的秀才，稱為八股秀才；一種是在廢八股後，考策論時進的秀才，稱為策論秀才；八股秀才比策論秀才值錢。陳獨秀屬於八股秀才。參見蔣夢麟：〈談中國新文藝運動〉，收入《西潮・新潮》，長沙：嶽麓書社，2000 年 9 月版，第 340-341 頁。

[8] 周作人：《周作人回憶錄》，長沙：湖南人民出版社，1982 年 1 月版，第 455 頁。

[9] 陳仲（陳獨秀）：〈說文引伸義考〉，原載 1910 年 7 月 26 日、8 月 24 日《國粹學報》第 68、69 期。

[10] 陳獨秀：《字義類例》序，上海：亞東圖書館，1925 年石印本。

[11] 吳虞：〈鄧守瑕《荃察余齋詩文存・序》〉，收入《吳虞集》，成都：四川人民出版社，1985 年 3 月版，第 140 頁。

習會」。所用課本為許慎的《說文解字》，每週一課，從 1928 年到 1929 年，持續了一年多的光景。章太炎先生上課時「一個字一個字的講下去。有的沿用舊說，有的發揮新義，乾燥的材料卻運用說來很有趣味。」[12]章太炎對他的弟子們的影響主要是在文字方面，引導他們走上了「文字復古」[13]的道路。魯迅曾憶及當時自己做文章，「又喜歡做怪句子和寫古字，這是受了當時的《民報》的影響。」[14]周作人亦承認章先生的講課「實在倒還是這中國文學的知識，給予我不少的益處，是我所十分感謝的。」[15]錢玄同則乾脆進入了古文字的研究園地。著有《說文窺管》、《小學答問》（四卷）、《新出三體石經考》等書，1911 年後又追隨經學大師崔適，由古文學派轉向今文學派，對清末今文經學大師康有為《新學偽經考》一書頂禮膜拜。以為崔適所言《新學偽經考》字字精確，自漢以來未有能及之者」，「實不為過」。[16]由於章太炎在古文字研究中所占的特殊地位，周作人遲到 20 世紀 60 年代仍以為「章太炎先生對於中國的貢獻，還是以文字音韻學的成績為最大，超過一切之上的。」[17]章太炎的學生，「一部分到了杭州，在沈衡山領導下做兩級師範的教員，隨後又做教育司（後改稱教育廳）的司員，一部分在北京當教員，後來匯合起來，成為各大學的中國文字學教學的源泉，至今仍有勢力。」[18]

第三種類型以胡適為代表，他經自修苦學，獲得了精湛的漢學素養，並在該領域取得了引人注目的成就。

---

[12] 周作人：《周作人回憶錄》，第 204 頁。
[13] 參見周作人：《雨天的書·我的復古的經驗》，長沙：嶽麓書社，1987 年 7 月印行，第 115 頁。
[14] 魯迅：〈墳·題記〉，收入《魯迅全集》第 1 卷，北京：人民文學出版社，1982年版，第 3 頁。
[15] 周作人：《周作人回憶錄》，第 205 頁。
[16] 周作人：〈錢玄同的復古與反復古〉，收入《知堂集外文·四九年以後》，長沙：嶽麓書社，1988 年 8 月版，第 609-610 頁。
[17] 周作人：《周作人回憶錄》，第 205 頁。
[18] 周作人：《周作人回憶錄》，第 205 頁。

1910 年，胡適為通過留美考試，「閉戶讀了兩個月的書」。他二哥的好友楊景蘇先生指點他讀傳統經籍，要他從《十三經注疏》用功起。胡適自認「讀漢儒的經學，是從這個時候起的。」[19]從此，他與樸學考據結下了不解之緣。留美的國文考試題目是〈不以規矩不成方圓說〉。以考據見長的胡適借題發揮，不料正好碰著閱卷的先生大有考據癖，對胡適的文章特別賞識，批了一百分。出國留學後，胡適繼續留意考據之學，他一邊「讀王氏父子及段、孫、章諸人之書」，[20]一邊撰寫了〈詩三百篇言字解〉、〈爾汝篇〉、〈吾我篇〉、〈讀《老子》（二）——記韓非〈解老〉〈喻老〉之章次〉、〈論校勘之學〉、〈論訓詁之學〉、〈諸子不出於王官論〉等有關考據論文。從胡適所記〈漢學家自論其為學方法〉和開列的《幾部論漢學方法的書》可以看出，他已深得漢學的家法。[21]胡適的「暴得大名」雖然是由於文學革命，但是能進北京大學任教則主要是因為蔡元培先生看到他發表的考據文字，對他的樸學功底十分讚賞。[22]其中〈諸子不出於王官論〉成文於 1917 年 4 月，它是專為駁章太炎而作，也是胡適向漢學界最高權威正面挑戰的第一聲。海外著名史學家余英時先生甚至認為：「就胡適對上層文化的衝擊而言，〈諸子不出於王官論〉的重要性決不在其『暴得大名』的〈文學改良芻議〉之下。」[23]1920 年梁啟超綜論清末的考據學竟以年紀不過而立之年的胡適為殿軍，稱「而績溪諸胡之後有胡適者，亦用清儒方法治學，有正統派遺風。」[24]

[19] 胡適：〈四十自述‧我怎樣到外國去〉，收入《胡適文集》第 1 冊，北京：北京大學出版社，1998 年 11 月版，第 101 頁。

[20] 〈胡適留學日記〉（四）卷十五，收入《胡適作品集》第 37 冊，臺北：遠流出版公司，1988 年 9 月版，第 155 頁。

[21] 〈胡適留學日記〉（四）卷十六，《胡適作品集》第 37 冊，第 207-208 頁。

[22] 余英時：〈中國近代思想史上的胡適〉，收入胡頌平編著：《胡適之先生年譜長編初稿》第 1 冊，臺北：聯經出版事業公司，1990 年三版，第 31 頁。

[23] 余英時：〈中國近代思想史上的胡適〉，收入胡頌平編著：《胡適之先生年譜長編初稿》第 1 冊，第 31 頁。

[24] 朱維錚校注：《梁啟超論清學史二種‧清代學術概論》，上海：復旦大學出版社，1985 年 9 月版，第 6 頁。

　　新文化人早期的樸學修養對其一生的治學路徑產生了深遠的影響。許多人終身都保持了對歷史考據和古籍整理的濃厚興趣和嗜好，並將其視為自己治學的重要組成部分，胡適就是這樣一個典型代表。他自稱有「考據癖」。1921 年胡適在〈清代學者的治學方法〉一文中就聲明：「中國舊有的學術，只有清代的樸學『確有』科學的精神。」他總結並提倡清代學者的治學方法，即「大膽的假設，小心的求證。」[25]1923 年 11 月 13 日，胡適回覆梁啟超，表示願意參加「戴東原生日二百周年紀念日」，[26]並開始撰寫《戴東原的哲學》；後來又不惜花費二十餘年時間鑽研《水經注》，為他這位老鄉翻案，足見其在思想和方法上對其服膺之深。胡適一生圍繞許多細小瑣碎的史事進行考證，唐德剛先生在分析胡適的學問構成時，以「七分傳統、三分洋貨」[27]來劃分。這也可說明傳統歷史考據在胡適學術活動中所占地位之重要。

　　陳獨秀也是如此，他「自認對『小學』（即音韻訓詁）、《說文》考據最感興趣，終其一生都研究不輟。」[28]1933 年後，他被囚於南京獄中，達四年之久，在獄中撰寫了〈甲戌隨筆〉、〈古音陰陽入互用例表及其它〉、〈實庵字說及其它〉、〈實庵字說〉、〈識字初階〉、〈干支為字母說〉、〈老子考略〉等文字。[29]晚年他寫就未發表、或未竟完成的文字學方面的論文亦復不少，[30]且「頗有發明」，「足為文字學上有價值之著作」。[31]曹聚仁認為陳氏的「語言文字學的成就是很多的，

25　胡適：〈清代學者的治學方法〉，《胡適文集》第 2 冊，第 288、302 頁。
26　丁文江、趙豐田編：《梁啟超年譜長編》，上海：上海人民出版社，1983 年 8 月版，第 1007 頁。
27　唐德剛：《胡適雜憶》，上海：華東師範大學出版社，1999 年 1 月版，第 37 頁。
28　濮清泉：〈我所知道的陳獨秀〉，收入《陳獨秀評論選編》下冊，鄭州：河南人民出版社，1982 年 8 月版，第 331 頁。
29　唐寶林、林茂生：《陳獨秀年譜》，上海：上海人民出版社，1988 年 12 月版，第 472-473 頁。
30　陳獨秀有關音韻文字方面的論文已被整理為《陳獨秀音韻學論文集》，北京：中華書局，2001 年 12 月版。《小學識字教本》（劉志成整理），成都：巴蜀書社，1995 年 5 月版。
31　覺玄：〈陳獨秀先生印象記〉，載《大學月刊》第 1 卷第 9 期。

晚年的〈實庵字說〉,已到達爐火純青之境,可說是前無古人。」[32]其詞不免過於溢美,但也見陳氏雖非以學術聞名於世,卻對漢學(尤其是小學)造詣頗深。

魯迅是一位戰鬥的思想家、文學家。他在為《新青年》寫小說、隨感時,也正在收集碑刻、校《金石萃編》、刻《會稽郡故書雜集》,並在北京大學講授《中國小說史略》。他整理未刊、或未完成的舊學著作還有:《謝承後漢書》、《古小說鉤沉》、《嵇康集》、《嶺表錄異》、《漢畫石刻》等。周作人曾把魯迅一生的工作分為兩大類:「甲為搜集輯錄校勘研究,乙為創作。」以《新青年》為界,此前「重在輯錄研究」,此後「重在創作」。[33]他還說:

> 在文學方面,他對於舊的東西,很用過一番功夫。例如:古代各種碑文的搜集,古代小說的考證等,都做得相當可觀。可惜,後來都沒有出版,恐怕那些材料,現在都散失了。有人批評他說:他的長處是在整理這一方面,我以為這話是不錯的。[34]

魯迅的古籍整理成就鮮為人知,這也可說是文學創作掩蓋了他的另一面。1922 年 2 月魯迅在回擊《學衡》派的攻擊時,稱對方為「實不過聚在『聚寶之門』左近的幾個『假古董』所放的假毫光」,「諸公掊擊新文化而張皇舊學問,倘不自相矛盾,倒也不失其為一種主張。可惜的是於舊學並無門徑,並主張也還不配。倘使字句未通的

---

[32] 曹聚仁:《文壇三憶》,北京:三聯書店,1999 年 11 月版,第 88 頁。轉引自陳萬雄:《新文化運動前的陳獨秀 1879-1915 年》,香港:中文大學出版社,1979 年初版,第 7 頁。

[33] 周作人:〈關於魯迅〉,收入氏著《瓜豆集》,長沙:嶽麓書社,1989 年 10 月版,第 153、157 頁。

[34] 〈魯迅先生靈耗在北平·周作人談魯迅〉,載 1936 年 10 月 22 日《大晚報》。轉引自倪墨炎:《苦雨齋主人周作人》,上海人民出版社,2003 年平 8 月版,第 343-344 頁。

人也算是國粹的知己,則國粹更要慚惶煞人!」[35]可見,魯迅對自己的舊素養也是頗為自負,不讓《學衡》諸公。

在治學途徑上,新文化人師承清代樸學,因而與繼承宋明理學衣鉢的現代新儒家恰然形成分庭抗禮之勢,這鮮明地反映在「五四」時期他們之間所展開的一系列論戰中。重要的不僅是論戰雙方的觀點不同,而且是論證的方法迥異。在東西文化論戰中,梁漱溟明確宣佈:「我是自己先有一套思想再來看孔家諸經的;看了孔經,先有自己意見再來看宋明人書的;始終拿自己思想作主。」[36]表明了主觀選擇的傾向;而胡適則視梁氏的東西文化觀為「主觀化的文化哲學」,批評其「不免犯了籠統的毛病」,[37]完全沒有根據,表現了要求有客觀依據的意向。在「古史辨」論戰中,對古史取「懷疑」態度的顧頡剛以「層累地造成的古史」的歷史觀為其治史的指導思想;對古代傳說、神話和歷史採取「剝皮」的辦法,「盡尋它的罅漏」,層層驗證,步步逼進。而對古史採「自衛」態度的劉掞藜則希望「對於古史只採取『察傳』的態度,參之以情,驗之以理,斷之以證」,[38]要求以同情、敬意的理解方式把握中國歷史。在「科玄論戰」中。張君勱排除科學方法應用於解決人生問題的可能性,稱:「人生觀之特點所在,曰主觀的,曰直覺的,曰綜合的,曰自由意志的,曰單一性的,惟其如此五點,故科學無論如何發達,而人生問題之解決,決非科學所能為力,惟賴人類之自身而已。」[39]他反唇相譏地要求論

[35] 魯迅:〈估《學衡》〉,收入《熱風集》,《魯迅全集》第 1 卷,北京:人民文學出版社,1982 年版,第 377、379 頁。
[36] 梁漱溟:《東西文化及其哲學》,《梁漱溟全集》第 1 卷,濟南:山東人民出版社,1989 年 5 月版,第 540 頁。
[37] 胡適:〈讀梁漱溟先生《東西文化及其哲學》〉,《胡適文存》二集卷三。《胡適文集》第 3 冊,北京:北京大學出版社,1998 年 11 月版,第 186、184 頁。
[38] 劉掞藜:〈討論古史再質顧先生〉,原載 1923 年 9 月 2 日《讀書雜誌》第 13 期。收入《古史辨》第 1 冊,上海古籍出版社,1982 年 3 月六版,第 161 頁。
[39] 張君勱:〈人生觀〉,收入《科學與人生觀》,濟南:山東人民出版社,1997 年 3 月版,第 38 頁。

敵「拿證據來！」地質學家丁文江激烈批評「玄學鬼附在張君勱的身上」，強調同意胡適在〈五十年來之世界哲學〉一文中的意見：

> 我們觀察我們這個時代的要求，不能不承認人類今日最大的責任與需要是把科學方法應用到人生問題上去。[40]

陳獨秀在丁、胡鼓吹的「科學的人生觀」上更進一步，提出「唯物的歷史觀」，認為「只有客觀的物質原因可以變動社會，可以解釋歷史，可以支配人生觀。」[41]

新文化人與他們的反對派的上述論爭，很令人想起清代漢學與宋學的長期對壘。漢宋之爭的實質在於對待儒家學說與中國文化遺產的理解方式彼此意見不一。漢學傾向客觀、經驗、考據，宋學力持主觀、義理、冥思。「五四」時期的論戰雙方對於是否承續漢宋之爭並不在意，重要的是在新的歷史條件下，如何以最有利的方式表白自己的文化選擇和價值觀念，這就不能排除包括利用傳統的思維方式。張灝先生在解釋現代新儒家的治學特徵時，認為他們與「康有為從今文經學汲取其對儒家的宗教性詮釋」不同，是「從宋明理學裏建立儒學的宗教觀」，[42]他們自視為宋明理學「倫理精神象徵」（ethical spiritual symbolism）的現代保護者，並將此視為儒家信仰的精髓。反觀新文化人早期的樸學化治學過程，考察他們一生的治學路徑，他們在論爭中以清代樸學家自視，俯首即拾漢學家的「考證方法」，這便是一件自然的事了。與此同時，站在其對立面的新儒家，為維護傳統的價值觀念，走向宋明理學，以宋明理學的現代鬥士自居，亦是不言而喻的了。現代新儒家在治學方式上著重義理之辨，帶有濃厚的主觀、冥思色彩；而「五四」新文化人明顯地倒向清代

---

[40] 丁文江：〈玄學與科學〉，收入《科學與人生觀》，濟南：山東人民出版社，1997年3月版，第51、59頁。

[41] 陳獨秀：《科學與人生觀・序》，收入《科學與人生觀》，濟南：山東人民出版社，1997年3月版，第7頁。

[42] 張灝：〈新儒家與當代中國的思想危機〉，收入氏著《幽暗意識與民主傳統》，臺北：聯經出版事業公司，1990年3月再版，第81-82頁。

樸學，在治學路徑上偏好於歷史考據、古籍整理、文字訓詁，更為強調客觀的歷史證據，這是兩者處理傳統文化遺產時首先出現的一大歧異。無論如何，人們必須承接傳統，在此基礎上進行創造和革新，不可能排除傳統，新文化人理解並自覺於這一點，他們並沒有超越歷史對自己的限制，只不過是在傳統文化的空間裏，與新儒家發生了錯位，論爭和分野遂由此產生。

二、以「復古解放」為先導的「價值重估」

現代新儒家拾取宋明理學的牙慧，走上了一條返本開新、闡釋真儒的道路，並在「價值保存」的旗幟下，梁漱溟找到了一個道德化的「意欲」，熊十力發現了「心性」的感性活力，馮友蘭建立了「新理學」，賀麟提出了「新心學」。「五四」新文化人從師承清代樸學出發，以「疑古」思想為端緒，進一步提出「價值重估」，並圍繞這一目標，展開了一系列批儒反孔和「整理國故」的活動。

梁啟超縱覽近三百餘年學術思潮的發展方向時，一言以蔽之「以復古為解放」。[43] 第一步是明末顧炎武首倡「復宋之古」，對於陸、王心學而得解放；第二步是乾嘉學派「復漢唐之古」，對於程朱理學而得解放；第三步是晚清康有為撰著《新學偽經考》和《孔子改制考》，「復西漢之古」，對於許（慎）、鄭（玄）而得解放；最後一步是章太炎以古文經學反今文經學，「復先秦之古」，對於一切傳注而得解放。

三百多年的「復古解放」思潮是在「疑古」思想推動下向前發展的。其中，「疑古」包含著「信古」，「信古」摻雜著「疑古」，這裏始終貫穿著一種證偽的批判精神。這種趨勢發展到晚清的今、古文經學之爭，其內部便滋生了一些無法由其規範和解決的新問題。

首先，三百年的「復古解放」是以恢復先秦儒家經典的原貌為其最後落腳點，其歸宿並沒有偏離正統的軌道，經學實為儒學。現在，

---

[43] 朱維錚校注：《梁啟超論清學史二種‧清代學術概論》，上海：復旦大學出版社，1985 年 9 月版，第 6 頁。

「夫既已復先秦之古,則非至對於孔孟而得解放焉不止矣。然其所以能著著奏解放之效者,則科學的研究精神實啟之。」[44]其次,三百年經學大師們的古籍整理以儒家經典為主,大家的眼光與心力注射的焦點都停留在儒家的經書上;其他各家典籍仍塵封深藏,極少過問,其研究範圍自然失之狹窄,「缺乏參考比較的材料」。[45]最後,三百年樸學治學傾向是注重功力而忽略理解。清代學者鑒於宋明學者專注理解的危險,努力向樸實的功力發展,力避主觀的見解。結果,這三百年中除了戴震、章學誠、崔述幾位學者外,「幾乎只有經師,而無思想家;只有校史者,而無史家;只有校注,而無著作。」[46]這樣一來,徹底脫開孔孟經典教條,跳出今、古文經學的治學圈子,重估傳統文化的價值,就提上了議事日程,誠如周作人所說:「古也非不可復,只要復的徹底,言行一致的做去,不但沒有壞處,而且反能因此尋到新的道路,這是的確可信的。」[47]「復古解放」達到極至,就必然走向反「復古」,這就是新文化運動呼之欲出,應運而生的歷史依據。

新文化人早年大都領受了「復古解放」的洗禮,周作人曾明白承認自己的「復古」經驗,其「復古的第一支路」是「最初讀嚴幾道、林琴南的譯書,覺得這種以諸子之文寫夷人的話的辦法非常正當,便竭力的學他」,他和魯迅合譯的《域外小說集》就是這種「復古」觀念影響下的產物。《新約》在中國有文理與官話兩本,因為這兩種譯本的文字「還欠『古』」,於是周作人「決意『越俎』來改譯,足有三年工夫預備這件工作」,這是他「復古的第二支路」。以前他作古文,都有句點,「後來想到希臘古人都是整塊的連寫,不分句讀段落,也不分字,覺得很是古樸,可以取法;中國文章的寫法正是

---

44 朱維錚校注:《梁啟超論清學史二種・清代學術概論》,上海:復旦大學出版社,1985年9月版,第6頁。

45 胡適:〈《國學季刊》發刊宣言〉,《胡適文存》二集卷一。《胡適文集》第3冊,第9頁。

46 胡適:〈《國學季刊》發刊宣言〉,《胡適文存》二集卷一。《胡適文集》第3冊,第8頁。

47 周作人:〈我的復古的經驗〉,收入《雨天的書》,長沙:嶽麓書社,1987年7月版,第117頁。

這樣，可謂不謀而合，用圈點句殊欠古雅」。於是他主張取消「圈點的辦法」，「一篇文章必須整塊的連寫到底」，這是他「復古的第三支路」。周作人以為「這種復古的精神，也並不是我個人所獨有。大抵同時代同職業的人多有此種傾向。」[48]錢玄同亦是其中的典型一例，他在清末先師從古文學派大師章太炎，走上了文字「復古」的道路；民國初年，他又追隨崔適，由古文學派轉向今文學派，對今文學派大師康有為的《新學偽經考》一書頂禮膜拜。但他們在「復古」的過程中，漸次感到它的壓軸戲與新的歷史舞臺極不協調，便開始對自己的「復古」經驗深刻反思。民國初年政治、教育的亂象以及袁世凱復辟帝制和張勳復辟的失敗，「經過這兩件事情的轟擊，所有復古的空氣乃全然歸於消滅。」[49]在這一歷史背景下，胡適提出以「評判的態度」對待中國文化歷史遺產，要求「重新估定一切價值」，[50]這可說是為新文化運動打出了一面理論旗幟，也是新文化人在痛苦的經驗反省中所做出的新的價值判斷和文化抉擇。

「價值重估」落實於具體評判中國傳統文化，「在消極一方面是反對盲從；是反對調和。」[51]這就包括對歷來人們所視為神聖不可侵犯的事物進行無情的褻瀆，對「至聖」孔子和奉若神明的「禮教」予以批判，對傳統權威的「聖賢教訓」和社會公認的習慣勢力提出質疑並推倒。「在積極一方面，是用科學的方法來做整理的功夫。」[52]何謂「整理」？就是：

> 從亂七八糟裏面尋出一個條理脈絡來；從無頭無腦裏面尋出一個前因後果來；從胡說謬誤裏面尋出一個真意義來；從武斷迷信裏面尋出一個真價值來。[53]

---

[48] 周作人：〈我的復古的經驗〉，收入《雨天的書》，長沙：嶽麓書社，1987 年 7 月版，第 115、116 頁。
[49] 周作人：〈錢玄同的復古與反復古〉，收入《知堂集外文·四九年以後》，第 611 頁。
[50] 胡適：〈新思潮的意義〉，《胡適文存》卷四。《胡適文集》第 2 冊，第 552 頁。
[51] 胡適：〈新思潮的意義〉，《胡適文存》卷四。《胡適文集》第 2 冊，第 558 頁。
[52] 胡適：〈新思潮的意義〉，《胡適文存》卷四。《胡適文集》第 2 冊，第 558 頁。
[53] 胡適：〈新思潮的意義〉，《胡適文存》卷四。收入《胡適文集》第 2 冊，第 557 頁。

一般論者只是注意到上述文化活動的反傳統傾向，而對其有賴於中國文化傳統自身的發展極為忽視。其實，它與中國人文傳統內在增長的批判理性精神密切相關，這裏所說的批判理性精神，主要是指明末以來的「復古解放」。可以說，西方近世文明的衝擊形成新文化運動的外部壓力和現實影響，中國傳統文化內在增長的批判理性構成新文化運動的內部動力和歷史基礎。二者分別從橫、縱兩方面對新文化運動的「價值重估」，構成制約和限定。

「打孔家店」為陳獨秀、吳虞所力倡，但反孔活動自古有之。「以復古為解放」進入高潮，經學堡壘中的異端漸露端倪。譚嗣同大呼「衝決千年名教網羅」；梁啟超表示「吾愛孔子，吾尤愛真理」；[54]章太炎以「別子為宗」，推崇荀子，講解《說文》以「不太雅馴」的口吻「拉扯上孔夫子的尼丘」。[55]民國初年，雖有一幫遺老遺少的極力維持，「儒門淡薄，收拾不住」的局面已成定勢。再把戴震的「以理殺人」說和魯迅的「吃人的禮教」加以貫通，其間的聯繫就不難發現了。所以胡適後來說：

> 孔家店之倒也，也不自今日始也。滿清之倒，豈辛亥一役為之？辛亥之役乃摧枯拉朽之業。我們打孔家店，及今回想，真同打死老虎，既不能居功，亦不足言罪也！[56]

「整理國故」是胡適提出的一個口號。不過在他之前，章太炎就曾有《國故論衡》一書問世，胡適借用他的「國故」一詞，有些人嫌其舊的色彩過於濃厚，魯迅甚至根本反對。[57]但是，把「整理國故」看作是對舊有文化的一種積極態度，一種「價值重估」，是「再造文明」

---

[54] 梁啟超：〈保教非所以尊孔論〉，《飲冰室文集》之九，收入《飲冰室合集》第1冊，北京：中華書局：1994年9月版，第59頁，。

[55] 《周作人回憶錄》，長沙：湖南人民出版社，1982年1月版，第205頁。

[56] 〈論六經不夠作領袖人才的來源〉，收入《胡適文存》四集卷四。《胡適文集》第5冊，第421頁。

[57] 參見魯迅：〈華蓋集·通訊〉。收入《魯迅全集》第3冊，北京：人民文學出版社，1982年版，第25頁。

的必要準備，應該說包含有一定成份的合理性。許多反對者，甚至包括魯迅本人在這方面同樣做了大量工作。「整理國故」既是對清代樸學古籍整理的歷史銜接，又是在其基礎上的進一步擴大和提高。「整理國故」將傳統的經史典籍整理推廣至整個中國文化歷史研究，將從故紙堆裏搜尋「國粹」發展到「再造文明」，將斷識史料的集大成式的整理提高到「價值重估」，這些都表明了其歷史的進步之處。

當時新文化人進行的「整理國故」，其實績主要體現在「古史辨」派的古史討論中。根據「古史辨」派主要代表人物顧頡剛的表白：

> 我的《古史辨》的指導思想，從遠的來說是起源於鄭、姚、崔三人的思想，從近的來說則是受了胡適、錢玄同兩人的啟發和幫助。[58]

胡適給顧頡剛的影響主要是在歷史方法上，於研究線索「不但要去辨偽，要去研究偽史的背景，而且要去尋出它的漸漸演變的線索，就從演變的線索上去研究。」[59]於具體考證則是「大膽的假設，小心的求證」。這是胡適從清代學者治學方法中總結出來的法寶。錢玄同給顧頡剛的影響主要是「辨清了今、古文學家的原來面目。」[60]胡、錢二位的影響實為從正、反兩方面總結清代學術的經驗。

姚際恆、崔述均為清代著名學者。姚氏著有《好古堂書目》、《九經通論》（顧頡剛僅發現《詩經通論》、《儀禮通論》、《禮記通論》、《春秋通論》四書），他的學術思想偏離傳統觀念甚遠。他不但大膽駁斥宋代理學祖師爺朱熹，而且還嚴厲批評漢代經學大師鄭玄；不但敢疑「傳、注」，而且敢疑「經」，所以他在清代學者保守的氛圍中，落在最倒楣的地位；他的著作無人敢刊刻印行，死後便散佚了。崔氏留有經陳履和整理的《崔東壁先生遺書》，他採用司馬遷「考信於

[58] 顧頡剛：〈我是怎樣編寫古史辨的？〉（上），收入《中國哲學》第二輯，北京：三聯書店，1980 年 3 月版，第 390 頁。
[59] 顧頡剛：〈自序〉，收入《古史辨》第 1 冊，上海古籍出版社，1982 年 3 月版，第 78 頁。
[60] 顧頡剛：《秦漢的方士與儒生·序》，上海：群聯出版社，1955 年版。

六藝」的口號，只信從經書記載，對諸子百家的傳說和神話一概排斥。鄭樵生於宋代，他寫作的《通志》雖涉及的範圍十分寬泛，卻因其內含深刻的批判精神，從他在世直到清朝中葉六百餘年間一直不為人重視，鄭氏本人也「背著惡名，受到斥罵」，直到章學誠出來為之辯誣，寫了〈申鄭〉、〈答客問〉諸篇，辯明著述和纂輯並非一碼事，才把鄭氏的真學問、真精神暢盡地表彰和昭顯，他的學術地位才得以真正確立。因此，鄭樵的被發現，實在是清代學者的功勞。顧頡剛明白承認自己治史受惠於這三位古代學者：

> 我的學術工作，開始就是從鄭樵和姚、崔兩人來的，崔東壁的書啟發我「傳、記」不可信，姚際恆的書則啟發我不但「傳、記」不可信，連「經」也不可盡信。鄭樵的書啟發我做學問要融會貫通，並引起我對《詩經》的懷疑。所以我的膽子越來越大了，敢於打倒「經」和「傳、記」中的一切偶像。[61]

由於清代學者具有「疑古」傾向的考據方法和批判精神給 20 世紀 20 年代的「古史辨」討論影響極大，所以，20 年代初，參加「古史辨」討論的一些重要骨幹分子顧頡剛、周予同、胡愈之、沈雁冰、葉聖陶、鄭振鐸、王伯祥、俞平伯等人在上海商議成立一討論古史的書社時，方以「樸社」來命名。[62]也因為「古史辨」的討論與清代學者在治學方法和使用材料上保持著一脈相承的歷史繼承關係，顧頡剛在談到「古史辨」的緣起時，方說明「以考證方式發現新事實、推倒偽史書，自宋到清不斷地在工作，《古史辨》只是承接其流而已。」[63]

　　綜上所述，撇開近三百年「復古解放」思潮，我們就無法說明新文化人「打孔家店」的由來；脫離清代學者具有批判眼光的古籍

[61] 顧頡剛：〈我是怎樣編寫古史辨的？〉（上），收入《中國哲學》第二輯，北京：三聯書店，1980 年 3 月版，第 340 頁，。
[62] 顧頡剛：〈我是怎樣編寫古史辨的？〉（下），收入《中國哲學》第六輯，北京：三聯書店，1981 年 5 月版，第 393 頁，。
[63] 顧頡剛：〈我是怎樣編寫古史辨的？〉（下），收入《中國哲學》第六輯，北京：三聯書店，1981 年 5 月版，第 400 頁。

整理，我們就無從考察「古史辨」派「整理國故」的脈絡。由此我們可以進一步推斷，沒有明末以來數代學者大師孜孜不倦、不懈追求的古籍整理和「復古解放」作為歷史基礎，很難設想有新文化運動這樣一場聲勢浩大、頗具成效的思想解放運動。一般論者均認為，新文化運動包括「破舊」和「立新」兩方面，而新文化人的「破舊」成績實在其「立新」之上。這又反證了近三百年來歷代學者持續不斷的批判精神和層層積累的整理成果，對新文化運動「價值重估」所起的先導作用。

三、傳統下層文化的興起

如何把握傳統文化內部結構各個層次之間的關係？這是「五四」新文化人和他們的反對派爭論的焦點。因在這一問題上無法癒合的分歧，最終形成了中國人文傳統的現代分野。新文化人積極倡導傳統的下層文化，以新儒家為代表的文化保守主義者，則極力維護傳統的上層文化。他們之間在這一問題上的各自主張，不僅顯示了兩者對傳統文化內部關係的現實態度根本對立，而且也意味著他們在建築自己的文化體系時，是搜尋不同的歷史素材作為各自的文化來源。這對中國現代文化的演進軌跡有著極為重要的影響。

眾所周知，任何一個進入文明階段的國家，其社會結構必然分化為統治階級和被統治階級。隸屬不同階級關係的集團不但在經濟上、政治上有本質區別，在文化上亦有「漢界楚河」之別。在長達數千年的封建社會裏，地主階級憑藉自己掌握的政權，樹立了上層文化的正統地位；與之對立的廣大農民群眾和城市平民依據自己的生活情感和慾求，自然也會產生與其地位相適應的思想觀念和文化意識，但限於時代局限和歷史條件，上層統治階級一般都囿於成見，對下層文化採取鄙視、壓抑的態度和政策，否認它們的價值存在，拒其於大雅之堂門外。傳統上層文化與下層文化這種相互並存、相互對立的矛盾運動構成傳統文化向前發展的內在動力。對傳統上、

下層文化的區分，新文化運動的代表十分清楚，胡適論及中國文學史時說「我們中國幾千年的文學史上有兩個趨勢，可以說是雙重的進化、雙重的文學，兩條路子。」「一個是上層的文學」，它是貴族文學、文人的文學、私人的文學，貴族的朝廷上的文學，「大部分在我們現在看起來，是毫無價值的死文學，模仿的文學，古典的文學，死了的文學，沒有生氣的文學」；「一個是下層的文學」，它「是老百姓的文學」，「是活的文藝，是用白話寫的文藝，人人可以懂，人人可以說的文藝。」[64]

近代以降，上述文化矛盾的主導地位雖逐漸讓位於中西文化衝突，但它並沒有隨之消失。它與新的民族文化矛盾並存，甚至交織在一起。因而中國新文化的創建實際面臨處理兩對矛盾：一是民族文化的內部矛盾，即傳統上、下層文化之間的對立；一是民族文化的外部矛盾，即中西文化之間的衝突。對傳統文化內在矛盾如何處理？究竟是一如既往，肯定上層文化，否定下層文化，還是走一條相反的路線，其意義和結果迥然相異。

戊戌維新的旗手康有為雖主張反科舉、辦新學，但他仍堅持保護孔教和舊倫理，並公開打出「保教會」的旗號，以示與西方文化對抗，這表明他對傳統的上層文化基本上持保留態度。「國粹派」的魁首章太炎亦有過模仿西方文藝復興運動，「復興古學」的念頭，但他畢竟沒擺脫古文經學的窠臼，實際上抱著正統儒學不放。被譽為「傳播西學第一人」的嚴復曾譯過八部西方近代名著，向人們推出了一個嶄新的文化世界。有趣的是，他所信奉的「信、達、雅」翻譯原則，竟是以漢代以前古文為翻譯文字的上乘，結果釀成「《天演論》、《法意》、《原富》等，原文皆白話也，而嚴幼陵君譯成文言」[65]的笑談。康、章、嚴對傳統上層文化所持的保守立場，不僅局限了

---

[64] 胡適：〈中國文藝復興運動〉，收入《胡適作品集》第 24 冊，臺北：遠流出版公司，1988 年 9 月三版，第 182 頁，。

[65] 蔡元培：〈致《公言報》函並答林琴南函〉，收入《蔡元培全集》第 3 卷，北京：中華書局，1984 年 9 月版，第 270 頁。

他們所展開的一系列文化革新活動的廣度和深度，而且也成為他們後來負隅阻抗新文化運動的深層原因。

新文化運動的興起伴隨著對傳統下層文化的大力提倡和對封建正統文化的嚴厲批判。正如清末革命黨人假明末遺老耆儒「反清復明」的思想和典籍進行民主革命鬥爭一樣，新文化人有意識地採取提倡傳統的下層文化，以打倒傳統的上層文化的戰略手法，這幾乎是當時新文化人的共識。

具體言之。在思想方面，新文化人提出打倒獨尊一統的儒家禮教，盛推諸子百家學說。「打倒孔家店」作為新文化人推倒傳統上層文化的主要手段，長期被人誤認為是「全盤性反傳統主義」，或曲解為「盡棄國粹」。其實，儒學並不代表中國傳統文化的全部，而新文化人的舉動，也不過是順應近三百年「復古解放」學術思潮發展的歷史潮流。新文化人之所以把矛頭集中對準孔教，主要在於它作為上層文化的主體，「二千年來『吃人的禮教』和法制都掛著孔丘的招牌，故這塊孔丘的招牌——無論是老店，是冒牌——不能不拿下來，撞碎、燒去！」[66]也因為「歷代君主，莫不尊之祀之，奉為先師，崇為至聖。而孔子云者，遂非復個人之名稱，而為保護君主政治之偶像矣。……故余之掊擊孔子。非掊擊孔子之本身，乃掊擊孔子為歷代君主所雕塑之偶像的權威也；非掊擊孔子，乃掊擊專制政治之靈魂也。」[67]可見，新文化人反對的是歷代封建統治者根據自己需要重新塑造的孔子，作為封建禮教秩序和專制政治精神支柱的孔子。

改變儒家獨尊一統的舊格局，在於恢復先秦諸子「百家爭鳴」的繁榮局面，讓各家學說在自由爭鳴中，去其糟粕，存其精華，從而使真正的國粹得以弘揚。

---

[66] 胡適：《吳虞文錄・序》，收入《胡適文集》第 2 冊，頁 610。
[67] 李大釗：〈自然的倫理觀與孔子〉，收入《李大釗選集》第 1 冊，北京：人民出版社，1999 年 10 月出版，第 250 頁。

即以國粹論，舊說九流並美，倘尚一尊，不獨神州學術，不放光輝，即孔學亦以獨尊之故，而日形衰落也。人間萬事，恆以相競而興，專占而萎敗。不獨學術一端如此也。[68]

新文化人對儒家以外的諸子學說，予以闡釋，並充分肯定。陳獨秀說：「墨氏兼愛、莊子在宥，許行並耕，此三者誠人類最高之理想，而吾國之國粹也。奈均為孔孟所不容何？」[69]胡適寫作《中國哲學史大綱》時，對老子以後的諸子以「平等的眼光」看待，「都還他一個本來面目」。[70]不獨如此，他還承認，墨子的「非攻」和老子的「不爭」是促使其成為一個「不抵抗主義者」的重要思想動力。[71]

吳虞則利用先秦道、法、墨家非儒的學說，對孔學和舊禮教、舊道德進行批判，他先後撰有〈儒家大同之義本於老子說〉（1916年8月）、〈消極革命之老莊〉（1916年12月）、〈道家法家均反對舊道德說〉（1919年6月）、〈墨子的勞農主義〉（1921年12月）、〈荀子之《天論》與辟禨祥〉（1923年）等文，[72]對老子、莊子、荀子、墨子諸家學說內含的積極因素予以正面解釋。如此事例，不勝枚舉。

值得注意的是，在諸子學說中，新文化人對墨家學說尤為推崇備至。墨家作為反映小農階層的思想學說，在戰國時代大有市場。當時「孔墨徒屬彌眾，弟子彌豐，充滿天下。」[73]時人有所謂「世之顯學，儒墨也」[74]之說。但是，同為先秦顯學的儒、墨兩家在漢代以降中國歷朝的命運卻大相徑庭，儒家成為炙手可熱的正統學說被奉為官方意識形態，而墨學被視為異端邪說長期受到壓抑，塵霾千古。

---

[68] 陳獨秀：〈答常乃悳〉，收入《陳獨秀文章選編》上冊，北京：三聯書店，1984年6月出版，第77頁。

[69] 陳獨秀：〈答李傑〉，收入《陳獨秀文章選編》上冊，第215頁。

[70] 蔡元培：《中國哲學史大綱・序》，收入《胡適文集》第5冊，第156頁。

[71] 唐德剛譯注：《胡適口述自傳》第四章〈青年期的政治訓練〉，收入《胡適文集》第1冊，第231頁。

[72] 上述諸文均收入《吳虞集》，成都：四川人民出版社，1985年3月版。

[73] 《呂氏春秋・尊師篇》。

[74] 《韓非子・顯學篇》。

近代以後，墨學逐漸受到部分學人的重視，並終於形成墨學的復興。大體而言，20 世紀以前，以孫詒讓為代表的考據家研究墨學是以校注《墨子》為主，而不太重視闡發墨家思想學說。[75]20 世紀初期，章太炎將研究目光開始轉向墨學的邏輯推理——名學，「然《墨經》本為名家之說，意不在明算也。」[76]「五四」前後，新文化人從批判文化專制主義的角度出發，對湮沒數千年的墨家學說力圖加以科學的說明。易白沙在《新青年》雜誌上發表的長篇論文〈述墨〉，其分量和影響可與他發表的另一篇重要論文〈孔子評議〉媲美，〈孔子評議〉係新文化陣營向孔教的正統地位提出挑戰的「哀的美敦書」，《述墨》則是《新青年》系統闡釋傳統異端學說的第一篇學術論文，它大體代表了新文化健將們對墨家思想的看法。文章開始就宣佈：「周秦諸子之學，差可益於國人而無餘毒者，殆莫如於墨子矣。」[77]下文接著系統論述了墨子的「兼愛」、「非攻」、「節用」思想及其現實意義。一時間，談墨、評墨蔚然成風，胡適、梁啟超為其中最具代表性的學者。[78]新文化人之所以熱衷於非儒之外的諸子學說，除了其本身思想體系內含的合理價值以外，更重要的是它們屬於長久被統治階級壓制的非正統的思想學說。而隱藏在這種以傳統反傳統背後的深層動機，卻是扶植傳統的下層文化。

在學術研究方面，不管是宋儒的理學，還是清儒的樸學，傳統學術的治學範圍不外經學和史學，而注經治史的中心都離不開儒家經典。至於「古韻的研究、古詞典的研究、古書舊注的研究、子書

[75] 有關孫詒讓的《墨子閒詁》一書的研究，參見鄭傑文：《20 世紀墨學研究史》，北京：清華大學出版社，2002 年 11 月版，第 18-20 頁。

[76] 章太炎：〈致國粹學報社書〉，原載《國粹學報》己酉年第十一號，宣統元年10 月 20 日出版。參見湯志鈞：《章太炎年譜長編》上冊，北京：中華書局，1979 年 10 月版，第 307 頁。

[77] 易白沙：〈述墨〉，載 1915 年 10 月 15 日《青年雜誌》第 1 卷第 2 號。

[78] 有關胡適、梁啟超對墨學的研究，參見羅檢秋：《近代諸子學與文化思潮》，第 181-185 頁，北京：中國社科出版社，1998 年 6 月版。鄭文傑：《20 世紀墨學研究史》第二章〈梁啟超與胡適的墨學研究〉，北京：清華大學出版社，2002年 11 月版，第 59-131 頁。

的研究，都不是為這些材料的本身價值而研究的。一切古學都只是經學的丫頭！」[79]胡適等人提出「整理國故」，其所謂「國故」系指「中國的一切過去的文化歷史」，而「國故學」則是「研究這一切過去的歷史文化的學問」。「過去種種，上自思想學術之大，下至一個字、一支山歌之細，都是歷史，都屬於國學研究的範圍。」[80]這就打破了理學、樸學主要把經史視為研究對象的狹陋的門戶之見，把國學領域擴充到一個前所未有的廣闊天地。在這種新的「國學」觀念引導下，新文化人拓展古史的研究範圍，「古史辨」派的成果可謂代表。《古史辨》洋洋七大冊，成績斐然，提出並解決了一系列中國古代文化歷史的重要問題，從遠古大禹的傳說，到清代學者的斷史結論；從先秦諸子的經典要籍，到孟姜女這樣的民間傳謠，都在其重新探討和評判的範圍之內。同時，他們普遍重視對民俗文化的研究，把古典歌謠、神話傳說、民間風俗這些一向為士大夫所鄙夷的「俗文化」請上學術殿堂。他們先後成立了歌謠研究會、方言調查會和風俗調查會，組織進行「新國故學」的研究工作，學術研究的觸角伸向廣闊的社會生活和民間風情，現代民俗文化學從此興起。[81]

在語言方面，傳統下層文化取代上層文化的趨勢更為明顯。白話文作為民間俗語，長久受到封建統治階級的鄙薄，視之為「俚語陋語」。1917年，胡適發表〈文學改良芻議〉一文，認為：

> 以今世歷史進化的眼光觀之，則白話文學之為中國文學之正宗，又為將來文學必用之利器，可斷言也。……以此之故，吾主張今日作文作詞，宜採用俗語俗字。與其用三千年前的死字（如「於鑠國會，遵晦時休」之類），不如用 20 世

---

[79] 〈《國學季刊》發刊宣言〉，《胡適文存》二集卷一。《胡適文集》第 3 冊，第 7 頁。

[80] 〈《國學季刊》發刊宣言〉，《胡適文存》二集卷一。《胡適文集》第 3 冊，第 11 頁。

[81] 關於「五四」時期的民俗文化研究情況，參見鍾敬文：〈五四時期民俗文化學的興起〉，載《北京師範大學學報》1989 第 3 期。

> 紀之活字；與其作不能行遠不能普及之秦、漢、六朝文字，
> 不如作家喻戶曉之《水滸》、《西遊》文字也。[82]

明確提出要用口語做詩文，去代替那久居正統地位的文言文。接著，《新青年》又發表許多回應這一主張的文章、通信及創作的白話文學作品，一場白話文運動開始在文學領域展開。「五四」運動以後，全國發行的各種白話報刊擴大到 400 多種，長期存在的口頭語言與報刊書面文字的分裂局面基本結束，語文統一、普及國語的白話文運動在報刊輿論界贏得了勝利。1920 年 1 月，教育部通令全國把國民學校（小學）的一、二年級國文改為國語；1923 年，中學國文課本亦採用國語，[83]白話文在教育領域得以全面普及。這樣，不過六、七年時間，白話文就成為通行的國語了。

在文學方面，胡適首先提出改良文學的「八事」（即一、「須言之有物」，二、「不摹仿古人」，三、「須講文法」，四、「不作無病之呻吟」，五、「務去爛調套語」，六、「不用典」，七、「不講對仗」，八、「不避俗語俗字」。[84]力求文學形式的改變。陳獨秀繼而為之聲援，高揚「文學革命」的大旗，明確宣佈「推倒雕琢的阿諛的貴族文學，建設平易的抒情的國民文學」；「推倒陳腐的鋪張的古典文學，建設新鮮的立誠的寫實文學」；「推倒迂晦的艱澀的山林文學，建設明瞭的通俗的社會文學。」[85]把文學革命的視角引向文學的內容。胡、陳二位主張的實質在於打破傳統文學的正統觀念，所以，他們的言論一經發表，在文學界就如投石擊水，引起了巨大的反響。周作人要求以「人的文學」和「平民文學」作為新創作的方向；錢玄同讚揚「齊梁以前之文學如《詩經》、《楚辭》及漢魏之歌詩樂府，從無用典者。」[86]魯迅破除「中國之小說自來無史」的慣例，撰寫《中國小

---

[82] 〈文學改良芻議〉，《胡適文存》卷一。《胡適文集》第 2 冊，第 14-15 頁。

[83] 黎錦熙：《國語運動史綱》卷二，上海：商務印書館，1934 年版，第 107-121 頁。

[84] 胡適：〈文學改良芻議〉，《胡適文存》卷一。《胡適文集》第 2 冊，第 6-14 頁。

[85] 陳獨秀：〈文學革命論〉，《陳獨秀文章選編》上冊，第 172 頁。

[86] 錢玄同：《寄陳獨秀》，收入《中國新文學大系·建設理論集》，上海：上海良

說史略》；鄭振鐸悉心搜集、研究民間文學，推出《中國俗文學史》；劉半農搜集民歌民謠，拓展一塊新的文學荒地……所有這些，既是研究領域的開拓，文學視野的擴大，更是在文學的價值觀念發生變化後，下層文學地位上升，取代上層文學的結果。

上述新文化人對傳統上、下層文化關係所進行的調整和變革，並非一帆風順。如果說晚清學術界的熱點表現為今、古文經學之爭，那麼，民初文化界的熱點則轉化為傳統下層文化和上層文化的直接對抗。一些舊學造詣甚深且深深眷戀傳統的學者、文人面對傳統上層文化的淪喪深感恐慌，極力阻撓傳統下層文化的升格。先有以晚清遺民自居的林紓發表致蔡元培的公開信，攻擊新文化人以「覆孔孟、鏟倫常」為快，[87]聲嘶力竭地為傳統的綱常禮教申辯；繼有經學餘緒劉師培、黃侃、馬敘倫等人創刊《國故》，以張揚國學為職守，實際上是捍衛傳統舊學的地位；復有標榜「新人文主義」的梅光迪、吳宓為代表的《學衡》派，反對白話文學，為古典的文言文學辯護。但反對派的這些努力已是時運不濟了。這並不是說他們的主張中未嘗不包含合理的因素，而是因為他們所憑藉的傳統上層文化業已衰頹，無法逆轉傳統下層文化回升的潮流。

由於新文化人在思想、學術、語言、文學等方面發動的強大攻勢，傳統文化的內部結構發生了根本性的變化，傳統上、下層文化的地位出現了置換。下層文化被立為中國現代文化的正宗，上層文化落到了負面。中國新文化就是在這種傳統文化內部關係發生變化中逐漸形成和發展的，它們之間保持著不可分割的血肉聯繫。

四、新文化人實現傳統的創造性轉換中的歷史局限

揭示和肯定中國新文化的傳統起源，並不意味著排斥西方近世文明對新文化運動產生的深刻影響，恰恰相反，通過探討這一問題，

友圖書印刷公司，1935 年 10 月 15 日印行，第 48 頁。

[87] 《林琴南致蔡元培函》，轉引自《蔡元培全集》第 3 卷，北京：中華書局，1984 年 9 月版，第 272 頁。

一方面我們可以看到，外來的文化思想和價值觀念的移植，必須以中國自身的文化歷史土壤為基礎，脫離中國人文傳統的歷史條件，談文化革新和文化創造，只能是一廂情願的空想。另一方面，我們可以發現，外來的價值觀念和科學思想是多麼深刻地影響和誘導著新文化人處理傳統文化遺產所走的路向。

新文化人以「價值重估」為其對待傳統文化的根本態度。這本身就是受到西方文化價值觀念滲透的一個明證。由於受到西方文藝復興運動的激勵，由於看到近代文明朝著世俗化、大眾化、寬泛化方向解放的潮流，由於對西方近代實驗科學方法有了初步的掌握，新文化人才敢於肯定清代樸學大師「無征不信」的考據方法，才有意重新走入故紙堆裏「整理國故」，才大膽確立傳統下層文化的「正宗」地位。僅從民族文化的外部衝突和西方文明的刺激把握新文化運動的產生，固然失之片面；若以民族文化的內部演變和傳統文化的素材作為新文化運動的唯一源頭，何嘗不為偏頗。我們只有將二者結合起來，全方位地透視新文化運動的內外關係，才能正確說明這一運動興起的真正原因。

「歷史學者應當不哭，不笑，而是理解。」[88]從推動民族文化進步的角度而言，我們現在探討新文化人在實現傳統文化創造性轉化過程中所做的工作，更多的不應是看到它的成就，而是它的局限。

首先，新文化人強調歷史考證在研究中國歷史中的特殊作用，其所進行的「整理國故」實際上亦是以史料的考訂、整理為主，屬於微觀史學的範疇。它主要依賴於從遙遠的故紙堆裏尋找歷史證據，對浩如煙海的歷史資料進行甄別辨認，不可能進行高層次的歷史哲學思辨，更欠缺在宏觀上整體駕馭中國歷史的能力，這就很難說達到了「價值重估」的要求。胡適當時對此有所警覺，他在批評「古史辨」派的工作時指出：「從梅鷟的《古文尚書考異》到顧頡剛的《古史辨》，從陳第的《毛詩古音考》到章炳麟的《文始》，方法雖是科

[88] （俄）戈・瓦・普列漢諾夫著、孫靜工譯：《俄國社會思想史・序》，收入《俄國社會思想史》第一卷，北京：商務印書館，1999 年 11 月版，第 9 頁。

學的，材料卻始終是文字的。科學的方法居然能使故紙堆裏大放光明，然而故紙的材料終久限死了科學的方法，故這三百年的學術也只不過文字的學術，三百年的光明也只不過故紙堆的火焰而已！」[89] 可悲的是，胡適本人亦帶著「考據癖」陷入故紙堆裏而不能自拔。後來新儒家認為新文化人這種以「考古董」對待歷史的方式，只能說是求證「死的歷史」，與西方漢學對待中國文化歷史的態度如出一途，其說不無道理。

其次，新文化人提出的「價值重估」，滿足於一種單純意義上的歷史批判，這在一定程度上反映了傳統的「正本清源」思維模式的影響。歷史糾纏著現實，活人被死神的沉重陰影所籠罩。站在新文化的起點上，新文化人極想擺脫傳統，走向未來，但誰也無法回避歷史，就是那些走向極端的、最為激進的新文化人也不得不以歷史為起點，聲稱與傳統、與歷史徹底決裂，然而具有諷刺意味的是，這種思維邏輯本身就隱含著以歷史為基礎的悖論。這就寓示新文化人提出對傳統文化的「價值重估」，必須以清理過往的文化歷史為主。可以說，中國新文化運動史就是一部對中國文化歷史和文化傳統不斷反省、不斷批判的歷史。然而若從深層透視這些對文化歷史的反省和批判，很大程度上是從屬於社會政治需要，帶有強烈的功利性色彩，很少上升到歷史哲學的高度，這就極大地折損了歷史探索的學術價值和思想意義。這裏潛藏著一個不易為人所察覺的傳統思維模式——正本清源。它將人們推向歷史，引向過去；要求批判者本身在否定傳統一面的同時，還要肯定認同傳統的另一面；主體自身的職責在於辨認歷史，而不是創造歷史；這就為那些急流勇進的新文化人退潮復歸埋下了伏筆。

對照近現代西方一些文化思想人物的歷史研究，像黑格爾的《歷史哲學》、馬克思的唯物史觀，柯林伍德的《歷史的觀念》、湯因比的人類文明比較研究，他們都是寓思想於歷史，寓歷史於思想，二

---

[89] 胡適：〈治學的方法和材料〉，《胡適文存》三集卷二。《胡適文集》第 3 冊，第 107 頁。

者在高度的哲學思考中達到統一，很少滿足於一種單純的歷史描述研究。他們的歷史批判和歷史探索顯然具有歷史哲學的意義。這種歷史反思對未來具有指向意義，它要求文化人充分發揮自己的主體認識能力，不僅局限於過去，而且要在更為廣闊的空間跨度和時間長度上建築自己的歷史觀。

中國新文化運動本身就深深紮根於文化歷史的土壤之中，它裏挾著傳統一同前進。在評判傳統、反省歷史的大浪潮中，新文化人卻普遍欠缺對中國文化歷史總體格局的深刻透視，欠缺對中國人文傳統的內在規律的理性把握，欠缺對現代意義上的歷史哲學的主體開掘，這就致使他們中的許多人未能理順歷史批判和現實選擇之間的關係，反而在改造傳統中，被傳統所吸引和同化，出現了從離異傳統到回歸傳統的倒退現象。一些在「五四」時期叱吒風雲的新文化運動代表，如吳虞、周作人等，後來陷入消極、頹唐的悲劇性結局，其根本原因即在於此。尼采說得好：「為了追根溯源，一個人變成了螃蟹。歷史學家向後看，最後他也向後信仰。」[90]新文化人的根本缺陷並不僅僅是形式主義的「洋八股」，而且還有在改造傳統中，被傳統深深吸引，甚至吞噬的一面。

最後，歷史地解剖傳統文化的內在構成，其上層文化並非全是糟粕，其下層文化亦非全是精華，當時新文化人很少理性地認識並把握這一點。如果說新文化人存有形式主義傾向的話，那主要表現在處理這兩者關係時，完全採取對傳統下層文化一邊倒的態度。因而他們對傳統上層文化的批判不構成揚棄，致使傳統儒家學說所包含的人文主義和理性因素一直被現代中國人所忽視；對傳統下層文化的繼承亦欠缺昇華，故以農民文化為主體的傳統下層文化所內含的非理性因素卻在一定的歷史條件下獲得了惡性膨脹。傳統的市民文化在中國封建時代受到嚴重壓抑，沒有得到充分的發展，更談不上像西方中世紀的市民文化那樣，獲得相對獨立的地位。進入現代

---

[90] 尼采著、周國平譯：〈偶像的黃昏〉，長沙：湖南人民出版社，1987 年 11 月版，第 7 頁。

以後，因人們一直強調對資產階級和小資產階級文化觀念的批判，故對傳統下層文化的提倡和扶植，實際上是在排斥市民文化的情況下進行。中國新文化一直欠缺貴雅、尚清、重禮的精神傳統，這與對市民文化情調的貶抑，對儒家理性因素的遺棄，對傳統人文主義的漠視不無關係。

近代西方處理傳統文化內部關係的歷史經驗值得借鑒。近代西方資產階級的先驅者對傳統文化的改造分別在上、下層文化領域同時推進。在上層文化領域，圍繞著天主教進行一系列改革，從宗教教義到禮拜形式，無所不包，把神化的基督還原為世俗的上帝，在英國出現了國教，在法國等地出現了加爾文教，在德國出現了路德教，各個新教流派分別在推動傳統上層文化向近代文明演變方面，扮演了主要角色。它與旨在繼承古代平民文化、中世紀市民文化的文藝復興運動和啟蒙運動一起構成西方近代化的內在精神源泉，使得西方新興資產階級在反抗封建文化的歷史過程中，不僅保持了積極進取的超越精神，而且以有條不紊的理性精神貫徹始終。西方現代著名社會學家馬克思·韋伯曾在《新教倫理與資本主義精神》一書中，高度評價了西方傳統上層文化向近代文明的成功轉化，他認為西方民族在經過宗教改革以後所形成的新教，是資本主義文明的內驅動力。他甚至推論，沒有經過宗教改革的東方古老民族，其傳統的宗教倫理精神對於這些民族步入近代化起了嚴重的阻礙作用。

遺憾的是，「五四」新文化人對傳統上層文化的任何利用、改造和繼承，完全採取激烈反對的態度，這就使得在這一領域謀求某種有條件的改變方式都難以進行，與其對立的現代新儒家要以繼承、改造傳統上層文化為職志，在某種意義上可視為一種文化補充，卻始終處在新文化運動的負面，被新文化人排斥於現代文化之外。因此，兩者之間的文化論爭很難達到一種相互認識、相互理解的調和作用。新文化人與他們的反對派宗派之爭的後果是新文化人丟棄了傳統上層文化這塊陣地，而失之偏狹；現代新儒家因抗拒新文化潮流，而抑鬱不得志。與此相聯的一個問題是，新文化人在傳統下層

文化領域對某些非理性因素不加分析地錯誤承襲，亦給人造成一個錯覺：似乎發展新文化，建設新文化就必須以徹底反傳統為代價，許多文化批判運動即是以此為藉口發動起來的，這就不僅違背了新文化運動本身的歷史實際，而且導致文化系統內部無序力量的急劇增長，給現代中國文化的發展留下了嚴重的後遺症。「五四」以後的中國文化由反傳統，走向反理性，以至造成像「文革」那樣的反文化的歷史悲劇。這一曲折的文化歷史過程提醒我們，把新文化運動看成是「文化大革命」的歷史起源，甚至將二者等量齊觀，固然是反對派的一種宣傳手法；不過，「文革」對新文化運動的歷史局限和消極因素有意放大，則是無庸置辯的。

　　總結中國新文化的歷史經驗教訓，對現實文化的發展具有重要的參考價值。從清理新文化的歷史淵源看，從彌補新文化運動的文化缺陷看，從糾正現代中國文化的歷史偏向看，我們對於新文化運動的反對派在傳統上層文化領域內所進行的改造工作，給予科學估價；對於傳統下層文化的非理性因素在現代文化發展中所產生的破壞性作用，加以客觀分析。以相互理解代替相互攻訐，以交流融會代替宗派之爭，尋求民族文化由傳統向現代轉換的共同基礎，建構具有現代意義的歷史哲學體系，這是新文化運動留給我們時代的歷史遺業，也是我們當代中國知識份子亟需完成的文化課題。

原載 1993 年《社會科學戰線》第 2 期，
1993 年《新華文摘》第 8 期轉載。

在傳統與現代性之間

——以「五四」新文化運動與儒學關係為中心

　　中國近現代思想史上激烈的中西古今之爭，其中包含的一個最重要問題是如何看待儒學的現代意義，或者說儒學的現代價值。儒學在中國傳統政治、文化和倫理體系中據有中心的地位，這種地位在傳統文化內部即受到非儒學派別的非難；近代以後則受到了根本動搖，挑戰的對方是西方近世文化或被其影響的新文化。這種非儒學化的傾向在 19 世紀後期即已初露端倪。到「五四」時期，圍繞儒學的爭議幾乎在各個層面上都表現出來，非儒學化的傾向終於發展成為一種主流選擇。既然「五四」新文化運動在中國近代非儒學化的趨向中所具有的轉向意義如此重要，以致於它本身也成為一個聚訟的焦點。近 20 年來，由於受到文革「批孔」運動的刺激，也由於受到中國人文傳統內在活力的激勵和西方後現代主義思潮的啟迪，對「五四」新文化運動在這一問題上所表現的立場，出現了越來越多的批評與互相駁辯的聲音。

　　在以往的研究中，論者們曾就「五四」新文化運動與儒學的關係大致提出了以下幾種傾向性的意見：（一）「五四」新文化運動激烈攻擊中國傳統文化，是「全盤性反傳統主義」，他們是儒學價值觀念的激烈否定者。（二）「五四」新文化運動提出「打倒孔家店」的口號，當時起了反封建的作用，但他們並沒有一筆抹殺孔子和儒學。（三）有關「五四」新文化人「打倒孔家店」的口號實為胡適在《吳虞文錄》中所提「只手打孔家店」的誤傳，「五四」新文化運動僅僅反對康有為將孔教列為國教的做法，反對「吃人的禮教」。[1]這些觀點都有其各自存在的依據和例證。

---

[1]　有關五四新文化運動與儒學關係的研究論著，參見蔡尚思：〈五四時期「打倒

90 年代「五四」研究在大陸有了新的進展。這種進展不僅僅是在整體評估上，而且是在具體細節的描述上；不僅僅是在價值判斷上，而且是在歷史判斷上。特別是對新文化運動中的異議人士，如杜亞泉、梁漱溟、梁啟超、張君勱、梅光迪、章士釗等人的研究，拓展了人們對新文化運動的視野。這些進展使我們對過去在這一問題上的研究缺陷有了一番新的體認：其一，它們對儒學這一複雜思想系統所包含的豐富內容沒有作多層面的細緻解析，因而對「五四」新文化運動與儒學的關係缺乏作多視角、多層面的分析；其二，它們的研究視野相對狹窄，大多局限在「五四」前後幾年，而對「五四」新文化運動的主要代表一生在這方面的言論欠缺一個總體的考察；其三，他們還未完全擺脫五十年代以後上升為主流的意識形態的影響，對「五四」新文化運動的意見除了辯護和強化以外，沒有跳出固有的框框和局限，故有「不識廬山真面目，只緣身在此山中」之感，對新文化運動的異議缺乏應有的「同情的理解」。基於這些緣由，我確定對這一問題重新做一探討，以期深化人們對這一問題的複雜性的認識。

一、儒家、儒學、儒教

周予同先生曾說：「從儒到孔子，到儒家，再到儒教，是一條發展線索。自殷周到『五四』以前，這是個中心問題。」[2]可見儒學本身有一個發展過程。在考察「五四」新文化運動與儒學關係之前，

孔家店」的實踐意義〉，收入《紀念五四運動六十周年學術討論會論文選》（一），北京：中國社科出版社，1980 年 4 月出版。韓達：〈「打倒孔家店」與評孔思潮〉，收入《孔子研究論文集》，北京：教育科學出版社，1987 年出版。呂明灼：〈五四批孔真相──「打倒孔家店」辨析〉，載《齊魯學刊》1989 年第 5、6 期。另外，林毓生：〈五四式反傳統思想與中國意識的危機〉，收入《中國傳統的創造性轉化》，北京：三聯書店，1996 年出版，此文亦討論了五四運動與傳統文化的關係，提出五四運動是全盤性反傳統主義的觀點，林的這一觀點在其論著《中國意識的危機──五四時期的反傳統主義》一書中已有表述。
[2] 《周予同經學史論著選集》，上海：上海人民出版社，1996 年 7 月二版，第874 頁。

有必要對儒學本身做一相關分析。這裏我們先討論與此問題相關的三個概念：儒家、儒學、儒教（或孔教）。

儒家是指先秦儒家所創建的一種思想學說。孔子以前有儒，關於儒的起源近代學人有各種不同看法。[3]不過，關於儒家的創始人一般認定為孔子，孔子之後，據《韓非子·顯學篇》說：儒家一分為八，「有子張之儒，有子思之儒，有顏氏之儒，有孟氏之儒，有漆雕氏之儒，有仲良氏之儒，有孫氏之儒，有樂正氏之儒。」其中以孟氏之儒顯，故後人視孟子為亞聖，將孔孟並稱。[4]先秦的儒家學說有兩個重要特點：其一，它不過是諸子學說一派，與同時期的其他諸子，如墨家、法家、道家、陰陽家等並行；其二，它只是一種原創的思想學說，尚不具意識形態的功能。

儒家作為一種學術被人研究是在秦漢以後。秦始皇「焚書坑儒」，儒家思想的流布受到抑制。不過，朝廷中仍有博士官和儒生。[5]西漢初期，黃老之說盛行，儒家學說也漸獲重視，於治某經的儒生曾經廷立為博士，但當時博士尚未為儒家所專有。漢武帝時期，採納春秋公羊學大師董仲舒「罷黜百家，獨尊儒術」的建議，儒學上升為一種官學，其意義約有三端：（一）以《詩》、《書》、《易》、《禮》、《春秋》為五經博士，（二）不以五經為博士的都遭罷黜，（三）儒家獨尊之勢既成，此後增列和爭論的也就在儒家經籍之內了。[6]儒學成為官學，使得研究儒學的經學大為昌盛，其著作形式稱之為「注」、「箋」、「解」，與原典稱之為「經」相區別。故儒學又謂之經學。根據研究方式的不同，經學又分為兩大派：今文經學派和古文經學派。今文經，指漢代學者所傳述的儒家經典，用當時通行的文字（隸書）

---

[3] 有關儒的起源，近人中有章太炎：〈國故論衡·原儒〉、胡適：〈說儒〉、傅斯年：〈周東封與殷遺民〉、郭沫若：〈駁說儒〉、錢穆：〈駁胡適之說儒〉、馮友蘭：〈原儒墨〉等文、陳來：《古代宗教與倫理——儒家思想的根源》第八章〈師儒〉對此有詳細評述，北京：三聯書店，1996 年 3 月版，第 328-342 頁。

[4] 從孔子直接到孟子，出自韓愈《原道》一說。

[5] 參見《史記·秦始皇本記》、《漢書·藝文志》，又據周予同：〈博士制度與秦漢政治〉，收入《周予同經學史論著選集》，第 730-731 頁。

[6] 周予同：〈博士制度與秦漢政治〉，《周予同經學史論著選集》，第 733 頁。

記錄，大都沒有先秦的古文舊本，而由戰國以來學者師徒父子傳授，到漢代才一一寫成定本。古文經指秦以前用古文寫，而由漢代學者加以訓釋的儒家經典，漢代發現的古籍，相傳出於孔子住宅壁中和民間。這兩大學派此消彼長、聚訟紛爭，與漢代的政治鬥爭聯繫十分密切。因此漢代的儒學不再純粹是一種原創的思想學說，也不僅僅是一個學術派別，而是政治文化的主體，它已被賦予相當濃厚的政治意義。

儒教的說法大致起源於魏晉南北朝時期，所謂「三教九流」中的三教即指儒、道、佛，即起於這時。不過當時儒教的「教」說不上是宗教意義上的「教」，仍是教化的「教」。它是儒門因與道、佛兩教的爭論或門戶之爭而出現的一種約定俗成的說法，這三派的鬥爭此消彼長，經久不息。

隋唐創建科舉制，科舉制的考試內容仍為儒家經典。儒學成為一種深入民間社會的道德倫理規範和籠罩知識界的意識形態，應是在宋代以後。宋朝的理學融化佛、道、儒，後人稱之為新儒家（New Confusion）。新儒家所建立的龐大思想體系具有一種吸納能力，不僅在士大夫中間具有極大的影響，而且作為一種倫理觀念深入民間，規範普通百姓的生活方式和價值取向。但新儒家並不是宗教，它不像基督教、伊斯蘭教那樣，有嚴格的教規和宗教儀式。[7]

19 世紀 40 年代以後，西方基督教勢力逐漸進入中國內地，與中國固有的儒家價值觀念發生衝突，引起一些士紳儒生的反抗，教案迭起。戊戌變法時期，康有為一方面以《新學偽經考》、《孔子改制考》為理論指導，提出維新變法思想；一方面又率先舉起儒教的旗幟，提出《請尊孔聖為國教，立教部、教會，以孔子為紀年，而廢淫祀折》[8]的奏摺，並創建保教會。以後，建立孔教成為康有為與立

---

[7]　任繼愈：〈論儒教的形成〉（載《中國社會科學》1980 年第 1 期），提出從漢代董仲舒開始至宋明理學的建立，經歷了上千餘年的時間，形成「不具宗教之名而有宗教之實的儒教」。任文可另備一說。

[8]　此文收入湯志鈞編：《康有為政論集》上冊，北京：中華書局，1998 年 6 月版，第 279-284 頁。

憲保皇並行的一個政治目標。民國以後，1912 年 10 月，康有為的弟子陳煥章出面在上海發起「孔教會」，康有為發表《孔教會序一》，稱：「中國數千年來奉為國教者，孔子也。」[9]1913 年 8 月，陳煥章、嚴復、梁啟超等上書參眾兩院，提出《請定孔教為國教》請願書，提議將孔教列為國教，寫進民國憲法。1913 年 4 月，康有為發表《以孔教為國教配天地議》，說：「欲救人心，美風俗，惟有亟定國教而已；欲定國教，惟有尊孔而已。」[10]康有為等人的這些做法，表明了他們強化而不是削弱儒學政治地位的意圖，在當時因為適應了袁世凱復辟帝制的需要，故得到了袁氏的支持。[11]

康有為關於建立儒教的設想最初是受到西方基督教滲透中國的刺激。他認為要救國保種須要從拯救和保存民族文化入手：

> 夫耶路撒冷雖亡，而猶太人流離異國，猶保其教，至今二千年，教存而人種得以特存；印度雖亡，而婆羅門能堅守其教，以待後興焉。今中國人所自以為中國者，豈徒謂禹域之山川，羲、軒之遺冑哉，豈非以中國有數千年之文明教化，有無量數之聖哲精英，融之化之，孕之育之，可歌可泣，可樂可觀，此乃中國之魂，而令人纏綿愛慕於中國者哉。有此纏綿愛慕之心，而後與中國結不解之緣，而後與中國死生存亡焉。[12]

從這個意義上說，康有為設立孔教的思想是民族主義的，具有保種救國的傾向。但康有為又並非一個純粹的文化民族主義者，他還是一個有著政治意圖的君主立憲派，他不滿於 20 世紀開初以後興起的革命思潮，不滿於新生的民主共和制，所謂「民主共和，無一良憲法也。」[13]對傳統禮教秩序的崩壞更是充滿憂慮，因此他力圖借孔教

---

[9]　湯志鈞編：《康有為政論集》下冊，北京：中華書局，1998 年 6 月版，第 732 頁。
[10]　《康有為政論集》下冊，，第 846 頁。
[11]　關於民國初年，孔教會與復辟勢力的關係論述，參見陳旭麓：《近代中國社會的新陳代謝》第十八章〈山重水復〉「一、兩種復辟勢力」、「四、孔教會和靈學會」，上海：上海人民出版社，1992 年 12 月版，第 352-358、364-371 頁。
[12]　《康有為政論集》下冊，第 733 頁。
[13]　《康有為政論集》下冊，第 839 頁。

來維繫人心，維持兩千年來之綱常名教於不墜。他要求將孔教列為國教，寫入憲法，明顯帶有建立一種新的政治文化的企圖。正是在這一問題上，康有為同與革命黨人有著血緣關係的新文化陣營發生了衝突，這場衝突表面上看去是一個文化上如何對待孔教的問題，實際上是如何建立民國的政治文化規範。

康有為關於建立孔教的設想在前提上存有兩個誤判：其一，每一個民族有其自身的文化，但民族文化不是恆定不變的，民族文化的個性及其內容隨著時代的進步而必將更新。基督教固然是西方文化傳統的一部分，但不是近代文化的主幹，西方近代文化的主要成分是民主、科學、人道主義、個性主義等。因而以一種陳舊的儒學價值觀念來對抗西方新興的近代文明，明顯是不合乎歷史潮流。其二，中國的現狀，固然是傳統文化的秩序受到了極大的打擊，人們的思想觀念傾向多元化，但這並非壞事，它是一個社會文明在轉型過程中的歷史必然。相反，重建一種將文化與權力相結合的類似傳統官學的政治文化結構是違背了歷史潮流。新文化陣營正是在這兩點上溢出了傳統的範圍，並與康有為發生了衝突。

從以上分析，我們可以看出，儒家作為一種原創的思想學說，已成為中華智慧的一部分，構成民族文化的底色，其思想價值自不容低估。儒學一方面包含為君主專制所利用的成分，一方面又有學術研究的成分，不可片面視之。儒教作為抵抗西方文明的一種武器，有其民族主義的色彩，但其內容和實際作用卻與歷史潮流相違背。從歷史的發展情形看，這三者之間又是一個不能截然分開的有機體，儒學須以儒家（先秦孔孟荀）的思想為根基；儒教是在有著相當歷史文化基礎的正統之學——儒學的架構上呼之欲出的，它包含著複雜的政治、倫理、學術（如康有為的今文經學）的成分。儒學系統內在結構的多層次性和其功能作用的多重性決定了它在現代化過程中的複雜表現，也決定了新文化運動對之分層處理的態度。

二、新文化運動反抗重建儒學意識形態──孔教

　　新文化運動的興起是與民國初年的重建政治文化這一問題密切相關。究竟是解放思想，實行思想信仰的多元化，還是回復傳統，收歸一統，重建儒學意識形態，這是相互對立的兩極。這裏所說的儒學意識形態具體包含兩重意義：一是指從漢武帝以來被奉為官學的儒學，它是傳統文化的正統；二是指康有為所提倡的孔教，它具有政教合一的性質。兩者都具有獨尊、一統的特性，都發揮著意識形態的功能。文化領域的這一鬥爭與政治領域的民主與專制的鬥爭交織在一起。因而它也不可能單純是一個文化問題，更確切地說，它還是一個政治文化問題，一個意識形態問題。

　　過去人們常常引用陳獨秀「批評時政，非其旨也」一語，[14]說明《新青年》前期是一文藝思想刊物。這一說法值得考究。《新青年》第一卷未具名，第二、三卷署「陳獨秀主撰」，一般認定前三卷均為陳獨秀主編。在前三卷有一欄目為「國外大事記」、「國內大事記」。這一欄目實為借介紹國內外大事及動態「談政治」。如第一卷第一至三期的「國內大事記」即有為時人敏感的「國體問題」、「憲法起草之進行」、「憲法起草之停頓」等問題，這一欄目署名「記者」，應為陳獨秀所作，至少為其授意所寫。從第四卷起改為同人雜誌後，即取消此欄目。可見，陳獨秀本人原本對政治是有濃厚興趣的，只是因為一批新的作家、學者朋友的加入，他才暫時遷就了朋友們的趣味和特長。[15]點明這一點，意在說明《新青年》創辦之初，並非沒有政治關懷，而是後來人們從新文化運動的角度考察它，忽略了它的

---

[14] 〈通信·答王庸工（國體）〉，載 1915 年 9 月 15 日《青年雜誌》第 1 卷第 1 號。《陳獨秀文章選編》上冊，第 82 頁。

[15] 1918 年以後《新青年》改為同人刊物，設立編委會，其後取消「國內大事記」、「國外大事記」等政治意義較濃的欄目，可能與胡適的建議有關。參見《胡適口述自傳》第九章〈五四運動──一場不幸的政治干擾〉，收入《胡適文集》第 1 冊，北京：北京大學出版社，1998 年出版，第 358-359 頁。

政治背景，即它的誕生是與民初政治密切相關的。這些國內外大事記，只要細讀一下，其實就是一篇篇政論文，它內含的政治思想亦值得考究。《新青年》前期所開展的對孔教的批判，也只有從這一角度考察，才能比較準確的把握它的真實意圖。

在《新青年》上首次就儒學問題展開討論的是易白沙的〈孔子評議〉一文。易文開首即不同意當時對孔子的兩種態度：

> 一謂今日風俗人心之壞，學問之無進化，謂孔子為之屬階；一謂欲正人心，端風俗，勵學問，非人人崇拜孔子，無以收拾末流。[16]

他從尊與被尊兩個側面研究了尊孔現象的發生史。認為「孔子以何因緣被彼野心家所利用」，成為文化專制主義的工具，主要是因為孔子本身有四大缺陷：一、「孔子尊君權，漫無限制，易演成獨夫專制之弊」；二、「孔子講學不許問難，易演成思想專制之弊」；三、「孔子少絕對之主張，易為人所藉口」；四、「孔子但重作官，不重謀食，易入民賊牢籠」。[17]易白沙對此大加痛斥，以為中國歷代君主不能維持天子之道德，「言人治不言法治，故是堯非桀，歎人才之為難得」；中國歷史上真理不能由辯論而明，學術不能由競爭而進；孔門信徒皆抱定一個「時」字，「美其名曰中行，其實滑頭主義耳、騎牆主義耳」。中國的士人學子「謀道不謀食，學祿在其中，是為儒門安身立命第一格言。」[18]等等。文章的下篇直接批駁康有為的一些論點：如稱孔學為國學，稱孔子為素王等，這些意見都是討論孔子與傳統政治和政治文化的關係。這篇文章發表在袁世凱復辟帝制，康有為鼓譟孔教之時，將其與時人關注的「國體問題」聯繫起來，其意義非常明顯，無非是揭露袁世凱之尊孔，全是抄自歷代獨夫民賊的老譜，康有為之倡孔教，違背了學術自由之原則。

---

[16] 易白沙：〈孔子平議〉（上），1916 年 2 月 15 日《青年雜誌》第 1 卷第 6 號。
[17] 易白沙：〈孔子平議〉（上），1916 年 2 月 15 日《青年雜誌》第 1 卷第 6 號。
[18] 易白沙：〈孔子平議〉（上），1916 年 2 月 15 日《青年雜誌》第 1 卷第 6 號。

　　《新青年》前期攻擊孔教最為激烈，且最有影響者當推陳獨秀。陳獨秀發表的相關文章有：〈駁康有為致總統總理書〉、〈憲法與孔教〉、〈孔子之道與現代生活〉、〈再論孔教問題〉、〈舊思想與國體問題〉、〈復辟與尊孔〉、〈駁康有為《共和平議》〉等，這些文章多為《新青年》領頭文章，可視為《新青年》的「社論」。在《新青年》前期（1916 年 10 月～1918 年），這些文章都是陳的主要代表作，可見陳當時對這一問題的重視，文中基本觀點都是針對康有為而發，批駁康氏關於在憲法中將孔教立為國教的主張。[19]這反映陳獨秀當時關注的主要是政治文化或者說政治生態問題。胡適在《吳虞文錄・序》中強調陳獨秀的反孔文章與吳虞一樣，「專注重『孔子之道不合現代生活』的一個主要觀念。」[20]這與胡適對新文化運動的理解有關。其實陳獨秀討論這一問題，對政治的關心遠在倫理之上，他批評孔子的倫理觀念實際上也是服從於其政治上的考慮，即批駁康有為的「孔教」觀。

　　陳獨秀的用意為起來助陣的李大釗所看清，李撰寫了〈孔子與憲法〉、〈自然的倫理觀與孔子〉兩文，前文提出了孔子與憲法的區別：一、「孔子者，數千年前之殘骸枯骨也。憲法者，現代國民之血氣精神也。」二、「孔子者，歷代帝王專制之護符也。憲法者，現代國民自由之證券也。」三、「孔子者，國民中一部分所謂孔子之徒者之聖人也。憲法者，中華民國國民全體無問其信仰之為佛為耶，無問其種族之為蒙為回，所資以生存樂利之信條也。」四、「孔子之道者，含混無界之辭也。憲法者，一文一字均有極確之意義，極強之

19　關於陳獨秀批判孔教文章的內容，參見鄭學稼：《陳獨秀傳》上冊，第三章〈新青年的前期〉「七、孔教與帝制」，臺北：時報出版公司，1989 年出版，第 194-211 頁。任建樹著：《陳獨秀傳》上冊，「四、五四新文化運動前期・喚起國民獨立人格、破除儒家奴隸道德」，上海：上海人民出版社，1989 年出版，第 104-109 頁。

20　《吳虞文錄・序》，《胡適文集》第 2 冊，北京：北京大學出版社，1998 年出版，第 609 頁。胡適強調新文化運動的文化性質，他對運動所顯示的政治色彩有意淡化，參見《胡適口述自傳》第九章〈五四運動——一場不幸的政治干擾〉。

效力者也。」[21]明確孔教與憲法的原則不相符合。在後一文，李大釗更是道明：「故余之掊擊孔子，非掊擊孔子之本身，乃掊擊孔子之為歷代君主所雕塑之偶像的權威也；非掊擊孔子之本身，乃掊擊專制政治之靈魂也。」[22]把孔子本人與被後來為歷代君王所利用之孔子區別開來，從而將陳獨秀批孔的本意點明。

新文化陣營的「保護人」蔡元培也持完全一致的立場。早在民國建國伊始，蔡先生發表〈對於新教育之意見〉時就明確宣佈：

> 滿清時代，有所謂欽定教育宗旨者，曰忠君，曰尊孔，曰尚公，曰尚武，曰尚實。忠君與共和政體不合，尊孔與信教自由相違（孔子之學術，與後世所謂儒教、孔教當分別論之。嗣後教育界何以處孔子，及何以處孔教，當特別討論之，茲不贅），可以不論。[23]

從而否定了前清教育宗旨中「忠君」、「尊孔」兩條，並把具有意識形態意義的儒教、孔教與對孔子的學術研究區別開來。蔡是一位自由主義者，他堅信「思想自由」原則，他主張新教育「循思想自由、言論自由之公例，不以一流派之哲學一宗門之教義梏其心，而惟時時懸一無方體無始終之世界觀以為鵠。」[24]本著這一原則，他對經科的處理辦法為「舊學自應保全，惟經學不另立一科，如《詩經》應歸入文科，《尚書》、《左傳》應歸入史科也。」[25]明令取消經科。蔡元培的這一主張實際上打破了儒學在教育中的正統地位和統攝作用，在學術上他仍給其保留了空間，並在教育內容中給其適當的位

[21] 李大釗：〈孔子與憲法〉，載 1917 年 1 月 30 日《甲寅》日刊。《李大釗文集》第 1 冊，北京：人民出版社，1999 年 10 月版，第 245-246 頁。
[22] 李大釗：〈自然的倫理觀與孔子〉，載 1917 年 2 月 4 日《甲寅》日刊。又收入《李大釗文集》第 1 冊，第 250 頁。
[23] 〈對於新教育之意見〉，《蔡元培全集》第 2 卷，北京：中華書局，1984 年 9 月出版，第 136 頁。
[24] 〈對於新教育之意見〉，《蔡元培全集》第 2 卷，第 134 頁。
[25] 〈在北京任教育總長與部員談話〉，《蔡元培全集》第 2 卷，第 159 頁。

置。蔡元培的這一主張通過新頒發的《大學令》得以施行，成為民國初年得以施行的重大教育改革舉措。

胡適對孔教問題也有一番思考。國內的尊孔聲浪波及到美國，引起了留學異域的青年學子胡適的沉思。1914 年 1 月 22 日他覆信許怡蓀：設問題若干，供自己日後思考，這些問題包括：一、「立國究須宗教否？」二、「中國究須宗教否？」三、「如須有宗教，則以何教為宜？」四、「如復興孔教，究竟何者是孔教？」五、「今日所謂復興孔教者，將為兩千五百年來之孔教歟？抑為革新之孔教歟？」六、「苟欲革新孔教，其道何由？」七、「吾國古代之學說，如管子、墨子、荀子，獨不可與孔孟並尊耶？」八、「如不當有宗教，則將何以易之。」[26]這是胡適第一次面對儒教問題發問。他很快就看出了孔教會借尊孔、祀孔企圖強化儒學正統地位的意圖，因而他對袁世凱的尊孔活動嗤之以鼻。他在評價 1913 年 11 月 26 日袁世凱頒佈的尊孔《大總統令》時說：「此種命令真可笑，所謂非驢非馬也。」[27]當他從報上看到「政治會議」通過大總統郊天祀孔法案時，亦明確表示「此種政策，可謂捨本逐末，天下本無事，庸人自擾之耳。」[28]胡適對儒學的最初系統研究是在撰寫博士論文《先秦名學史》時，那時他即認為：

> 我確信中國哲學的將來，有賴於從儒學的道德倫理和理性的枷鎖中得到解放。這種解放，不能只用大批西方哲學的輸入來實現，而只能讓儒學回到它本來的地位，也就是恢復它在其歷史背景中的地位，儒學曾經只是盛行於中國古代的許多敵對的學派中的一派，因此，只要不把它看作精神的、

26　《胡適留學日記》卷三〈二四，孔教問題〉，《胡適作品集》，第 34 冊，臺北：遠流出版公司，1988 年 9 月 1 日三版，第 142-144 頁。

27　《胡適留學日記》卷三〈二六，非驢非馬之大總統命令〉，《胡適作品集》，第 34 冊，第 147 頁。

28　《胡適留學日記》卷三〈四五，郊天祀孔〉，《胡適作品集》，第 34 冊，第 177 頁。

> 道德的、哲學的權威的唯一源泉，而只是在燦爛的哲學群星中的一顆明星，那末，儒學的被廢黜便不成問題了。[29]

在這裏，胡適做出了廢黜儒學獨尊，恢復它原初「子學」地位的論斷，這實際上是要推倒漢武帝以降，歷代統治者長久以來精心構築的儒學（經學）意識形態。在此基礎上，胡適推出的《中國哲學史大綱》（卷上），也表現出上述思想傾向。該書的一個重要特點，誠如蔡元培所說，即是以「平等的眼光」看待諸子學說。以往「同是儒家，荀子非孟子，崇拜孟子的人，又非荀子。漢宋儒者，崇拜孔子，排斥諸子，近人替諸子抱不平，又有意嘲弄孔子。這都是鬧意氣罷了。適之先生此篇，對老子以後的諸子，各有各的長處，各有各的短處，都還他一個本來面目，是很平等的。」[30]胡適在《中國哲學史大綱》對儒學的這種處理，是新文化運動在學術領域的一個範本，也是該書成為具有現代意義的學術範式的一個重要緣由。「五四」以後，胡適的這一基本立場並未改變。[31]

由上不難看出，民國初年，新文化陣營的主要代表人物在處理儒學問題上不約而同地有一個共識：反對傳統的被奉為官學的儒學，也反對建立新的孔教，反對在新的歷史條件下再做任何形式強化儒學意識形態的努力。其實不獨新文化運動的健將們如是看，一些比較溫和的人士如馬相伯，也如是看。[32]他們的理由主要有兩點：一是將思想定於一尊與思想自由原則不相符合；對此陳獨秀說得很明白：「竊以無論何種學派，均不能定為一尊，以阻礙思想文化之自由發展。況儒術孔道，非無優點，而缺點則正多。尤與近世文明社

---

[29] 《先秦名學史·導論》，收入《胡適文集》第 6 冊，第 10-11 頁。

[30] 蔡元培：《中國哲學史大綱·序》，《胡適文集》第 6 冊，第 156 頁。

[31] 參見拙作〈胡適與儒學〉一文，《胡適研究叢刊》第一輯，北京：北京大學出版社，1995 年 5 月版。

[32] 參見馬相伯：〈書《請定儒教為國教》後〉、〈代擬《反對孔道請願書》五篇〉，兩文均收入朱維錚主編：《馬相伯集》，上海：復旦大學出版社，1996 年月 12 月版。

會絕不相容者，其一貫倫理政治之綱常階級說也。」[33]二是「孔子之道不合現代生活」。「孔子生長封建時代，所提倡之道德，封建時代之道德也；所垂示之禮教，即生活狀態，封建時代之禮教，封建時代之生活狀態也；所主張之政治，封建時代之政治也。封建時代之道德、禮教、生活、政治，所心營目注，其範圍不越少數君主貴族之權利與名譽，於多數國民之幸福無與焉。」[34]前者是貫徹自身的民主主義、自由主義立場，表達他們對民主政治和思想自由原則的信奉；後者是從社會進化論的立場出發，強調民族文化的時代性，即「孔子之道不合現代生活」。不管是自由民主思想，還是進化論的懷疑思想，都是新文化陣營立身的基石。

新文化運動對孔教的批判和對傳統儒學的衝擊，使得本已十分脆弱的儒學地位根本動搖，「儒門淡薄，收拾不住」已成定勢。如果說，辛亥革命是對傳統政治秩序——帝制的一次致命打擊，那麼，新文化運動對儒學的衝擊，或對孔教的反抗，則使得任何繼續強化儒學意識形態的努力都已不可能。「五四」以後，不乏提倡儒學的「新儒家」，也不乏利用儒學整頓秩序的政客，但他們的努力都無濟於事。儒學一統天下的局面畢竟已成為明日黃花。對於新文化運動的這一貢獻，具有文化保守主義傾向的賀麟先生也不得不承認：

> 五四時代的新文化運動，可以說是促進儒家思想新發展的一個大轉機。表面上，新文化運動是一個打倒孔家店、推翻儒家思想的大運動。但實際上，其促進儒家思想新發展的功績與重要性，乃遠遠超過前一時期曾國藩、張之洞等人對儒家思想的提倡。曾國藩等人對儒學的倡導與實行，只是舊儒家思想的迴光反照，是其最後的表現與掙扎，對於新儒家

---

[33] 陳獨秀：〈答吳又陵〉，原載 1917 年 1 月 1 日《新青年》第 2 卷第 5 號。《陳獨秀文章選編》上冊，第 169 頁。

[34] 陳獨秀：〈孔子之道與現代生活〉，載 1916 年 12 月 1 日《新青年》第 2 卷第 4 號。《陳獨秀文章選編》上冊，第 155 頁。

思想的開展，卻殊少直接的貢獻，反而是五四運動所要批判打倒的對象。

他還說：

> 新文化運動的最大貢獻在於破壞和掃除儒家的僵化部分的軀殼的形式末節，及束縛個性的傳統腐化部分。[35]

新文化運動並不是推倒孔子，而是使儒學回到了它應站的位置。沒有新文化運動對傳統儒學正統地位的堅定反抗，一個現代性的思想世界就很難真正建立起來。

三、對儒家倫理的吸收與排拒

新文化運動之初，陳獨秀在〈吾人最後之覺悟〉一文中回顧了歐洲文化輸入中國以來所走過的路程，特別提出「今茲之役，可謂為新舊思潮之大激戰」。「吾人最後之覺悟」為「政治的覺悟」與「倫理的覺悟」。把「倫理的覺悟」提升到與「政治根本解決」同樣的高度上來考慮。這是陳獨秀在運動初期高懸的兩大目標。[36]陳獨秀是這樣看的，「倫理思想，影響於政治，各國皆然，吾華尤甚。儒者三綱之說，為吾倫理政治之大原，共貫同條，莫可偏廢。三綱之根本義，階級制度是也。所謂名教，所謂禮教，皆以擁護此別尊卑、明貴賤制度者也。近世西洋之道德政治，乃以自由、平等、獨立之說為大原，與階級制度極端相反，此東西文明之一大分水嶺也。」[37]明確將倫理與政治聯繫起來，將儒家三綱倫理與「西洋之道德政治」對立

---

[35] 賀麟：〈儒家思想的新開展〉，氏著《文化與人生》，北京：商務印書館，1988年8月出版，第5頁。

[36] 筆者認為，新文化運動的目標是伴隨運動的開展逐漸擴大，最初是著重於民主啟蒙和孔教批判，著重於人的現代意識的啟蒙。「文學革命」的提出是1917年以後的事。

[37] 陳獨秀：〈吾人最後之覺悟〉，1916年2月15日《青年雜誌》第1卷第6號。收入《陳獨秀文章選編》上冊，第108頁。

起來，這就預示著儒家倫理被清理的命運。運動進入高潮時，陳獨秀在那篇為《新青年》前期作總結的〈本志罪案之答辯書〉中再次聲明：「要擁護那德先生，便不得不反對孔教、禮法、貞節、舊倫理、舊政治。」[38] 把儒家倫理與民主政治看成是你死我活的鬥爭。

新文化陣營對儒家倫理的批判主要是在三個方面：一是批判儒家倫理為君主專制服務的「階級尊卑制度」，如陳獨秀的〈舊思想與國體問題〉（載 1917 年 5 月《新青年》第 3 卷第 3 號）、吳虞的〈家族制度為專制主義之根據論〉（載 1917 年 2 月《新青年》第 2 卷第 6 號）、〈儒家主張階級制度之害〉（載 1917 年 6 月《新青年》第 3 卷第 4 號）等文。二是批判儒家倫理束縛個性，壓抑人性的「禮教」，如魯迅的《狂人日記》、《我之節烈觀》，吳虞的〈禮論〉（載 1917 年 5 月《新青年》第 3 卷第 3 號）、〈吃人與禮教〉（載 1919 年 11 月《新青年》第 6 卷第 6 號）、〈說孝〉（載 1920 年 1 月 4 日《星期日》社會問題號）等文。三是批判儒家倫理重義輕利、講究虛文的價值觀，如陳獨秀在〈敬告青年〉一文中所提六條要求，其中第五條即為「實利的而非虛文的」。錢智修發表〈功利主義與學術〉（載 1918 年 6 月《東方雜誌》第 15 卷第 6 號）一文，借反對「功利主義」來攻擊新文化運動；陳獨秀又曾撰文反駁。[39] 從當時的情況看，新文化運動對儒家倫理的衝擊主要是在批判舊的「禮教」方面形成了聲勢，並引起了極大的爭議。

如果說在政治文化領域，新文化運動的主要對手是康有為為代表的孔教派；在倫理這一層面，與新文化運動的主流意見相左的成分則比較複雜。先後有杜亞泉、梁啟超、梁漱溟、梅光迪、胡先驌、章士釗和張君勱等人。他們有的是曾經參加辛亥革命，且與同盟會有著關係的革命黨人，如梁漱溟、章士釗、熊十力等，有的是比較純粹的學者文人，如杜亞泉等，有的還是留學歐美的學人，如梅光

---

[38] 陳獨秀：〈本志罪案之答辯書〉，載 1919 年 1 月 15 日《新青年》第 6 卷第 1 號。《陳獨秀文章選編》上冊，第 317 頁。

[39] 參看陳獨秀：〈再質問《東方雜誌》記者〉，載 1919 年 2 月 15 日《新青年》第 6 卷第 2 號。《陳獨秀文章選編》上冊，第 346-357 頁。

迪、胡先驌等。這些人與康有為、袁世凱鼓吹孔教懷有其個人的政治目的不同,他們主要是認同儒學的倫理價值,關懷民族的精神文明建設。他們撰文批評《新青年》的主張,有的甚至在行為上有所表示。如蔡元培上任北大校長時,曾有意聘請馬一浮,馬因對蔡取消經科這一主張頗有意見而不肯赴任。[40]儘管如此,他們與《新青年》的爭論可以說仍是文化性質。相當長一段時間,人們一般視其為新文化運動的反對派或者反動派。實際上,這些人並不構成一個有組織、有共同綱領的派別,他們至多只是根據各自的學識、經驗發出了不同的聲音,且不具官方背景。

異議人士的共同主張是:肯定西方的物質文明成就和科學技術,主張保留東方的精神文明;認同儒家倫理的現代價值或現代意義,排斥主流派所張揚的西方的個人主義精神;反對將儒家倫理與傳統的專制主義混為一談,反對因袁世凱、康有為復辟帝制提倡孔教而廢棄儒家倫理;反對主流派「一邊倒」的破舊立新,主張新舊調和、中西調和。[41]應當說明的是,這些人在表述自己的主張時有三個不可忽略的特點:一是他們的主張出自於對第一次世界大戰的反省。通過對世界大戰的觀察,他們重新認識西方文化,對西方的精神文明價值持懷疑乃至否定的態度。如在第一次世界大戰進行期間,杜亞泉即表示:

> 則吾人今後,不可不變其盲從之態度,而一審文明真價之所在。蓋吾人意見,以為西洋文明與吾國固有之文明,正足以救西洋文明之弊,濟西洋文明之窮者。[42]

---

[40] 參見馬鏡泉等著:《馬一浮傳》第七章〈古聞來學,未聞往教〉,南昌:百花洲文藝出版社,1993 年版,第 34-37 頁。

[41] 有關非主流派的主張論述,參見沈松僑:《學衡派與五四時期的反新文化運動》,臺北:臺灣大學文史叢刊之六十八,1984 年出版。丁偉志:〈重評「文化調和論」〉,《五四運動與中國文化建設》上冊,北京:社會科學文獻出版社,1989 年出版,第 304-330 頁。

[42] 傖父:〈靜的文明與動的文明〉,原載 1916 年 10 月《東方雜誌》第 13 卷第 10 號。

戰後嚴復亦說：

> 不佞垂老，親見脂那七年之民國與歐羅巴四年亘古未有
> 之血戰，覺彼族三百年之進化，只做到「利己殺人，寡廉鮮
> 恥」八個字。回觀孔孟之道，真量同天地，澤被寰區。此不
> 獨吾言為然，即泰西有思想人亦漸覺其為如此矣。[43]

梁啟超從歐洲歸國後發表的《歐遊心影錄》，更是這一心態的徹底反映。二是他們主張保守儒家倫理，都借助了西方思想家的思想資源或支持。前期的杜亞泉、嚴復等是如此，後面的張君勱師從倭伊鏗（Rudolf Eucken）、《學衡》的梅光迪推崇白璧德的新人文主義，也是如此。三是在政治上他們大都並不排斥民主、自由理念，他們中有些人甚至參加過反對袁世凱復辟帝制的鬥爭，或保持自由主義的政治信念而不變。梁啟超是護國運動的主要策動者不說，即如梅光迪在評論胡適所辦《努力週報》時也表示：「《努力週報》所刊政治主張及其他言論，多合弟意。兄談政治，不趨極端，不涉妄想，大可有功社會，較之談白話文與實驗主義勝萬萬矣。」[44]因此，新文化運動的異議人士主要是一種文化上的保守主義，他們的文化主張並不是簡單的傳統翻版，而是打上了時代的烙印。[45]

提倡新道德，反對舊道德是新文化運動的一個主要內容。所謂新道德即是一種建立在個人主義基礎上的新道德，而舊道德則是指以儒家倫理為核心的舊道德。「五四」時期，有一種比較普遍的看法，即認為西方的近世倫理是以個人主義為核心，而中國的傳統儒家倫理是以家族、宗族、群體為本位。所不同者，人們對此二者的現代意義估價不同而已。陳獨秀說：

---

[43] 1918 年 8 月 22 日〈與熊純如書〉七十五，《嚴復集》第 3 冊，第 692 頁。
[44] 〈我的歧路〉、《胡適文存》二集卷三，《胡適文集》第 3 冊，第 361 頁。
[45] 有關文化保守主義的世界文化背景，可參閱（美）艾愷：《文化守成主義論：反現代化思潮的剖析》，臺北：時報出版公司，1986 年版。

> 現代生活，以經濟為之命脈，而個人獨立主義，乃為經濟學生產之大則，其影響遂及於倫理學。故現代倫理學上之個人人格獨立，與經濟學上之個人財產獨立，其說遂至不可搖動；而社會風紀，物質文明，因此大進。[46]

胡適則宣傳易卜生主義，其意在提倡一種健全的個人主義精神。與他們相左一方的根本主張則在反對個人主義，他們認為救治西方個人主義流弊的恰恰只有靠傳統的儒家倫理。造成雙方分歧的一個重要原因：守舊者強調個人主義與資本主義經濟制度的內在聯繫，在他們看來這一制度的流弊已為第一次世界大戰和風起雲湧的勞工運動所證明；而新文化運動的健將之所以推崇個人主義，在於他們認為只有個人主義是消解傳統政治秩序和生活方式的最好消毒劑，只有個人主義能將人們引上人格獨立、思想自由的道路，個人主義是謀求人的自由、解放的最適當的生活方式。

但儒家倫理依恃其深厚的歷史背景，在現實生活中的影響也不容新文化陣營的人士輕視，以至他們本人也不得不接受它的制約，故新文化陣營內部對儒家倫理的實際態度常常也出現言行矛盾的情形。蔡元培對儒家倫理的態度頗為溫和，他既有提倡新道德，否定舊的儒家倫理「三綱」的一面，也有推崇儒家的中庸之道的一面，對傳統的家族制度中所顯示的親和力他是比較欣賞的。胡適雖然鼓吹易卜生主義，提倡個性解放，但在個人的言行方面始終保持一個溫文爾雅、和藹可親的儒者形象。他逝世時，蔣介石所題輓聯：「新文化中舊道德的楷模，舊倫理中新思想的師表」，可以說是胡適一生雙重人格的絕妙寫照。魯迅極力攻擊儒家倫理為「吃人的禮教」，但他個人卻信奉傳統孝道，對母親十分孝順。陳獨秀、吳虞在言論上對倫理道德的破舊立新發揮了極大作用，但在個人私德方面，既不為舊派所容，也不為新文化陣營所認同。如以儒家的「三不朽」論

---

[46] 陳獨秀：〈孔子之道與現代生活〉，原載 1916 年 12 月 1 日《新青年》第 2 卷第 4 號。《陳獨秀文章選編》上冊，第 153 頁。

為標準，蔡元培、胡適、魯迅都應屬達標人物，他們所表現的獨立
人格與道德勇氣，不僅為講究「道學」的許多新儒家所難以企及，
也為現代知識份子做出了榜樣。

借助於反袁鬥爭的勝利所佔有的政治主動權和「文學革命」的
凱歌行進所形成的輿論優勢，新文化運動對儒家倫理的聲討很快佔
了上風。而對杜亞泉諸人來說，令他們最為困窘的是無法解脫儒學
與帝制的干係，帝制在當時已是臭名昭著；無法說明民族精神衰弱
不振的歷史淵源，這是國人最為關切的問題。[47]這就註定了他們的劣
勢。但以陳獨秀、胡適等人的初衷來衡量，個人主義作為一種價值
觀念並未被國人所接受，社會主義思潮已經興起，個性解放的浪潮
很快即被政治革命的浪潮所淹沒。舊的儒家倫理自然在失去它的功
用，但新的道德卻並未建立起來。道德失範一直是困擾現代中國人
的一個重大問題。

以今日的眼光去估量新文化運動對儒家倫理的處理，他們的合
理一面在於否定了儒家的等級倫理觀念，所謂三綱在歷史上實為君
主專制和宗法制的基石。但另一方面，儒家倫理中還包含著超時代、
超階級的內容，如五常所講仁、義、禮、智、信，它們也是公共生
活應遵循的規則。孔子所講溫、良、恭、儉、讓，也是做人的基本
準則。儒家倫理講究人格意識，講究品德修養，講究社會責任，這
些只要做出合乎時代的解釋，都有其合理內核所在。如何開掘儒家
倫理的現代意義，化解它與現代性的緊張，是新文化運動留下的一
個懸案，也是我們時代亟待解決的一個課題。它的解決，不僅關係
到中國現代化的文明基礎是否牢靠，而且真有可能如當年梁漱溟所
預言的那樣，為人類文明找到一條新的路徑。

---

[47] 陳獨秀在〈質問《東方雜誌》記者——《東方雜誌》與復辟問題〉（載 1918
年 9 月《新青年》第 5 卷第 3 號）一文中提到辜鴻銘、康有為、張勳等復辟
帝制派人士與孔教的密切關係。傖父在〈答《新青年》雜誌記者之質問〉（載
1918 年 12 月《東方雜誌》第 15 卷第 12 號）一文中，首先就回避了對此一問
題的討論。

四、「五四」新文化人對儒學的學術評估

　　新文化運動並不僅僅是一場政治文化重建的運動，它還必須創建自己的實績，建構新的學術。在學術層面，新文化運動的領袖們對於儒學這一歷史遺產的處理表現出相對謹慎和理智，他們要求客觀分析，而非簡單拒斥。一般說來，他們主要是從兩個角度探討儒學：一是力求客觀地呈現先秦儒家和其後儒學發展的本來面目，撥開歷史的重重迷霧，還儒之本初面目；一是運用現代思想方法或哲學範疇（主要是來源於西方）來分析儒家和儒學，挖掘其內在的思想價值和現代意義。前者屬於學術史，後者屬於思想史。兩者很難截然分開，有時是學術寓於思想，有時是思想伴隨學術。這裏我們試以蔡元培、陳獨秀、魯迅、易白沙、胡適為例案，探討「五四」新文化人對孔子及其儒學學術評估的基本傾向。蔡元培先生的學術專長是在倫理學方面。他撰寫的《中國倫理學史》和《中學修身教科書》，不但對儒家的折衷主義思想多表贊同，甚至於對根據儒家倫理制度制定的傳統家族制度評價也很高。蔡先生把中國倫理學史分為三個時代：先秦創始時代、漢唐繼承時代、宋明理學時代。他在總結先秦時，發表了自己對儒家的意見：

> 　　惟儒家之言，本周公遺意，而兼采唐虞夏商之古義以調燮之。理論實踐，無在而不用折衷主義：推本性道，以勵志士，先制恆產，乃教凡民，此折衷於動機論與功利論之間者也。……雖其哲學之閎深，不及道家；法理之精核，不及法家；人類平等之觀念，不及墨家。又其所謂折衷主義者，不以至精之名學為基本，時不免有依違背施之跡，故不免為近世學者所攻擊。然周之季世，吾族承唐虞以來二千年之進化，而凝結以為社會心理者，實以此種觀念為大多數。此其學說

所以雖小挫於秦，而自漢以後，卒為吾族倫理界不祧之宗，
以至於今日也。[48]

他所寫《中學修身教科書》「悉本我國古聖賢道德之原理，旁及東西
倫理學大家之說，斟酌取捨，以求適合於今日之社會。」[49]這裏所謂
「古聖賢道德之原理」，儒家應為其中最重要一部分。故在書中他如
是寫道：「吾國聖人，以孝為百行之本，小之一人之私德，大之國民
之公義，無不由是而推演之者，故曰惟孝友於兄弟，施於有政，由
是而行之於社會，則宜盡力於職分之所在，而於他人之生命若財產
若名譽，皆護惜之，不可有所侵毀。」[50]他對家庭的看法是：「家族
者，社會、國家之基本也。無家族，則無社會，無國家。故家族者，
道德之門徑也。於家族之道德，苟有缺陷，則於社會、國家之道德，
亦必無純全之望，所謂求忠臣，必於孝子之門者此也。……故家族
之順戾，即社會之禍福，國家之盛衰，所由生焉。」[51]類似的話語，
隨處可見。閱讀這些文字時，給人一種儒家經典現代版的感覺。蔡
先生對儒家的中庸之道極為欣賞，並將三民主義融入其中。在〈中
華民族與中庸之道〉一文中，他以為孫中山的三民主義是合乎儒家
的中庸之道。「獨我中華民族，凡持極端說的，一經試驗，輒失敗；
而為中庸之道，常為多數人所贊同，而且較為持久。這可用兩種最
有權威的學說來證明他：一是民元十五年以前二千餘年傳統的儒
家；一是近年所實行的孫逸仙博士的三民主義。」「三民主義雖多有
新義，為往昔儒者所未見到，但也是以中庸之道為標準。例如持國
家主義的，往往反對大同；持世界主義的，又往往蔑視國界。這是
兩端的見解；而孫氏的民族主義，既謀本民族的獨立，又謀各民族
的平等；是為國家主義與世界主義的折中。」[52]在〈孔子之精神生活〉

48　〈中國倫理學史〉，《蔡元培全集》第 2 卷，第 50-51 頁。
49　〈中學修身教科書〉，《蔡元培全集》第 2 卷，第 169 頁。
50　〈中學修身教科書〉，《蔡元培全集》第 2 卷，第 171 頁。
51　〈中學修身教科書〉，《蔡元培全集》第 2 卷，第 193 頁。
52　〈中華民族與中庸之道〉，高平叔編：《蔡元培全集》第 5 卷，北京：中華書

一文中，蔡先生提到孔子精神生活的三個方面，即智、仁、勇和「毫無宗教的迷信」、「利用美術的陶養」。文末說到：「孔子所處的環境與二千年後的今日，很有差別；我們不能說孔子的語言到今日還是句句有價值，也不敢說孔子的行為到今日還是樣樣可以做模範。但是抽象的提出他精神生活的概略，以智、仁、勇為範圍，無宗教的迷信而有音樂的陶養，這是完全可以為師法的。」[53]在新文化陣營中，蔡先生對儒家的態度，相對來說是比較親近的。

陳獨秀在「五四」時期是攻擊孔教最激烈的健將。然而，在他晚年寫就的那篇〈孔子與中國〉的文中，對孔子本人的評價也表述了與孔教不同的學術見解。他如是說：「所有絕對的或相當的崇拜孔子的人們，倘若不願孔子成為空無所有的東西，便不應該反對我們對孔子重新評定價值。在現代知識的評定之下，孔子有沒有價值？我敢肯定的說有。」[54]孔子的第一價值是非宗教迷信的態度：「第二價值是建立君、父、夫三權一體的禮教。這一價值，在二千年後的今天固然一文不值，並且在歷史上造過無窮的罪惡，然而在孔子立教的當時，也有它相當的價值。」不過，在這篇文章，陳獨秀還是堅持「孔子的禮教，是反民主的」，「人們如果定要尊孔，也應該在孔子不言神怪的方面加以發揮，不可再提倡那阻害人權民主運動，助長官僚氣焰的禮教了！」[55]可見，陳獨秀對孔子學說的評估也是有理、有節的。

魯迅是一位敏銳而具諷刺力的思想家。他也注意到孔子不信神的態度，「孔丘先生確是偉大，生在巫鬼勢力如此旺盛的時代，偏不肯隨俗談鬼神。」[56]魯迅似很認同孔夫子「知其不可為而為之」的人

局，1988 年 8 月版，第 487-488 頁。
[53]　〈孔子之精神生活〉，《蔡元培全集》第 7 卷，北京：中華書局，1989 年 7 月版，第 107-108 頁。
[54]　〈孔子與中國〉，《陳獨秀文章選編》下冊，第 524 頁。
[55]　〈孔子與中國〉，《陳獨秀文章選編》下冊，第 534 頁。
[56]　〈墳‧再論雷峰塔的倒掉〉，《魯迅全集》第 1 卷，北京：人民文學出版社，1982 年版，第 192 頁。

生態度，「『不可與言而與之言』，即是『知其不可為而為之』，一定要有這種人，世界才不寂寞。」[57]並表示「孔子曰：『以不教民戰，是謂棄之。』我並不全拜服孔老夫子，不過覺得這話是對的。」[58]魯迅對孔子生前的「不遇」和後來的「摩登」作了形象的描述：

> 孔夫子的做定了「摩登聖人」是死了以後的事，活著的時候卻是頗吃苦頭的。跑來跑去，雖然曾經貴為魯國的警視總監，而又立刻下野，失業了；並且為權臣所輕蔑，為野人所嘲弄，甚至於為暴民所包圍，餓扁了肚子。……
>
> 孔夫子到死了以後，我以為可以說是運氣比較的好一點。因為他不會嚕唆了，種種的權勢者便用種種的白粉給他來化妝，一直抬到嚇人的高度。但比起後來輸入的釋迦牟尼來，卻實在可憐得很。……
>
> 總而言之，孔夫子之在中國，是權勢者們捧起來的，是那些權勢者或想做權勢者們的聖人，和一般的民眾並無什麼關係。[59]

魯迅對孔子本人和被打扮成聖人的「孔子」的區別是非常清楚的。

過去有一種觀點根據〈孔子評議〉一文認定易白沙的反孔態度不夠堅決，其實通讀全文，就不難發現，它不過是一篇平實討論孔子學說與專制主義關係的論文，文中雖然點出孔子「尊君權」、「講學不許問難」、「少絕對之主張」、「重作官，不重謀食，易入民賊牢籠」四大缺陷，[60]但結語曰「愚誠冒昧，敢為闡發，使國人知獨夫民賊利用孔子，實大悖孔子之精神。孔子宏願，誠欲統一學術，統一政治，不料為獨夫民賊作百世之傀儡，惜哉！」他在文中發掘儒家的革新思想。「儒家革命思想，非徒托諸空言，且行之事實。……由

[57] 〈而已集・反「漫談」〉，《魯迅全集》第 3 卷，第 464 頁。
[58] 〈南腔北調集・論「赴難」和「逃難」〉，《魯迅全集》第 4 卷，第 474 頁。
[59] 〈且介亭雜文二集・在現代中國的孔夫子〉，《魯迅全集》第 6 卷，第 315-316 頁。
[60] 易白沙：〈孔子平議〉（上），載 1916 年 2 月 15 日《新青年》第 1 卷第 6 號。

諸家所說，子貢、宰我、陽虎、漆雕開、皆欲據土壤，以施其治平之學。此處於專制積威之下，不得已而出此。湯武革命，一以七十里，一以百里，天下稱道其仁。儒家用心，較湯武尤苦，而誅殘賊，救百姓之績，為湯武所不逮，以列國之君，罪浮於桀紂也。墨翟、莊周不明此義，竟以亂黨之名詞誣孔門師弟，千載以後，遂無人敢道孔子革命之事。微言大義，湮沒不彰。」[61]對孔子本人的業績也作了比較中肯的評價。

　　胡適是新文化運動的學術實績的主要體現者。五四時期，他有關儒家的討論主要是在《先秦名學史》和《中國哲學史大綱》（卷上）中展開。在這兩部著作中，他除了對孔孟及其著作進行考證外，還平心靜氣地肯定孔子「基本上是一位政治家和改革家，只是因強烈的反對使他的積極改革受到挫折之後才決心委身於當時青年的教育。」[62]孔子生活在「一個政治崩潰，社會不安，思想混亂的年代，尤其是道德紊亂的年代」，「中心問題，自然應當是社會改革。哲學的任務被理解為社會的和政治的革新。他所尋求的是整治天下之道！」[63]所以，孔子「把『正名』看作是社會的和政治的改革問題的核心」，「把哲學問題主要看作是思想改革的核心」，[64]《先秦名學史》花了相當篇幅來討論孔子的邏輯思想，足見胡適對孔子的重視。《中國哲學史大綱》第四編〈孔子〉、第五編〈孔門弟子〉大體沿用了《先秦名學史》的觀點。

　　1930 年代，胡適又發表了一篇〈說儒〉，該文考察了儒的歷史起源，認為「孔子是儒的中興領袖，而不是儒教的創始者。儒教的伸展是殷亡以後五、六百年的一個偉大的歷史趨勢；孔子只是這個歷史趨勢的最偉大的代表者，他的成績也只是這個五、六百年的歷史運動的一個莊嚴燦爛的成功。」[65]在這裏，胡適對「革新的孔子」作

61　易白沙：〈孔子平議〉（下），載 1916 年 9 月 1 日《新青年》第 2 卷第 1 號。

62　《先秦名學史》第二編〈孔子的邏輯〉，《胡適文集》第 6 冊，第 27 頁。

63　《先秦名學史》第二編〈孔子的邏輯〉，《胡適文集》第 6 冊，第 28 頁。

64　《先秦名學史》第二編〈孔子的邏輯〉，《胡適文集》第 6 冊，第 29 頁。

65　〈說儒〉，《胡適文集》第 5 冊，第 31 頁。

了更為詳細的歷史解釋。後來胡適在一封致陳之藩的信中又提及此文：「關於『孔家店』，我向來不主張輕視或武斷的抹殺。你看見了我的〈說儒〉篇嗎？那是很重視孔子的歷史地位的。」[66]胡適晚年還發表了《中國哲學裏的科學精神與方法》、《中國的傳統與將來》等論文，對孔孟思想內含的人本主義和求知思想給予了充分肯定。[67]

通觀胡適一生三個時期的論述，前期論著，探討了孔子生平、哲學觀點和邏輯思想，將孔子和諸子「平等看待」；中期的〈說儒〉對孔子在儒家演變史上的地位給予了高評；晚年則著力於儒學與自由主義的融合，為自由主義尋找歷史文化土壤。胡適晚年在談及自己的這一態度時說：

> 有許多人認為我是反孔非儒的。在許多方面，我對那經過
> 長期發展的儒教的批判是很嚴厲的。但是就全體來說，我在我
> 的一切著述上，對孔子和早期的「仲尼之徒」如孟子，都是相
> 當尊崇的。我對十二世紀的「新儒學」(Neo-Confucianism)(「理
> 學」)的開山宗師的朱熹，也是十分崇敬的。[68]

胡適的這段表白是對其學術態度的注腳。

由上可見，新文化陣營的主要代表對孔子本人的態度並不怎麼偏頗，有的甚至還表達了相當尊崇的態度，他們都傾向於將孔子與後來作為官學的儒學區別對待，對孔子本人的文化成就和思想價值亦能從現代意義的高度給予了實事求是的評估。不過，如和其論敵──現代新儒家相比較，新文化陣營圍繞孔子及儒學這樣重大的學術課題，他們沒有推出有足夠份量的學術研究成果。現代新儒家既以傳統儒家的繼承人自居，加之他們所處的非主流的地位，無形中加重了他們研究儒學的壓力，他們在研究儒家思想的淵源流變，在

---

[66] 〈致陳之藩〉1948 年 3 月 3 日，《胡適書信集》中冊，北京：北京大學出版社，1996 年 9 月版，第 1137 頁。

[67] 參見歐陽哲生：〈胡適與儒家〉，收入《胡適研究叢刊》第一輯，北京：北京大學出版社，1995 年版。

[68] 《胡適口述自傳》第十二章〈現代學術與個人收穫〉，《胡適文集》第 1 冊，第 418 頁。

闡釋儒家思想的現代意義方面積累了一些成果，從整個現代中國學術發展的格局來看，這自然是一種文化補充。但就「五四」新文化運動的健將們而言，畢竟是一個令人遺憾的缺陷。

五、餘論：關於傳統與現代性的思考

以上我們對儒學的內部結構作了系統分析，並從政治文化、倫理、學術三個層面考察了新文化運動的主要代表對儒學的態度。從這些分析中我們可以看到，「五四」新文化運動及其主要代表對儒學的處理並非如過去的論者所論斷的那樣，是作單一層面（即政治文化或意識形態）的判斷，他們與儒學的關係是逐漸由政治文化層面推向倫理層面、學術層面，故我們對兩者的關係也應從多層面來考察。造成這種現象既是由於儒學本身多層次的內在結構所決定的，也與新文化的建設實績有關。在現實文化關係上，還與包括以現代新儒家為代表的文化保守主義的制衡有關。在與反對者的論爭中，新文化陣營一方面加強了自身的立場，即對傳統文化包括儒學取「重新估定一切價值」的態度；一方面又不得不回到歷史中去，對中國歷史（包括儒學）作一番必要的清理，「整理國故」即是這一取向的產物。由此不難看出，有關對「五四」新文化運動反儒學的簡單處理的指控，不過是反對者的一種宣傳手法，或者說是後來的激進的反傳統主義者的強詞奪理，他們或抓住「五四」新文化運動主要代表人物的一些片斷看法和某些激進言辭為己所用，或利用對手的某些缺陷有意將其放大，但這種主觀臆斷很難說是「五四」新文化運動真實狀況的全面反映。

從歷史的總體趨勢分析，「五四」新文化運動及其主要代表與儒學的關係是應置於傳統與現代的關係這一框架中去考察。關於傳統與現代的關係，大致有兩種基本看法：一種認為傳統與現代是相互對立的兩極，這種看法在早期現代化過程中比較普遍，非西方國家和地區尤其如此。一種認為傳統與現代兩者之間可以溝通，存在聯結之處。以韋伯為代表的一批西方現代社會學家傾向於此，某些國

家（如東亞的日本、韓國等）的現代化過程也證明了這一點。現代與傳統並非一對截然對立的概念，它們有時會依存在一起，甚至和諧並存。無疑，「五四」新文化運動在當時的傾向是偏於認為傳統與現代的關係是相互對立的，這是其主流，這是一個外源的現代化（modernization from without）國家的一種自然反映。這種態度在今天越來越受到人們的質疑和批評，現在人們更多地強調傳統也可構成現代性的資源，作為現代性的補充，這可以說是傳統的活力所在，或現代意義吧！其實又何嘗不是現代性紮根現實土壤後本身自信的一種表現。

　　須加說明的是，新文化運動這個詞彙本身並非一個文化流派的標稱，馮友蘭先生在《中國現代哲學史》中談到「新文化運動內部的派別」，將陳獨秀、李大釗劃為「左翼」，將胡適、梁漱溟劃為「右翼」。[69]這種看法是否精當可以商榷，[70]但偏於文化保守主義的馮先生持這樣的看法，至少表明了一種態度：新文化運動應該包括像梁漱溟這樣的異議人士，[71]不能因為他們對陳獨秀、胡適諸人的不同意見，而將他們排除在新文化運動之外。換句話說，現代的文化保守主義也是願意將自己放在新文化的框架中去考慮。

　　新文化運動是一個文化新時代的真正開端，它標誌著反抗傳統的政治的、文化的種種支流的匯合。這些支流和分子本身殊為分歧，它們在自身發展過程中，可能出現種種流變，有時會在某些交匯處與另一文化流派結成短暫的聯盟，然後很快又朝著各自的思路發展下去。新文化運動的真正意義在於展現建設中國現代文化的多元思路，在於在中西古今的參考系中全方位地思考解決中國文化危機的

---

[69] 參見馮友蘭：《中國現代哲學史》，香港：中華書局，1996 年版，第 68-69 頁。

[70] 馮友蘭先生將胡適與梁漱溟歸為一翼，筆者以為不能成立。無論在政治上還是在文化上胡與梁均不是出自一個系統，實際上胡、梁之間在文化、政治兩方面歧見甚深，且有公開爭論。有關胡適與梁漱溟的比較可參看鄭大華：〈胡適與梁漱溟〉，收入李又寧主編：《胡適與民主人士》，紐約：天外出版社，1998 年出版，第 115-205 頁。

[71] 筆者認為，新文化運動中的異議人士，前期如杜亞泉，梁啟超，梁漱溟等，後期如《學衡》的梅光迪、胡先驌，可視為新文化運動的非主流派，而不應將其排除在新文化運動之外。

有效方案。因此，對於這一歷史過程中出現的某些代表人物，如果用一個標籤去估衡他們，他們對這種做法是否欣賞，也是頗令人懷疑。蔡元培、陳獨秀、胡適、魯迅、周作人、劉半農、錢玄同等代表當時「五四」新文化運動的主流，他們是現代化的積極推動者，或者說是現代主義的辯護士；但傳統因素在他們身上的作用同樣有使其人格和成就生輝的一面。在現代性這一方面，他們的共同特徵是：拒絕任何教條奴役，不管是舊的還是新的；對個性懷有強烈的追求，主張以開放的心態面對外部世界。在傳統性這一方面，他們給予了更多的反思，這毫不足怪，因為無論站在現實的立場，還是從歷史的角度，在一個文化轉型的時代，傳統實在是值得檢討和反省，何況「五四」時期正處在文化轉型這一歷史過程中的關鍵時刻。「五四」那一代人在其青少年時代親身經歷了中國的急劇衰落這一痛苦過程，看到外來的西方文化的優越性，這些無疑也會逼促他們對歷史做出比前人更為深刻的反省。

　　「五四」新文化運動反傳統的思想資源主要來源於西方近世文化，他們將西方近世文化等同於現代化，而將中國古典文化視為舊文化，故在抉擇民族文化向現代轉型時，很容易走上用西方文化代替中國文化的路子，從西方文化中尋求反傳統的動力資源也是很自然的事了。「五四」新文化運動反傳統思想的另一個來源是傳統的非主流文化，在傳統社會，非主流文化處於被壓抑的地位，他們對主流文化或正統文化（主要是儒學）有反抗的情緒，表現這種被壓迫者的聲音自然是反傳統的重要思想資源，這也是「五四」時期諸子學得以興盛的一個重要原因。

　　反傳統主義是現代性的一個本質特徵。現代社會的日新月異的變化，思想上的根由是反傳統主義。在西方，反傳統主義與現代性的結合曾對西方文化產生革命性的效應，並誘導著其向前有序的發展。但是，現代中國文化伴隨激進的反傳統主義的勢頭越來越強有力，曾出現了不少的周折，其中包括在毀棄儒學意識形態後，對儒學不加分析地簡單拒斥，或將其與現實政治鬥爭和社會運動緊密聯

繫在一起，70 年代中期大陸的「批林批孔」即是典型一例。這些問題已不單純是一個文化問題，它所造成的後果只能由當時的極左思潮去負責。

在現代中國，恢復儒學的正統地位，再造孔子偶像當然已不合時宜；確立一種「非儒」的意識形態秩序，我看也沒有必要。對於那些尊孔的人們，只要他們不把知識和權力相結合，不追求在意識形態領域重建儒學的權威，我們大可不必對他們存一種戒懼、排斥的態度。對於那些真正從學術層面去研究和闡釋儒學，並抱一真誠態度的學者，我們理應給予應有的尊重。這一點「五四」新文化運動的代表後來在反省自己的反孔立場時也已注意到，錢玄同 1926 年 4 月 8 日致信周作人時說：

> 我們以後，不要再用那「必以吾輩所主張者為絕對之是而不容他人之匡正」的態度來作「訑訑」之相了。前幾年那種排斥孔教，排斥舊文學的態度很應改變。若有人肯研究孔教與舊文學，鰓理而整治之，這是求之不可得的事。即使那整理的人，佩服孔教與舊文學，只是所佩服的確是它們的精髓的一部分，也是很正當，很應該的。但即使盲目的崇拜孔教與舊文學，只要是他一人的信仰，不波及社會──波及社會，亦當以有害於社會為界──也應該聽其自由。[72]

錢玄同的這段話值得我們思考。胡適晚年所寫〈容忍與自由〉一文大體表達了與錢玄同類似的立場。[73]

儒學作為中國傳統文化的主體或上層，曾對中國傳統文化心理和思維方式產生了主導性的作用，已構成民族文化心理結構中的一

---

[72] 錢玄同：〈致周作人〉1926 年 4 月 8 日，收入《錢玄同文集》第 6 冊，第 75 頁，北京：中國人民大學出版社，2000 年 8 月版，第 75 頁。

[73] 胡適：〈容忍與自由〉，載 1959 年 3 月 16 日《自由中國》第 20 卷第 6 期。收入《胡適文集》第 11 冊，第 823-828 頁。此文以陳獨秀「以吾輩所主張者為絕對之是」為實例討論了容忍異議是一種不易養成的雅量，可謂胡適對五四運動的另一種反省。

部分。「五四」新文化運動的健將們由於歷史條件的限制,他們當時的主要工作是在破除儒學的權威,在學術層面闡釋傳統下層文化和諸子學說的歷史價值和現實功用;相形之下,他們對儒學的學術研究顯得比較薄弱,有些論斷也不一定確當。這並不是說新文化陣營的領袖們欠缺在學術層面處理儒學的功力和知識的準備,而是當時的歷史環境和工作重心(主要是在政治文化層面)使然。因此,加強對儒學的學術研究,以現代的眼光探討和闡釋儒學的現代意義,不失為歷史的補救。

在反思中國傳統文化時,新文化陣營的基本態度是「重新估定一切價值」,它原是西方近代思想家尼采提出的一個口號,意在打破上帝神聖不可侵犯的信條,將人們從宗教奴役中解放出來,這是西方現代主義運動先驅者們所共同信奉的思想。「五四」新文化運動接過這一口號,一方面使運動深深染上了現代性的色彩,一方面也給運動帶來了一些非理性的衝動。西方近代文化中的理性精神得益於文藝復興運動和啟蒙運動而根深蒂固,後來發生的現代主義運動雖表現了非理性的色彩,但它不失為一種「片面的深刻」,對前此已具備的理性精神是一種批判的發展,一種文化補充和思想深化。中國的情形稍有不同,中國本身缺乏近代的理性精神傳統,在此前提下,對傳統理性資源不加以批判的吸收,在反叛傳統時表現出非理性的態度,這對中國新文化本身的發展會產生極大的不利,新文化運動中所出現的破壞多於建設的勢態,與這一口號產生的流弊密切相關。

在中國文化發展的歷史長河中,儒學已有數千年的歷史,它構成歷史的大背景,通過一次文化運動處理如此厚重的歷史文化遺產,談何容易!「五四」新文化運動前後不過十年時間,中國新文化迄今也只有 8、90 多年的歷史,當年激起新文化運動健將們思想激情的那些主題已逐漸消沉,傳統的儒學意識形態已經解構,現代文化與儒學之間的緊張關係也漸趨緩和。今天人們探討這一問題主要已不再是停留在政治文化層面,國內外學術界的工作重心移向倫理的、學術的層面,儒學重新成為中國文化研究中一門引人注目的

顯學。研究儒（家）學的思想價值，挖掘儒家倫理內含的現代意義，成為中國新文化自我調整和向縱深發展的新要求。從這個意義上說，任何一種思想學說只要它蘊涵文化的價值，它的恆在意義在時代之鏡的折射下就會煥發出新的光彩。

本文為作者 1999 年 5 月提交北京大學主辦「五四運動與 20 世紀的中國——北京大學紀念五四運動 80 周年國際學術研討會」論文，收入《五四運動與 20 世紀的中國——北京大學紀念五四運動 80 周年國際學術研討會論文集》，北京：社科文獻出版社，2001 年 5 月版。

蔡元培與中國現代教育體制的建立

　　在中國近現代史上，蔡元培先生是教育界、知識界普遍敬重和獲得高評的一位知識領袖。在接觸中國近現代文化人物時，我注意到有兩位人物極為特殊，一位是王國維，對他的學術造詣和成就，同時代許多重要人物，如梁啟超、胡適、郭沫若、魯迅、顧頡剛、陳寅恪等幾乎有一致的高評；一位是蔡元培，對他的高尚道德和偉大人格，不同學派、不同政黨的人都能打破門戶之見，推崇備至。從傳統的標準看，立德高於立言，屬於最高的人生境界。不過，我們今天認同蔡元培，不僅僅是基於傳統的標準，更重要的是從現代化的角度來立論。蔡先生之所以享有這樣崇高的聲譽，在於他為人師表，以德服人，具有強烈的道德感召力；在於他能以前清翰林的資格，率先出國留學，在中西文化衝突的年代，溝通、調和中西文化，進而推動中華文化的發展；在於他畢生獻身教育、科學，鞠躬盡瘁，嘔心瀝血，成績卓著；在於他提出了一整套思想主張和政策措施，它們在中國現代教育、科學體制的確立中發揮了正確導向作用。蔡先生一生為人所稱道者有兩大事功：一是整頓北京大學，為中國大學教育改革樹立了一個範型；一是創辦中央研究院，為科學事業發展鋪墊了基礎。這兩大事功，在中國現代教育、科學發展史上，均具有劃時代的意義。

　　回顧近百年中國教育發展的曲折歷程，我們重新審視蔡元培先生的教育思想及其實踐，無不為他當年的慧眼卓識和革新精神所深深感動。蔡元培在中國現代教育史上的地位已無可爭議。作為一個北大人，我們深為百年北大曾經擁有這樣一位傑出的老校長而感到驕傲。與此同時，當我們面對蔡先生那尊高大的雕像時，心中也會油然而生一種不安之感，我們離蔡先生當年所追尋的那些理想目標

還有一段距離。從思想史研究的角度看,一個歷史人物之所以值得後人回味,不僅是因為他在歷史上成就過一件大事,或有過重要著述,或提出過有影響力的主張。更重要的是,他具有一種超越時空的精神力量。正是基於這樣一種驅動力,我想就蔡先生在建立中國現代教育體制(主要是現代大學教育制度)中所闡發的思想主張及其艱苦實踐做一探討,以為我們當今的教育體制改革提供一份值得省思的歷史的素材。

一、對傳統教育的評估

在中國教育從傳統向現代轉型的過程中,如何處理本民族傳統教育的遺產,是擺在人們面前的一道難題。近代中國教育發展的一個基本趨向是:近代西方教育體制逐漸引進中國,在整體框架上取代中國舊的教育制度。最為明顯的例證是科舉制的中止,舊書院的萎縮;代之而起的是教會學校的創辦,新學堂的興辦,京師大學堂的創辦,大批留學生的派遣。中國教育從微觀的教學內容到宏觀的教育管理體制,從辦學設施到教育宗旨,都開始發生根本性的變革。

蔡先生本人的經歷正是近代中國教育轉型的一個絕好縮本。他擁有前清翰林的資格,獲得了最高的傳統教育學歷;接著他又先後去日本、歐美等國大學訪學,對西方近代大學教育作過深入、系統的考察。這種閱歷使他對中西教育之間的反差和傳統教育的弊端有了深切的體驗,進而加強了他對傳統教育體制改革的決心。

蔡先生關於教育體制改革的思想是從對中國傳統教育的評估開始。他對傳統教育思考的一個鮮明特點是:他對傳統教育中所包含的文化專制主義內容作了深刻的批判。

1912 年,中華民國初建,蔡先生走馬上任南京臨時政府教育總長,為適應新建立的國家體制,即民主共和體制,必須對前清教育體制所存在的問題予以清理。關於前清的教育宗旨,蔡先生認為:

> 滿清時代，有所謂欽定教育宗旨者，曰忠君，曰尊孔，曰尚公，曰尚武，曰尚實。忠君與共和政體不合，尊孔與信教自由相違（孔子之學術，與後世所謂儒教、孔教當分別論之。嗣後教育界何以處孔子，及何以處孔教，當特別討論之，茲不贅），可以不論。尚武，即軍國主義也。尚實，即實利主義也。尚公，與吾所謂公民道德，其範圍或不免有廣狹之異，而要為同意。惟世界觀及美育，則為彼所不道，而鄙人尤所注重。[1]

蔡先生首先對前清教育宗旨「忠君」、「尊孔」中所包含的文化專制主義的內容作了堅決的否定。

前清教育體制中一個極為腐敗的表現，是教育管理機構彌漫著一股腐臭的官僚氣味。冗員甚多，開支絀出，以至學校難以正常運轉。為此，蔡先生決定對新設立的教育部進行改革。「我之主張，辦理部務，當與辦理社會事業一例：在正式政府未成立，官制未通過參議院以前，不必呈薦人員。除總次長已由大總統任命外，其餘各人，概稱部員，不授官職。為事擇人，亦不必多設冗員。」[2]故教育部設立之初，只有蔡先生、蔣維喬及會計兼庶務共三人，後來部內人員亦發展不過三十餘人。在蔡先生主持下，教育部的工作人員每日準時上下班，分工做事，「苟案牘，隨到隨辦」。[3]辦事效益極高，「絕無官署意味」。[4]

傳統教育體制將教育與政治混合為一。教育附屬政治，教育服從政治。科舉制實為官制的一部分，其主要功能為選官、養官、做官。這種做法，表面上看去是提高了教育在社會生活中的地位，所

---

[1] 蔡元培：〈對於新教育之意見〉，高平叔編：《蔡元培全集》第 2 卷，北京：中華書局，1984 年 9 月出版，第 136-137 頁。

[2] 蔣維喬：〈民國教育部初設時之狀況〉，舒新城：《近代中國教育史料》第 4 冊，上海：中華書局，1933 年 2 月三版，第 196 頁。

[3] 莊俞：〈元年教育之回顧〉，《近代中國教育史料》第 4 冊，第 173 頁。

[4] 蔣維喬：〈民國教育部初設時之狀況〉，舒新城：《近代中國教育史料》第 4 冊，第 196 頁。

謂「萬般皆下品，唯有讀書高。」實際上教育因從屬官制，失去了其應有的主體地位。蔡先生對此作過透徹的分析。他說：從教育目的看，「吾國之舊教育以養成科名仕宦之材為目的。科名仕宦，必經考試，考試必有詩文，欲作詩文，必不可不識古字，讀古書，記古代瑣事。」[5]從教育功能看，「科舉時代的教育，不過得一個便利機會，養成一己的才具，此外都不管了。改立學校以後，一般人對於學校的觀念，仍復如此。教育既無改革，社會上一切事業，都是一仍舊貫。因此這種教育不能不改造的。」[6]從教育方式看，「君主時代之教育方針，不從受教育者本體上著想，用一個人主義，或用一部分人主義，利用一種方法，驅使受教育者遷就他之主義。……君主時代之教育，不外利己主義。君主或少數人結合之政府，以其利己主義為目的物，乃揣摩國民之利己心，以一種方法投合之，引以遷就於君主或政府之主義。如前清時代承科舉餘習，獎勵出身，為驅誘學生之計；而其目的，在使受教育者皆富於服從心、保守心，易受政府駕馭。現在此種主義，已不合用，須立於國民之地位，而體驗其在世界、在社會有何等責任，應受何種教育。」[7]作為一個民主主義教育思想家，蔡先生自然對傳統教育這種官學不分，「學而優則仕」的歷史傳統極為反感。「數百年來，教育的目的只有一項，即對人們進行實踐能力的訓練，使他們能承擔政府所急需的工作。總之，古代中國只有一種教育形式，因此，其質與量不能估計過高。」[8]

　　中國是一個文明古國，其傳統的教育思想作為歷史遺產，無疑也包含著精華，對此蔡先生也有充分估價。1925 年 7 月 25 日他在世界教育聯合會第二次大會上發表的以〈中國教育的歷史與現狀〉為題的演講中如是說：「這些古代教育制度的優點，可以簡單概括如

---

[5]　〈新教育與舊教育之歧點〉，《蔡元培全集》第 3 卷，北京：中華書局，1984年 9 月出版，第 173 頁。

[6]　〈在北京高等師範學校《教育與社會》社演說詞〉，《蔡元培全集》第 3 卷，第 394 頁。

[7]　〈全國臨時教育會議開會詞〉，《蔡元培全集》第 2 卷，第 262-263 頁。

[8]　〈中國大學觀念及教育趨向〉，《蔡元培全集》第 5 卷，北京：中華書局，1988年 8 月出版，第 7 頁。

下：（一）注重道德倫理的教育和個人修養。（二）提倡在任何環境與條件下，可以由個人自由鑽研學問。（三）可以因材施教，教學不致因班級中有落後學生而受到影響。」[9]蔡先生對傳統的倫理教育和教學方法，對孔子的教學思想亦頗為欣賞，這在他的《中學生修身教科書》、《中國倫理學史》等書中有過論述。但傳統教育體制的缺陷也是明顯的。如教育內容上偏重人文和道德修養，忽視科學教育：

> 我國古代學校的課程，過分重視人文科學，特別是文學、考據學等。我國早期的教育制度實際上只重視個人修養的盡善盡美，重視培養個人的文學才能，而不注重於科學方面的教育。

教育目標主要是適應科舉考試，輸送官僚人才：

> 我國古代的教育目標，主要是使少數人畢生攻讀，使他們能順利通過朝廷舉辦的各種考試，而考試則是讀書人入仕的唯一途徑。至於就平民文化而言，它並沒有普及教育的明確目標。[10]

教育重腦力輕體力，致使受教育者的體質受到嚴重損害：

> 就是中國教育，大部分重在後腦的記憶，小部分重在前腦的思索。訓練全身的教育，從來不大講究。所以未受教育的人，身體還壯實一點。惟有那班書酸子，一天只知道咿咿唔唔、搖頭擺腦的讀書；走到人前，癡癡呆呆的歪著頭，弓著背，勾著腰，斜著肩膀，面孔又黃又瘦，耳、目、手、腳，無一件靈動中用。這種人雖有手、腳、耳、目，卻和那跛、聾、盲、啞殘廢無用的人，好得多少呢？[11]

---

[9] 〈中國教育的歷史與現狀〉，《蔡元培全集》第 5 卷，第 29-30 頁。
[10] 《蔡元培全集》第 5 卷，第 29-30 頁。
[11] 〈真正的近代西洋教育〉，《蔡元培全集》第 4 卷，北京：中華書局，1984 年

鑒於此，他特別強調加強體育、音樂、美術、勞動和科學實驗在課程中的比重，以補救此弊。

民國以後，教育體制處在新舊轉型之中，教育體制中舊的流弊以新的形式暴露出來，蔡先生提請人們注意：

> 吾國教育界，乃尚牢守幾本教科書，以強迫全班之學生，其實與往日之《三字經》、四書、五經等，不過五十步與百步之相差。欲救其弊，第一，須設實驗教育之研究所。第二，教員須有充分之知識，足以應兒童之請益與模範而不匱。第三，則供給教育品者，亦當有種種參考之圖畫與儀器，以供教員之取資。如此，則始足語於新教育矣。[12]

既然傳統教育體制只能造就為君主專制政治所利用的人才，而難以開啟民智，適應新的民主共和制，適應現代化事業的需要，這種教育體制的改革勢在必行。既然舊的教育行政機構無法行使指導新教育的職能，這種機構的改革勢在必行。蔡先生正是把握了傳統教育的這一根本弊端，才確定了其教育改革的入手之處。

二、「教育獨立」的理念

蔡元培關於教育體制改革的一個根本主張為「教育獨立」。他認為解決舊教育體制存留的種種弊端，其根本之途在於「教育獨立」。蔡先生明確表述這一看法或者提出這一主張是在 1922 年發表的〈教育獨立議〉一文中，但「教育獨立」思想不能簡單視之為蔡先生 20 世紀 20 年代用以解救當時教育危機所提出的一種權宜之計，而是他促使中國教育從傳統向現代轉型的根本思想。它在蔡先生的教育思想中佔有突出的位置，是其作為一個民主主義教育思想家的特質所在。在相當長一段時間，由於蔡先生提出的「教育獨立」，因為歷史

---

9 月出版，第 69 頁。
[12] 〈新教育與舊教育之歧點〉，《蔡元培全集》第 3 卷，第 175 頁。

條件的限制，未達其初衷。故人們對它在中國教育現代化中所發揮的建設性作用，缺乏積極的評價，致使「教育獨立」蒙上了灰色的色彩，成了悲劇的終結。因而如何重新闡釋蔡先生的「教育獨立」思想？如何估價「教育獨立」在中國教育從傳統向現代轉型的歷史作用？已成為時代逼促我們思考的一項課題。歷史是一個過程，有些思想命題因其時代意義的枯竭，將隨著歷史風雲而消逝。有些歷史議題還未充分展開，可能因種種條件的限制，暫時消沉在歷史長河的底層；然而潮來潮往，大浪淘沙，新的歷史契機又會啟迪我們去思考那些過去來不及消化的思想命題。「教育獨立」這一為蔡先生及其本世紀上半期好幾代知識份子為之焦慮和追尋的理念，即可作如是觀。

　　蔡先生的「教育獨立」思想有一個發展過程。從他出任南京臨時政府教育總長時，發表〈對於新教育之意見〉，到他就任北大校長時發表的就職演講、《北京大學月刊》發刊詞和〈教育獨立議〉等文；再到他提出建立大學院，提出〈教育經費獨立案〉；我們可以看出，「教育獨立」實際上是貫穿其教育思想和實踐的一條紅線。

　　民國初年，蔡先生在談及辦新教育的意見時說：

　　　　教育有二大別：曰隸屬於政治者，曰超軼乎政治者。專制時代（兼立憲而含專制性質者言之），教育家循政府之方針以標準教育，常為純粹之隸屬政治者。共和時代，教育家得立於人民之地位以定標準，乃得有超軼政治之教育。[13]

明確指出共和時代的新教育應「超軼乎政治」。為什麼要將教育從政治的依附中解脫出來？這是因為教育與政治的職責迥異。「以現世幸福為鵠的者，政治家也；教育家則否。」蔡元培區別了政治和教育的各自範圍：

[13]　〈對於新教育之意見〉，《蔡元培全集》第 2 卷，第 130 頁。

> 蓋世界有二方面，如一紙之有表裏：一為現象，一為實體。
> 現象世界之事為政治，故以造成現世幸福為鵠的；實體世界之
> 事為宗教，故以擺脫現世幸福為作用。而教育者，則立於現象
> 世界，而有事於實體世界者也。故以實體世界之觀念為其究竟
> 之大目的，而以現象世界之幸福為其達於實體觀念之作用。[14]

正是本著這一思想，蔡元培對前清的教育方針作了重大修正，以謀求建立新的具有獨立性質的教育體制。

在機構設置上，蔡先生的改造之途是「擬先將中學以上官、公、私立學校，嚴加歸併，裁汰冗員，嚴定章程，以便早日開學。國家無論如何支絀，教育費萬難減少。」[15]在人事安排上，蔡先生打破黨派成見，邀請共和黨人范源廉任教育次長。他對范說：

> 現在是國家教育創制的開始，要撇開個人的偏見、黨派
> 的立場，給教育立一個統一的智慧的百年大計。國民黨裏並
> 不是尋不出一個次長，……我之敢於向您提出這個請求，是
> 相信您會看重國家的利益越過了黨派的利益和個人的得失以
> 上的。[16]

在課程設置上，蔡元培本人雖尊崇孔子，但他不主張保留經科。「舊學自應保全。惟經科不另立為一科，如《詩經》應歸入文科，《尚書》、《左傳》應歸入史科也。」[17]從古至近，中國人有自大自棄一弊，「普通教育廢止讀經，大學校廢經科，而以經科分入文科之哲學、史學、文學三門，是破除自大舊習之一端。」[18]在教育方針上，他向參議院宣佈政見之演說中，談及教育方針時也表現了純正教育家的態度。教育方針「應分為二：一普通，一專門。在普通教育，務順應時勢，養

---

[14] 〈對於新教育之意見〉，《蔡元培全集》第 2 卷，第 133 頁。
[15] 〈在北京就任教育總長與部員談話〉，《蔡元培全集》第 2 卷，第 156 頁。
[16] 〈邀范源廉任教育部次長的談話〉，《蔡元培全集》第 2 卷，第 159-160 頁。
[17] 〈在北京任教育總長與記者談話〉，《蔡元培全集》第 2 卷，第 159 頁。
[18] 〈全國臨時教育會議開會詞〉，《蔡元培全集》第 2 卷，第 264 頁。

成共和國民健全之人格。在專門教育，務養成學問神聖之風習。」[19]
表明了一個純粹、超然的教育家的立場。

　　與范源廉先生重視普通教育的傾向有別，蔡先生的興趣「偏於
高等教育」，[20]這時期他在這方面最有成效的一項工作是制定了具有
法律效應的《大學令》，這項法令不太為人們所注重，實際上它包含
了蔡先生建立現代大學制度的基本思路和主張，故蔡先生一再向人
們強調這份法令為他所起草，其中緣由正是基於此。它規定：「大學
以教授高深學術，養成碩學閎材，應國家需要為宗旨」；大學以文、
理為主，大學改八科為七科，廢止經科；設大學院以鼓勵研究；設
評議會、教授會，構建大學民主管理體制。[21]所有這些舉措，均在凸
顯教育自身的主體地位和獨立性質，從而使教育適應新的民主共和
政體，走上科學化、專業化的道路。

　　1915 年，蔡元培在巴拿馬舉行的萬國教育會議上，發表了題為
〈1900 年以來教育之進步〉。在文中，蔡元培肯定中國「自 1900 年以
來，僅歷十五年耳，而其間可為教育界進步之標識者，有二大端：一
在學理方面，為實驗教育學之建設」；「一在事實方面，為教育之脫離
於宗教。」[22]並說「在我中華，孔子之道，雖大異於加特力教，而往
昔科舉之制，含有半宗教性質。廢科舉而設學校，且學校之中，初有
讀經一科，而後乃廢去，亦自千百年以來積漸實行，亦教育界進步之
一端也。」[23]對教育擺脫宗教，廢止經科的歷史進步再次作了充分肯
定。他談到自己的「教育之高尚理想」，提出四條「一曰調和之世界
觀與人生觀」；「二曰擔負將來之文化」；「三曰獨立不懼之精神」；「四
曰安貧樂道之志趣」。其中第三項則是對「教育獨立」的闡揚：

---

[19]　〈向參政院宣佈政見之演說〉，《蔡元培全集》第 2 卷，第 164 頁。

[20]　〈我在教育界的經驗〉，《蔡元培全集》第 7 卷，第 197 頁。

[21]　〈大學令〉，《蔡元培全集》第 2 卷，第 283-285 頁。

[22]　〈1900 年以來教育之進步〉，《蔡元培全集》第 2 卷，第 405 頁。

[23]　〈1900 年以來教育之進步〉，《蔡元培全集》第 2 卷，第 405 頁。

　　　　夫教育之業，既致力於將來之文化，則凡抱陳死之思想、
　　狃目前之功利、而干涉教育為其前途之障礙者，雖臨以教會
　　之勢力，劫以政府之權威，亦當孤行其是，而無為所屈。昔
　　蘇格拉底行其服從真理之教育，為守舊者所嫉，至於下獄，
　　受鴆而不易其操。此其例也。[24]

1917 年蔡元培主長北京大學後，其革新北大之舉，與其前此的「教育獨立」思想一脈相承，許多舉措實在他民初任教育總長時即已提出。[25]通過在北大的教改實踐，他更深切體會到「教育獨立」的重要性，其中一個問題是教育經費問題。北洋政府將大量財政開支用於軍費，其政府開支都難以維持，何況教育經費！故教員工資常常拖欠，學校教學難以維持，因為這一原因，20 年代初北京各高校風潮不斷，蔡先生亦捲入其中。他深有感觸的說：「只有使政府同別國的政府一樣，能夠維持預算案的信用，我們才可以安然做事。但是中國的政府，我們向來就知道是不可靠的，如何能希望不再發生此等不幸？所以，平時一定要有點預備，方不致臨時失措。」[26]蔡先生提出解決教育經費的有效辦法最好是「發行教育公債」，「政府要辦所得稅，以十分之七做教育經費，引起全國人的反對——即辦教育的人亦反對。這實在並非根本反對所得稅。是反對由政府來辦。」「只要有極周密的辦法，使這錢不至被政府挪移，完全用在教育或實業上，我們應當贊成的。」[27]

　　由於屢受北洋政府蹂躪教育的刺激，1922 年 3 月，蔡先生特作〈教育獨立議〉一文，對其「教育獨立」思想第一次作了較為全面

[24]　〈1900 年以來教育之進步〉，《蔡元培全集》第 2 卷，第 407-408 頁。

[25]　如大學以文、理科為主，大學設研究所，成立評議會、教授會，將預科隸屬於大學等，蔡先生在〈大學令〉中均已提出。

[26]　〈在北大歡迎蔡校長考察歐美回國大會上的演說詞〉，《蔡元培全集》第 4 卷，第 77-78 頁。

[27]　〈在北大歡迎蔡校長考察歐美回國大會上的演說詞〉，《蔡元培全集》第 4 卷，第 78 頁。

的闡述。「教育獨立」的緣由為「教育是幫助被教育的人，給他能發展自己的能力，完成他的人格，於人類文化上能盡一分子的責任；不是把被教育的人，造成一種特別器具，給抱有他種目的的人去應用的。所以，教育事業當完全交與教育家，保有獨立的資格，毫不受各派政黨或各派教會的影響。」教育與政黨的區別有二：「教育是要個性與群性平均發達的。政黨是要製造一種特別的群性，抹殺個性。」「教育是求遠效的；政黨的政策是求近功的。」[28]教育與教會的區別為「教育是進步的：凡有學術，總是後勝於前，因為後人憑著前人的成績，更加一番功夫，自然更進一步。教會是保守的：無論什麼樣尊重科學，一到《聖經》的成語，便絕對不許批評，便是加了一個限制。」「教育是公同的：英國的學生，可以讀阿拉伯人所作的文學；印度的學生，可以用德國人所造的儀器，都沒有什麼界限。教會是差別的：基督教與回教不同；回教又與佛教不同。」故此，「若是把教育權交與教會，便恐不能絕對自由。所以，教育事業不可不超然於各派教會之外。」如何實行「教育獨立」呢？其要點為三：（一）在管理體制上，實行大學區。區內事務由大學辦理，教授治校，學校自治，教育部僅為一辦事機構。（二）清除教會在大學中的影響，如大學不必設神學科，學校不得有宣傳教義與教士不得參與教育事業；（三）教育經費。各區教育經費都從本區中抽稅充用。較為貧乏的區，經高等教育會議決定後，得由中央政府撥國家稅補助。[29]蔡元培還注明自己的上述設想因採用西方各國，取其所長，西為中用。蔡元培的這些設想，實為後來創施大學制的一個雛形。

1924 年 4 月 9 日，蔡元培在北京非宗教大同盟講演大會上發表演講時重申自己教育與教會分立的立場，即「絕對的不願以宗教參入教育的。」[30]他堅持：「（一）大學中不必設神學科，但於哲學科中

---

[28] 〈教育獨立議〉，《蔡元培全集》第 4 卷，第 177-178 頁。
[29] 〈教育獨立議〉，《蔡元培全集》第 4 卷，第 178 頁。
[30] 〈非宗教運動〉，《蔡元培全集》第 4 卷，第 179 頁。

設宗教史,比較宗教學等;(二)各學校中均不得有宣傳教義的課程,不得舉行祈禱式;(三)以傳教為業的人,不必參與教育事業。」蔡先生反對教會介入教育不僅是基於教育科學化和思想自由、信仰自由的考慮,還包含對民族教育保護的思想。他在對外的一次演講中明確闡述了自己這一立場。他說:

> 據最近統計,在浸禮會所辦學校中入學的學生總數,目前已接近三十萬。受到天主教教會學校培養的學生人數,約有二十萬五千餘人。現在有跡象表明,在這類學校中的學生人數有明顯增長的趨勢。可是我們看到,一有教會學校開辦,就要宣揚某種宗教教義,就產生新的效果,造成新的影響,從而與我國傳統教育相抵觸。中國的教會忽視了中國的歷史、文學及其它重要的學科,正自行建立另一套與中國國家教育制度相並行的教育制度。不過總有一天會證明,這種教育制度是為中國的國家教育制度所不能相容的。[31]

1927 年 6 月,蔡元培在國民黨中央政治會議第 105 次會議上正式提議設立大學院案。案中說「元培等籌議再三,以為近來官僚化之教育部,實有改革之必要。欲改官僚化為學術,莫若改教育部為大學院。」[32]之所以下此決心,他在 1928 年 1 月發佈的《大學院公告》發刊詞中作了說明:「顧十餘年來,教育部處北京腐敗空氣之中,受其他各部之薰染;長部者又時有不知學術教育為何物,而專鶩營私植黨之人,聲應氣求,積漸腐化,遂使教育部名詞與腐敗官僚亦為密切之聯想。」[33]大學院與舊教育部的區別有兩點:在教育目標上,大學院「一曰實行科學的研究與普及科學的方法」;「二曰養成勞動的習慣」;「三曰提起藝術的興趣」。[34]亦即使教育科學化、勞動化、

---

[31] 〈中國教育的歷史與現狀〉,《蔡元培全集》第 5 卷,第 31-32 頁。
[32] 〈提議設立大學院案〉,《蔡元培全集》第 5 卷,第 138 頁。
[33] 《大學院公告》發刊詞〉,《蔡元培全集》第 5 卷,第 194 頁。
[34] 《大學院公告》發刊詞〉,《蔡元培全集》第 5 卷,第 194-195 頁。

藝術化。在教育組織上，大學院與舊式教育之不同點：「此委員會，以各國立大學校長，本院教育行政處主任，及本院所推舉專門學者五人至七人組織之，以本院秘書長為秘書；委員會有推薦本院院長，及討論學術上教育上重大方案之權，以學者為行政之指導。此亦以學術化代官僚化之一端也。」[35]也就是專家學者掌管教育。他的提案獲准通過，他本人被任命為大學院院長。

為確保大學院制的實施，他與孫科聯名提出一項《提議教育經費獨立案》，其中說：「惟細查全國教育經費，種類繁多，數目複雜，若任其散漫無稽，不加清理，於獨立精神，相去尚遠。職部，院往復籌商，擬請鈞府通令全國財政機關，嗣後所有各省學校專款，及各種教育附稅，暨一切教育收入，永遠悉數撥歸教育機關保管，實行教育會計獨立制度，不准絲毫拖欠，亦不准擅自截留挪用，一律解存職院，聽候撥發。如此，則教育經費與軍政各費完全劃分，經濟公開，金融鞏固，全國教育無廢弛停頓之虞。」[36]顯而易見，他提此案的目的，一是確保教育經費之提供，免除財源之憂；二是保證教育獨立制正常運行的經濟基礎。

在這一時期，蔡先生引人矚目的一個表現是繼續堅持其思想自由的信念，反對讀經。本來蔡先生對孔子及其教育思想頗為尊崇，他曾撰寫〈孔子之精神生活〉一文，對孔子的思想及其教育實踐作了諸多肯定。但在結語中說：

> 孔子所處的環境與二千年後的今日，很有差別；我們不能說孔子的語言到今日還是句句有價值，也不敢說孔子的行為到今日還是樣樣可以做模範。但是抽象的提出他精神生活的概略，以智、仁、勇為範圍，無宗教的迷信而有音樂的陶養，這是完全可以為師法的。[37]

[35] 《《大學院公告》發刊詞〉，《蔡元培全集》第 5 卷，第 196 頁。
[36] 〈提議教育經費獨立案〉，《蔡元培全集》第 5 卷，第 178-179 頁。
[37] 〈孔子之精神生活〉，《蔡元培全集》第 7 卷，北京：中華書局，1989 年 7 月

1928 年 2 月 18 日，在《大學院所發廢止春秋祀孔舊典的通令》中，蔡先生指出：

> 惟因尊王忠君一點，歷代專制帝王，資為師表，祀以太牢，用以牢籠士子，實與現代思想自由原則及本黨主義，大相悖謬。若不亟行廢止，何足以昭示國民。[38]

「祀孔舊典」與現代思想自由原則不合，與蔡先生的自由主義立場也不符，故堅決主張取締。相形之下，國民黨當局在 30 年代又重演祭孔的舊戲，對此，蔡先生發表了保留意見。「讀經問題，是現在有些人主張：自小學起，凡學生都應在十三經中選出一部或一部以上作為讀本的問題。為大學國文系的學生講一點《詩經》，為歷史系的學生講一點《書經》與《春秋》，為哲學系的學生講一點《論語》、《孟子》、《易傳》與《禮記》，是可以贊成的。」「經書裏面有許多不合於現代事實的話，在古人們處他們的時代，不能怪他；若用以教現代的兒童，就不相宜了。……所以我認為小學生讀經，是有害的，中學生讀整部的經，也是有害的。」[39]兩者立場之間的差別可見一斑。

綜上所述，蔡先生的「教育獨立」思想不僅前後一貫，而且實際上已構成一個相對完整的思想系統，其主要內容包括：確立教育是為了發展學術，培養人才的宗旨；教育與政治分離，教育行政獨立，實行「教授治校」；教育與宗教分離，「以美育代宗教」；透過立法的形式，保障教育經費的供給，實行教育經費獨立；鼓勵學術研究，堅持學術獨立，確保思想自由。不過，蔡元培的「教育獨立」思想在當時的環境中，受到限制也是不言而喻的。誠如他本人在《全國教育會議開會詞》中開列的問題，如三民主義的「訓育」問題、「五四」運動後風潮迭起的學運、教員的篩選、各地教育經費的籌

出版，第 107-108 頁。
[38] 〈在大學院所發廢止春秋祀孔舊典的通令〉，《蔡元培全集》第 5 卷，第 207 頁。
[39] 〈關於讀經問題〉，《蔡元培全集》第 6 卷，北京：中華書局，1988 年 8 月出版，第 526-527 頁。

措與保障。[40]對這些問題如不加以妥善的解決,「教育獨立」仍是一句空話。

關於教育與三民主義的關係。三民主義為孫中山先生所提出,亦為國民黨之政綱。蔡先生是三民主義的信仰者,他曾發表〈三民主義的中和性〉一文,表達自己對三民主義的理解。[41]但應如何闡釋三民主義,在國民黨內部意見頗不一致,蔡先生注意到這一情形。「三民主義,為今日教育上訓育之標準,而一方面受過激派之附會,一方面又受保守派之利用。」[42]蔡先生強調三民主義所應包含的民主內涵,故他從來就反對拿三民主義作棍子抹煞學術獨立和思想自由,他晚年與宋慶齡等一起創建中國民權保障同盟,實是對蔣介石獨裁統治的一種堅定反抗。同時,他還充分注意到三民主義所應有的民生主義內涵。「教育方針既規定以三民主義為原則,而尤注重於民生主義之發展。然而現狀如何?許多學校畢業生,到處奔走謀事,而許多創辦之社會事業,又在在需人。如此學不濟用,所學又非所用,此實中國教育前途之一大危機也。今後在個人方面,故應以養成國家人才為前提,而學以濟用,尤為供應社會需要所必須注意者。」[43]為此,他特別提出要注意教育職業化,注重自然科學與實用,「以應社會之需要」。[44]

關於學生運動問題。北大是五四運動的發源地,蔡先生充分理解並支持這一學生運動。在「五四」以後的許多言論中,蔡先生都表明了自己的這一立場。20 年代以後,國內局勢日益動盪,民族危機日益尖銳。從反對北洋軍閥出發、從反對帝國主義出發,蔡先生繼續支持學生運動。但作為一個教育家,一個「教育救國」論者,他對學生運動又低調處理,甚至於反對濫用學生罷課這一非常手段。他說:

---

[40] 〈全國教育會議開會詞〉,《蔡元培全集》第 5 卷,第 228 頁。
[41] 〈三民主義的中和性〉,《蔡元培全集》第 5 卷,第 282-284 頁。
[42] 〈全國教育會議開會詞〉,《蔡元培全集》第 5 卷,第 228-229 頁。
[43] 〈對於確定教育設施趨向案說明〉,《蔡元培全集》第 6 卷,第 70 頁。
[44] 〈對於確定教育設施趨向案說明〉,《蔡元培全集》第 6 卷,第 70 頁。

現在國內一般人們，對於收回教育權的聲浪，皆呼得非常之高，而我則以為這個時期還沒到。……我並不是說學生應完全的不參加愛國運動，總要能愛國不忘讀書，讀書不忘愛國，如此方謂得其要旨。[45]

他還說：「學生愛國，是我們所最歡迎的，學生因愛國而肯為千辛萬苦的運動，尤其是我們所佩服的」；[46]但因愛國運動而犧牲學業，他表示反對。因此，他呼籲學生讀書不忘救國，愛國不忘讀書。顯然，蔡先生在這一問題上面臨著他無法解脫的困窘。學生運動自然不是一件常規的事，但在一個政治危機四伏，民族矛盾尖銳的歷史情境裏，國家需要動員，民族需要整合，學生作為最先覺悟的社會成員，他們在社會生活中有義務發揮先鋒作用。

「教育獨立」代表著中國教育從傳統向現代轉型的一個正確取向。其致力的目標是使教育擺脫各種依附關係，確立教育自身的主體地位，從而完成教育向現代的轉型，發揮教育的內在潛力和真正職能。但任何正確的思路都需要一定的歷史條件相輔相成，才能付諸實現。教育固然需要獨立，才能獲得真正的發展。然教育獨立卻又離不開一定的政治條件保障。沒有民主政治體制，就談不上教育獨立。我們甚至可以說，「教育獨立」本身就是政治民主化的組成部分，與政治體制改革密不可分。從這個意義上說，蔡先生的「教育獨立」思想，所賴以生存的的社會政治環境之不成熟是不言而喻的。事實上，儘管蔡元培在教育內部從組織到政策都作了許多改革，但最終抵擋不住外界的壓力，大學區實施不久即被取消，大學院亦被教育部所重新取代。在國民黨的「黨化教育」籠罩下，「教育獨立」的理念雖仍為少數教育界的有識之士所認同，但它主要維繫在精神的層面，缺乏制度的保障，這從一個側面反映了中國教育轉型的艱難。

---

[45] 〈讀書與救國〉，《蔡元培全集》第 5 卷，第 123 頁。
[46] 〈犧牲學業損失與失土相等〉，《蔡元培全集》第 6 卷，第 151 頁。

三、建立現代大學制度

民國時期，蔡元培主持教育行政工作主要有三段時期：一是民國初年擔任南京臨時政府和唐紹儀內閣的教育總長；二是應范源廉之約請，出任北大校長；三是擔任南京國民政府大學院院長。民初這一段，蔡先生任期太短，其改革大學教育體制的種種舉措中以廢經科和頒佈《大學令》最為引人注目。蔡先生「居北大校長名義，自民 6 至 15 年，共十年有半，而實際辦事，不過五年有半。」[47]然而蔡先生正是把握了這一機會，整頓北大，「把北大從一個官僚養成所變為名副其實的最高學府，把死氣沉沉的北大變成一個生動活潑的戰鬥堡壘。」[48]正因為如此，蔡先生對北大的改革成為人們樂道的一大事功，胡適將其定位為「北京大學的蔡元培時代」或北大的「革新時期」。[49]國民黨在南京建立政權後，蔡先生以為有機會將其多年所懷抱的宏願付諸實施，然未料自己的主張與國民黨的「黨化教育」方針大相抵觸，大學院制的試驗遭到了失敗，蔡先生心灰意冷，辭去大學院院長一職，「離大學院後，專任研究院院長，與教育界雖非無間接的關係，但對於教育行政，不復參與了。」[50]

蔡元培先生主長北大，造就了北大濃厚的學術氣氛和別具一格的學統。有關蔡元培在北大的工作成績，蔡先生本人在〈我在北京大學的經歷〉（1934 年 1 月 1 日）、〈整頓北京大學的經過〉（1936 年 2 月 16 日）、〈我在教育界的經驗〉（1937 年 12 月）等文中作了明白交待。後人也在這方面留有諸多研究成果。[51]在此，我想要強調的是，

[47] 〈整頓北京大學的經過〉，《蔡元培全集》第 7 卷，第 22 頁。
[48] 馮友蘭：〈我所認識的蔡孑民先生〉，原載 1988 年 1 月 16 日《人民日報》（海外版）。收入《三松堂全集》第 14 冊，鄭州：河南人民出版社，2000 年 12 月二版，第 217-218 頁。
[49] 胡適：〈從私立學校談到燕京大學〉，原載 1934 年 7 月 8 日《獨立評論》第 108 期。〈北大開學典禮胡校長致詞〉，原載 1945 年 10 月 11 日《經世日報》。
[50] 〈我在教育界的經驗〉，《蔡元培全集》第 7 卷，第 201 頁。
[51] 參見高平叔：〈蔡元培與北京大學〉，載臺北 1998 年 1-3 月《傳記文學》第 72

蔡元培當時在北大的改革從確立現代意義的大學教育體制的角度來說，尤具示範意義，其表現約有數端：

（一）闡明大學教育的宗旨在於培養學術人才，而非變成升官發財之門梯。故學生之志趣必以鑽研學術為指向，教師聘用也應視其才學為原則，這是對京師大學堂所積官僚舊習的一次重大改革。

　　早在 1906 年，蔡先生在北京大學的前身京師大學堂譯學館擔任教員時，「就知道北京學生的習慣，他們平日對於學問上並沒有什麼興會，只要年限滿後，可以得到一張畢業文憑，便算功德完滿了。尤其北京大學的學生，是從京師大學堂『老爺』式學生嬗繼下來。他們的目的，不但在畢業，而尤注重在畢業以後的出路。」[52]造成北大學生怠於求學的原因是「因初辦時（稱京師大學堂）設仕學、師範等館，所收的學生，都是京官。後來雖逐漸演變，而官僚的習氣，不能洗盡。學生對於專任教員，不甚歡迎，較為認真的，且被反對。……這就是著名腐敗的總因。」[53]故蔡先生上任後，感到「第一要改革的是學生的觀念」。他在致好友吳稚暉信中提出了自己的救治之途：

　　　　大約大學之所以不滿人意者，一在學課之凌雜，二在風紀之敗壞。救第一弊，在延聘純粹之學問家，一面教授，一面與學生共同研究，以改造大學為純粹研究學問之機關。救第二弊，在延聘學生之模範人物，以整飭學風。[54]

蔡先生在《就任北京大學校長之演說》中提出改造北大的三項要求：「一曰抱定宗旨」，「二曰砥礪德行」，「三曰敬愛師友」。揭破「大學

卷第 1-3 期。梁柱：〈蔡元培與北京大學〉，北京：北京大學出版社，1996 年出版。陶英惠：〈蔡元培與北京大學〉，臺北《中研院近史所集刊》第 5 期，1976 年 6 月出版。蕭超然：《北京大學與五四運動》第二章，北京：北京大學出版社，1995 年出版。

[52]　〈我在五四運動時的回憶〉，《蔡元培全集》第 7 卷，第 136-137 頁。
[53]　〈我在教育界的經驗〉，《蔡元培全集》第 7 卷，第 198-199 頁。
[54]　〈致吳敬恒函〉，《蔡元培全集》第 3 卷，第 11 頁。

學生，當以研究學術為天職，不當以大學為升官發財之階梯」的旨意。[55]他說：「外人每指摘本校之腐敗，以求學於此者，皆有做官發財思想，故畢業預科者，多入法科，入文科者甚少，入理科者尤少，蓋以法科為干祿之終南捷徑也。」而「大學者，研究高深學問者也。」「若徒志在做官發財，宗旨既乖，趨向自異」。為改進學風，他計畫首先要辦的二事「一曰改良講義」、「二曰添購書籍」。[56]

為培養校內的學術空氣，蔡先生在教員聘請方面，延聘學有專長者來校任教，辭退舊教員中濫竽充數者；為保證教學質量和改善教員的結構，他做出了六條特別規定：「（一）本校專任教員，不得兼他校教科；（二）本校教員授課以二十小時為度；（三）教員中有為官吏者，不得為本校專任教員；（四）本校兼任教員，如在他校兼任教員，如在他校兼任教科者，須將擔任鐘點報告本校；（五）兼任教員，如在本校任課十二小時者，兼任他校教科鐘點，不得逾八小時以上；（六）教員請假過多，本校得扣其薪金或辭退。」[57]這六條中，特別是第三條，即「教員中有為官吏者，不得為本校專任教員」對舊的官僚習氣是致命的一擊。按照這一成規，如在教育部任職的魯迅先生，在北京政府擔任財政總長的羅文幹，因在政府部門任職，故均只被聘為北大的兼任講師。

提高教學質量的另一個舉措是創建研究所，為師生提供進一步研修的學術機構。實行選科制，培養學生對所學專業和課程的興趣。創辦各種刊物，諸如《北京大學日刊》、《北京大學月刊》、《國學季刊》等；傅斯年等新潮社成員創辦《新潮》，蔡先生從北大年度 4 萬元的經費中撥出 2 千元資助，為師生發表學術研究成果提供園地。鼓勵創辦社團，開展健康有益的活動。通過這些舉措，校園的學術空氣逐漸濃厚起來。

---

[55] 〈我在教育界的經驗〉，《蔡元培全集》第 7 卷，第 199 頁。
[56] 〈就任北京大學校長之演說〉，《蔡元培全集》第 3 卷，第 5 頁。
[57] 高平叔《蔡元培年譜長編》中冊，北京：人民教育出版社，1996 年 11 月出版，第 8 頁。

（二）為發展學術，給學術研究提供廣闊的空間，特別提出「相容並包，思想自由」的原則。

> 大學者，「囊括大典，網羅眾家」之學府也。《禮記・中庸》曰：「萬物並育而不相害，道並行而不相悖。」足以形容之。如人身然，官體之有左右也，呼吸之有出入也，骨肉之有剛柔也，若相反而實相成。各國大學，哲學之唯心論與唯物論，文學、美術之理想派與寫實派，計學之干涉論與放任論，倫理學之動機論與功利論，宇宙論之樂天派與厭世觀，常樊然並峙於其中，此思想自由之通則，而大學之所以為大也。[58]

這是蔡先生的一段名言，也是他治理北大的指導思想。正是本著這樣一種精神，蔡先生對各種思想、各種主義、各種見解都取一種包容的態度，使北大成為新思想的生長地和外來思潮的主要輸入者。

校外守舊派對北大洶湧澎湃的新思潮極度恐慌，其輿論陣地《公言報》刊文攻擊，蔡先生撰文〈致《公言報》函並答林琴南函〉，作了有力的回應，重申：

> 對於學說，仿世界各大學通例，循「思想自由」原則，取相容並包主義，……無論為何種學派，苟其言之成理，持之有故，尚不達自然淘汰之運命者，雖彼此相反，而悉聽其自由發展。[59]

北洋軍閥政府視北大這一新文化運動的搖籃為眼中釘，將各種新思潮看成是「洪水猛獸」，多次通過各種途徑向蔡先生施壓，蔡先生針鋒相對地回擊道：「我以為用洪水來比新思潮，很有幾分相像。……對付新思潮，也要捨湮法，用導法，讓他自由發展，定是有利無害的。」「至於猛獸，恰好作軍閥的寫照。……現在天津、北京的軍人，

---

[58] 〈《北京大學月刊》發刊詞〉，《蔡元培全集》第 3 卷，第 211-212 頁。
[59] 〈致《公言報》函並答林琴南函〉，《蔡元培全集》第 3 卷，第 271 頁。

受了要人的指使，亂打愛國的青年，豈不明明是猛獸的派頭麼？」[60]
蔡先生以校長的身份保護校內的新思想，故人們稱蔡先生是新文化
運動的保護人。一般人注意到，蔡先生用人是容納新舊，其實細究
起來，他是容舊納新。中國是一個傳統勢力根深蒂固的國度，北大
在此前也是一個充滿腐臭味的「官僚養成所」，容舊並不難，納新則
不易，蔡先生的可貴之處正在於此。

最有意思的是，當 1919 年 3 月 18 日《公言報》刊文〈請看北
京學界思潮變遷之近狀〉，將矛頭直指蔡元培和北大的新派代表陳獨
秀、胡適時，最快做出反應，起而為蔡先生辯護者竟是以「昌明中
國固有之學術」為宗旨的國故社和被視為舊學術重鎮的劉師培，[61]這
也說明了蔡元培這一舉措在校內深入人心的一面。

（三）在校內實施「教授治校」的民主管理體制。

早在《大學令》中，蔡先生已設想對大學的組織結構進行改革，
設立評議會、教授會等機構，實施對大學進行民主化管理。進入北
大，蔡先生即感受到北大原有體制具有獨斷的性質，對此，他有一
段說明：「我初到北京大學，就知道以前的辦法是，一切校務都由校
長與學監主任、庶務主任少數人辦理，並學長也沒有與聞的。我以
為不妥。」[62]故他決心對北大的體制進行調整和改革，其措施包括：
建立評議會，它由各科學長和教授中選出的評議員組成，一年一選，
「給多數教授的代表議決立法方面的事」。恢復學長許可權，給他們
分任行政方面的事。組織各門教授會（後改為各系教授會），由各門
教授會會員（講師、教授者均具資格）選舉，任期二年，「由各教授
與所公舉的教授會主任分任教務」。廢門設系，原各門學長由校長任
命，他只對校長負責，現在系主任由各系教授互選。設立教務處，
由各教授會主任組成，從中推選教務長一人，協助校長管理全校教

---

[60]　〈洪水與猛獸〉，《蔡元培全集》第 3 卷，第 392 頁。

[61]　參見〈《國故》月刊社致《公言報》函〉、〈劉師培致《公言報》函〉，載 1919
年 3 月 24 日《北京大學日刊》。

[62]　〈回任北大校長在全體學生歡迎會上的演說詞〉，《蔡元培全集》第 3 卷，第 342 頁。

務，任期一年。設立行政會議，作為全校最高行政機構和執行機構，其成員以教授為限，下設十一個專門委員會分管各方面行政事務，校長有權指定各專門委員會的成員。行政會與教授會共同組建「雙重的行政管理體制」。[63]設立總務處，總務長主管學校的人事與財務。所有這些組合在一起，即是時人所稱道的北京大學「教授治校」制。實施這套制度，其目的是為了發揮教師的積極性，保證學校工作在民主管理的機制下正常進行。

蔡先生所建立的這套體制，對北大以後的發展產生了極為重要的影響。有這麼一段材料可以說明這一制度的成效，1923 年 1 月 17 日，為抗議北京政府教育總長彭允彝干涉司法獨立，踐踏人權的卑劣行徑，向總統府提出辭呈。蔡先生離京後，北京政府有意安插親信入長北大，北大師生群起抵制，胡適發表〈蔡元培與北京教育界〉一文，稱：

> 北京大學的校長是斷不可隨便任命的。今日的北京大學，有評議會和教授會可以維持秩序；蔡先生就不回來，這種「教授治校」的制度是可以維持下去的，此時國中絕無可以繼任蔡先生之人；現政府的夾袋中自然更沒有可以做北大校長的人了。如果政府倒行逆施的硬要派一個新校長來，──如民國八年徐世昌派胡仁源的故事，──我們可以預料全國（不但北大）一定要反抗的。[64]

這一段話清楚地表明了「教授治校」的制度在北大的效用，即不因一人的去留影響學校的大政方針和校務運轉。顧孟餘後來述及此制時說：

> 先生長北大數年，以政治環境關係，在校之時少，而離校之時多，離校之時，校務不但不陷停頓，且能依計畫以進行者，則以先生已樹立評議會及各種委員會之制度。此制度

---

63 〈中國現代大學觀念及趨向〉，《蔡元培全集》第 5 卷，第 11 頁。
64 胡適：〈蔡元培與北京教育界〉，原載 1923 年 1 月 28 日《努力週報》第 39 期。《胡適文集》第 11 冊，北京：北京大學出版社，1998 年 11 月出版，第 111 頁。

之精神，在以教授治理校務，用民治制度，決定政策，以分工方法，處理各種興革事宜，然而非校長之清公雅量，則此制度不克成立；非師生絕對信賴校長，此制度不易推行也。[65]

（四）調整北大學科，確立以文、理兩科為重點的發展方向。

關於大學的學科設置，蔡先生有一基本的看法：

> 學與術雖關係至為密切，而習之者旨趣不同。文、理，學也。雖亦有間接之應用，而治此者以研究真理為的，終身以之。所兼營者，不過教授著述之業，不出學理範圍。法、商、醫、工，術也。直接應用，治此者雖亦可有永久研究之興趣，而及一程度，不可不服務於社會；轉以服務時之所經驗，促其術之進步。與治學者之極深研幾，不相侔也。鄙人初意以學為基本，術為支幹，不可不求其相應。[66]

故蔡先生強調基礎學科的建設，前此其所制訂的《大學令》第三條規定「大學以文、理二科為主」。北大原有文、理、法、商、工五科並立，學生為謀求仕途，都願選擇法科，文理科門庭冷落。馮友蘭先生述及他報考北大時，曾詳細說明這一情形。[67]蔡先生原設想：（一）擴充文、理兩科，（二）法科預備獨立，（三）商科歸併法科，（四）截止辦工科，（五）改革預科。實際推行者有（一）、（三）、（四）、（五）項。[68]蔡先生還主張打破各科界限，廢科設系，推行選科制。蔡先生這種以文、理科為主，重視基礎學科研究的構想對北大以後的學科建設影響深遠，北大學科的發展基本上沿用了蔡先生指定的這一方向。

---

[65] 顧孟餘：〈憶蔡子民先生〉，原載 1940 年 3 月 24 日香港《大公報》。
[66] 〈讀周春嶽君《大學改制之商榷》〉，《蔡元培全集》第 3 卷，第 149-150 頁。
[67] 有關當時北大文科冷落情況，參見馮友蘭：《三松堂自序》第四章，《三松堂全集》第 1 冊，鄭州：河南人民出版社，1985 年一版，第 185-186 頁。
[68] 有關北大學科的調整參見樑柱：〈蔡元培與北京大學〉，第 50-56 頁。

　　此外，蔡先生還推行男女同校，倡導平民教育，實行開門辦學，這些都為北大擺脫傳統的那種貴族式教育，走上一條健康的現代大學教育之路鋪墊了基礎。

　　蔡先生在北大的改革，從根本上說是為了確立現代大學教育制度。京師大學堂「自開辦至民元，十數年中經過好多波折。這個時期，學校的制度大概是模仿日本的。」[69]開辦之初，學校方針取「中學為體，西學為用」，所教所學偏於舊學。民元以後，將經科併入文科，學長全用西洋留學生，「大有完全棄舊之概」，然舊之官僚習氣依然濃厚。蔡先生全面整頓北大，不僅是洗蕩了學校的舊習氣，而且取法歐美的大學辦學方法，建立了具有現代意義的大學體制。

　　蔡先生在北大的改革之所以取得引人矚目的成效，從校外環境看，袁世凱倒斃後，北京政府人事格局發生變化，政派林立，軍閥割據，一般來說，人們將這一政府定性為反動政府，並不為過。但范源廉、傅增湘、湯爾和等開明人士先後出任教育總長，這給蔡元培在北大的改革造成了一個機會。從校內環境看，北大的教員在文化思想上雖存新舊之分，但對學術是認同的；他們在學術上雖各有所長，各有所見，但在思想上對學術獨立、思想自由的治校方針也是擁護的。故在五四運動中，出現了校內新舊兩派教員聯手挽蔡驅胡的情形。[70]蔡先生主長北大後，北大教員構成明顯發生了變化。一是教員的年齡結構明顯偏於年輕化，據統計，1918 年北大教授 90 名，從其中 76 名的年齡看，35 歲以下者 43 人，占 56.6%，50 歲以上者僅 6 人，占 7.9%，最年輕的教授徐寶璜只有 25 歲，[71]這些年輕教員

---

[69]　〈北大成立二十五同年紀念會開會詞〉，《蔡元培全集》第 4 卷，第 298 頁。

[70]　舊派中以辜鴻銘、黃侃為代表，關於辜鴻銘對蔡元培的態度，參見羅家倫：〈回憶辜鴻銘先生〉、周作人：〈北大感舊錄（一）〉，兩文均收入《文壇怪傑辜鴻銘》，長沙：嶽麓書社，1988 年出版。關於黃侃對蔡元培的態度，有黃本人一段話為證：「余與蔡子民志不同，道不合，然蔡去，余亦決不願留，因環顧中國，除蔡子民外，亦無能用余之人。」原載 1919 年 5 月 16 日《時報》，轉引自高平叔撰著：《蔡元培年譜長編》中冊，北京：人民教育出版社，1996 年 11 月版，第 209 頁。

[71]　參見梁柱、趙存生：〈博大堅貞化腐為奇──蔡元培與北大〉，收入《巍巍上

富有朝氣和進取精神。二是具有同盟會、國民黨政治背景或與之關係密切的人逐漸滲入，被一般人認為是舊派代表的黃侃、梁漱溟，辛亥革命時期為同盟會員；[72]劉師培雖有支持帝制之醜行，進入北大後專治中古文學，與蔡元培、錢玄同私交不錯。三是從國外留學歸來者所占比重增大，文科新派陣營中的主要成員，如陳獨秀、胡適、錢玄同、周作人、李大釗等均系從國外學成歸國，他們有一共同點「凡是主張文學革命的人，沒有不同時主張思想自由的，因而為外間守舊者所反對。」[73]可以說，蔡先生對北大的改革在校內具有較好的人事基礎。從蔡元培先生的改革策略看，他是從倡導學術研究和延攬教員入手，通過提升學校的學術氣氛和改變學校教職員的人事結構，大大改善了校園環境，逐步過渡到學校體制的改革，確立了現代教育體制在北大的統治地位。

蔡元培的整頓、改革使北大面貌煥然一新，北大因此「暴得大名」，成為新文化運動的搖籃和五四運動的策源地，成為全國教育界改革的一面旗幟。但我們也應看到，蔡先生在北大的改革畢竟只是局部的改革、個案的改革，這一改革如無整體背景和外部環境的依托和支撐，是難以持久的。事實上，蔡元培的這些改革進展並不順利，其間遇到了許多困難和阻撓，特別是外部環境的壓力，只要看一看蔡先生的幾次辭職即可見出這一點。

1919 年 5 月 9 日，因「五四」運動，蔡先生辭職離開北大，請看他 1919 年 6 月 5 日發表的〈不肯再任北大校長的宣言〉一文所列舉的理由：

（一）我絕對不能再作那政府任命的校長：為了北京大學校長是簡任職，是半官僚性質，便生出許多官僚的關係，

庠、百年星辰——名人與北大》，北京：北京大學出版社，1998 年 4 月出版，第 39 頁，。

[72] 有關老同盟會員和國民黨背景的人進入北大的情況，參見劉永明：《國民黨人與五四運動》，北京：中國社會科學出版社，1992 年 2 月出版，第 36-49 頁。

[73] 〈我在北京大學的經歷〉，《蔡元培全集》第 6 卷，第 352-353 頁。

那裏用呈，那裏用咨，天天有一大堆無聊的照例的公牘。要
是稍微破點例，就要呈請教育部，候他批准，……我是個痛
惡官僚的人，能甘心仰這些官僚的鼻息嗎？（二）我絕對不
能再作不自由的大學校長：思想自由，是世界大學的通例……
北京大學，向來受思想的拘束，是很不自由的。我進去了，
想稍稍開點風氣，請了幾個比較的有點新思想的人，提倡點
新的學理，……那知道舊的一方面，看了這半點新的，就像
「洪水猛獸」一樣了。又不能用正當的辯論法來辯論，鬼鬼
祟祟，想借著強權來干涉。……世界有這種不自由的大學麼？
還要我去充這種大學的校長麼？（三）我絕對不能再到北京
的學校任校長：北京是個臭蟲巢。無論何等高尚的人物，無
論何等高尚的事業，一到北京，便都染了點臭蟲的氣味……
難道還要我再去作逐臭之夫，再去嚐嚐這個氣味麼？[74]

顯然，蔡元培已深感在官僚舊勢力的層層阻撓和高壓下，北大的「教
育獨立」和思想自由是沒有保障的，而他不願妥協，寧可去高位而
不喪失其人格，不墜其青雲之志。

1923 年 1 月 7 日，為抗議「羅文幹案」，蔡元培第二次辭職離開
北大，但在此之前，他曾為教育經費被拖欠一事與北京其他七所國
立學校校長聯名辭職。[75]這一次他的辭職書聲明：「不能與主張干涉
司法獨立，踐踏人權之教育當局再生關係，業已呈請總統辭去國立
北京大學校長之職。」[76]蔡先生目睹北京政府的黑暗，深覺政治清明
無望，教育發展渺茫。在《關於不合作宣言》中，他更是道明：

只見他們一天一天的墮落：議員的投票，看津貼有無；閣
員的位置，稟軍閥意旨；法律是舞文的工具；選舉是金錢的
決賽；不計是非，只計利害；不要人格，只要權利。這種惡

---

[74] 〈不願再任北大校長的宣言〉，《蔡元培全集》第 3 卷，第 297-298 頁。
[75] 參見〈北京國立八校校長辭職電〉，《蔡元培全集》第 4 卷，第 243 頁。
[76] 〈辭北大校長職聲明〉，《蔡元培全集》第 4 卷，第 310 頁。

濁的空氣，一天一天的濃厚起來，我實在不能再受了。我們的責任在指導青年，在這種惡濁氣裏面，要替這幾千青年保險，叫他們不致受外界的傳染，我自忖實在沒有這種能力。[77]

顯然，蔡元培這兩次辭職表面上均與外界環境有關，實際上是他的「教育獨立」理想與現實嚴重衝突的一個結果。

蔡元培去職後，北京大學在 1926～1928 年之間，在北洋軍閥各派的統治、控制和蹂躪之下，已不成其為一所學校。二十年代後期，北大恢復。為鼓勵北大的師生，蔡先生告誡北大人「（一）要去盡虛榮心，而發起自信心」；「（二）要以學術為唯一之目的，而不要想包辦一切」。[78]「一市之中，大學林立；一國之中，大學更林立。北大不過許多大學中的一校，決不宜狃於已住的光榮，妄自尊大。要在有日進無疆的自信心，不憑藉何等地位，而自能嶄然露頭角。」[79]三十年代，經過蔣夢麟、胡適、傅斯年等一批知識精英的努力和撐持，北大迎來了她的中興期，但從蔡先生以來所開創的北大學統和校風，在茫茫黑夜中，只是星星之火，並未在中國形成燎原之勢，中國大學教育的現代化之路可謂任重而道遠。

四、教育制度轉型：一個未完成的話題

蔡先生有關中國教育體制改革的思想，儘管在實踐中因歷史條件的限制，許多主張未能實現，但其歷史意義和建設性作用不可低估。

蔡先生對傳統教育所作的評估與分析，特別是對舊教育中濃厚的文化專制主義內容的批判；他有關教育行政獨立，教育經費獨立；以美育代宗教，反對外國教會干涉中國教育的立場；實行學術獨立、思想自由；他提出大學為純粹研究學問之機關，大學發展應「學」與「術」並行，以「學」為基礎的辦學方針；都反映了中國教育從

---

[77] 〈關於不合作宣言〉，《蔡元培全集》第 4 卷，第 312 頁。
[78] 〈北京大學卅一周年紀念刊·序〉，《蔡元培全集》第 5 卷，第 358 頁。
[79] 〈北京大學卅一周年紀念刊·序〉，《蔡元培全集》第 5 卷，第 358 頁。

傳統向現代轉型的歷史要求，為中國教育擺脫文化專制主義的遺習，為中國教育的科學化，為捍衛本民族的利益，為中國教育的現代化指出了正確的方向。蔡先生的教育思想，或部分在實踐中推行獲得成效，或因種種原因的限制未能成功，或構成一種傳統成為激勵教育界行內人士的精神力量，或只是作為一種理想而存在。不管是取於何種形式，它們都是中國現代教育思想的寶貴遺產，是中國教育現代化應該吸取的思想資源。

教育有其自身的運行規則，教育必須按教育規律辦事。同時，教育作為社會的一個子系統，它又必須獲得相關子系統，如行政、法律、財經等，相輔相成的支撐。離開一定的社會背景追求單純的教育獨立，顯然是難以成立的。而不正確把握教育運行規則和教育規律，教育生產、教育經營就難以產生良好的效益，教育質量（主要是指培養人的素質）也就難以提高。從這個角度說，蔡先生的「教育獨立」主張和有關教育體制改革的思想仍未失去時代意義，它所包含的合理內核仍應為我們所吸取。

首先是明確大學的辦學宗旨。蔡先生深受西方近代以來的「博雅教育」（Liberal Education，亦譯通才教育）傳統的影響，以各種方式多次表達過他對大學含義的這一理解，「大學者，研究高深學問者也」；「大學者，『囊括大典，網羅眾家』之學府也」；「大學並不是販賣畢業的機關，也不是灌輸固定知識的機關，而是研究學理的機關」。……在蔡先生的大學理念中，大學的內涵蘊含著學術性、自由性、多元性和綜合性的意味。一個大學不研究學理，不思想開放，不具備雄厚的文、理基礎，它就不成其為一所大學。

其次是確立民主化的教育管理體制改革。從學生這一面來說，學校是社會化的預備，一個認同民主生活方式，或者追求民主生活方式的社會，其教育必不可少的一個目標即是訓練學生養成民主生活方式的素養和能力，使之在社會化的過程中能夠運用這種生活方式，發展自我，完善自我，超越自我。從教師這一面來說，「延聘教員，不但是求有學問的，還要求於學問上很有研究的興趣，並能引起學生

的研究興趣的」，[80]「只有在自由獨立的原則之下，才會有高價值的創造。」[81]因此應該建立一種保障、激勵教師學術研究的機制，這就是學術自由（Academic Freedom）、學術自治（Academic Autonomy）、學術中立（Academic Neutrality），即所謂現代教育的三A原則。確立學術獨立的基本前提是對學校實行學術型管理，即教授治校。因此，無論是從培養學生的要求而言，還是從發揮教師的積極性來說，學校都必須實施民主化管理。

最後是通過立法的形式保障教育經費的提供。教育經費是教育發展的經濟基礎，教育經費直接影響到教育效益的高低。辦學條件的改善，如師資力量的充實、圖書設備的增置等，均有賴於經費。為保障教育經費的投入，歐美各國採取立法的形式規定教育投資在預算中所占的比重，蔡先生為保障教育經費，其所擬辦法是教育經費獨立。1928年5月15日他在大學院舉行的全國教育會議開會詞中呼籲：「增高教育經費，並保障其獨立，此為總理所定之政綱，決不能以財政統一之口號打破者也。」[82]然而他的呼籲對一個承擔大量軍費的國民政府來說，簡直是對牛彈琴。1930、40年代，國民政府雖在立法上解決了這一問題，但其實施時，卻從未按其預定的比重注入教育經費，故還是一紙空文。今天的歷史條件已與蔡先生所處的時代大相逕庭，社會環境比較穩定，國家的綜合實力已大大增強，法制建設達到了一個前所未有的水準，通過立法的形式解決教育經費的時機應已基本成熟。

中國的教育體制轉型是一個艱難的過程，也是一個未完成的過程。之所以說是艱難，是因為教育制度的轉型經歷了太多的曲折，有時（甚至是在相當長一段時間）還出現了較大的反復和倒退，以致某些成果前功盡棄，對蔡先生教育思想的認識也反映了這一點。之所以說是未完成，是因為現今中國的教育體制還並未實現蔡先生

[80] 〈北大第二十二年開學式演說詞〉，《蔡元培全集》第3卷，第344頁。
[81] 胡適：〈談談大學〉，收入《胡適文集》第12冊，北京：北京大學出版社，1998年11月版，第541頁。
[82] 〈全國教育會議開會詞〉，《蔡元培全集》第5卷，第229頁。

當年所理想的，也是好幾代有識之士所追求的「教育獨立」。中國的教育體制（特別是大學制度）的轉型，看來還有一段漫長的路需要走。在現代教育制度未在中國真正落實時，中國仍需要蔡元培式的教育家。在新中國教育史上，之所以未出現一批世界級的大科學家、學者和文學藝術家，其中一個值得我們反省的問題是我們的教育制度。一個國家的現代科學、文化是否獲得發達，是與一套現代教育制度的建立與完善有著密切關係。新中國的教育改革並未間斷，但在某些時期（如文化大革命）所進行的改革與其說是改善教育，不如說是破壞教育。沒有良善的教育制度和教育環境，要造就一大批尖端人才，這無異於緣木求魚。衡量一個國家教育水準的高低，不僅看其教育數量的多少（如學校規模、學生人數），更重要的是看其教育質量（如師生素質、科研水平）。「五四」時期，曾經圍繞教育發展的方向是普及，還是提高，展開過激烈的爭論。今天看來，提高確實是更為緊迫的任務。要提高教育質量，關鍵在於改善教育環境，清除非教育因素對教育發展的干擾，下決心實施以「教育獨立」為目標的教育體制改革。只有這樣，中國教育才能在現代化事業中發揮其應有的作用，「科教興國」的戰略才能真正落實。

本文係 1998 年 5 月作者在北京大學紀念蔡元培先生誕辰 130 周年國際學術研討會上所作的主題發言，

載 1999 年 6 月臺北《傳記文學》第 74 卷第 6 期，

收入《蔡元培研究集》，北京：北京大學出版社，1999 年 8 月出版。

胡適與陳獨秀思想之比較研究

　　胡適與陳獨秀是中國現代史上地位顯赫的歷史人物。新文化運動時期，他們共執牛耳，名震一時，是一代新青年追崇的偶像。「五四」以後，他倆又分道揚鑣，沿著不同的思想路線發展，胡適是中國現代自由主義運動的精神魂靈，陳獨秀則成為中國共產主義運動的先行者。有趣的是，他們晚年又殊途同歸，表達了對世界大勢的一致理解和追求民主政治的共同願望。他們的思想主張和離合關係對中國現代知識份子影響深巨。因此，研究胡、陳思想的異同及其與時代的關係，顯示其思想命題的現代意義，對於把握現代中國思想發展的內在理路，總結歷史經驗，有著極為重要的啟示意義。

一、胡、陳聯手合作的思想基礎

　　陳獨秀晚年曾說：「五四運動，是中國現代社會發展之必然的產物，無論是功是罪，都不應該專歸到那幾個人；可是蔡先生、適之和我，乃是當時在思想言論上負主要責任的人。」[1]的確，把胡適與陳獨秀兩人名字聯在一起的是「五四」新文化運動。戊戌變法時期，維新派的首領是康有為和梁啟超，他們為師生關係，配合十分默契，時人有「康梁」之稱。辛亥革命時期，革命黨人的核心實為孫中山、黃興，他們一為理想家，一為實行家，兩人相互合作，並肩戰鬥，故人們將孫、黃並列。「五四」時期，胡適與陳獨秀共執牛耳，名震一時，成為一代新青年尊崇的精神偶像。「五四」新文化運動，由《新青年》一個刊物，北京大學一所大學和幾個教授領導一場文化革新

---

[1]　陳獨秀：〈蔡孑民先生逝世後感言〉，《陳獨秀文章選編》下冊，北京：三聯書店，1984 年 6 月出版，第 642 頁。

運動，並迅速推及全國，影響整個民族的歷史進程，這是「五四」新文化運動的獨特之處，在世界近現代文化思想史上亦是鮮見的例證。顯然，這一運動的成功發展和推進，是與陳、胡兩位的緊密配合分不開的。歷史上如果沒有這兩位人物的出現，這場運動是否會發生，會那麼有聲有色，也是令人懷疑的事。

　　胡、陳交誼起於新文化運動初期。1915 年 9 月，陳獨秀在上海創辦《青年雜誌》以後，通過其友——亞東圖書館主人汪孟鄒寫信給胡適，約他為該刊撰稿。胡適奈不過老友的催促。1916 年 2 月 3 日，將新譯俄國作家庫普林的短篇小說《決鬥》寄給陳獨秀，並附信一封，陳述自己對《青年雜誌》所載譯文和改造新文學的意見。信中說：「今日欲為祖國造新文學，宜從輸入歐西名著入手，使國中人士有所取法，有所觀摩，然後乃有自己創造之新文學可言也。」「譯事正未易言。倘不經意為之，將令奇文環寶化為糞壤，豈徒唐突西施而已乎？與其譯而失真，不如不譯。此適所以自律，而亦頗欲以律人者也。」[2]陳氏十分重視胡適的意見，隨即回信表示：「尊論改造新文學意見，甚佩甚佩。足下功課之暇，尚求為《新青年》多譯短篇名著若《決鬥》者，以為改良文學之先導。」[3]這是我們目前所能見到胡、陳之間最早的通信。從此，胡、陳書信往來，由切磋文學翻譯，衍及思想層面，很快從互相仰慕，發展到定為「神交」。以至陳獨秀欲將胡適據為《新青年》專有，「他處有約者倘無深交，可不必應之。」[4]同年 8 月 21 日，胡適寫信給陳獨秀，正式提出自己關於「文學革命」的八項條件。[5]揭開了「文學革命」的序幕。陳獨秀收到胡適信後，一方面肯定「文學改革，為吾國目前切要之事」；一方

---

[2]　《胡適留學日記》（三）卷十二《二四，論譯書寄陳獨秀》，《胡適作品集》第 36 冊，臺北：遠流出版公司，1986 年 4 月版，第 252 頁。

[3]　〈陳獨秀致胡適〉，《胡適來往書信選》上冊，香港：中華書局，1983 年 11 月版，第 3 頁。

[4]　〈陳獨秀致胡適〉1917 年 1 月，收入《胡適來往書信選》上冊，第 6 頁。

[5]　參見胡頌平編著：《胡適之先生年譜長編初稿》第 1 冊，臺北：聯經出版公司，1990 年版，第 247 頁。《胡適文存》收入此文時作 1916 年 10 月，胡頌平認定為發表在《新青年》第 2 卷第 2 號的日期，而非寫作日期。

面又要求胡適「賜以所作寫實文字，切實作一改良文學論文。」[6]胡適那篇震驚文壇的〈文學改良芻議〉，即是這封信應召的產物。1917年元月，蔡元培先生主長北京大學，延聘陳獨秀為文科學長。陳受命後，四處搜羅人材，自然攬括到胡適的頭上。他以讓文科學長於胡適表示自己邀約的誠意：「中國社會可與共事之人，實不易得。恃在神交頗契，故敢直率陳之。」[7]傾幕之情躍然紙上。這年9月，胡適赴北京大學任教，胡、陳從此開始相與共事。從胡、陳的相交中，不難看出，胡適與《新青年》和北京大學的因緣關係，都係陳獨秀促成。胡適的新知舊學固然不錯，陳獨秀對他的知遇之恩，在他的成長道路上不能不說起了至關重要的作用。胡、陳之間後來因政見相左，各自走上了不同的道路，但他們私誼不斷，其中原因，此間可窺見大半。

值得一提的是，胡、陳之交雖由中間人牽線搭成，但他們的早期經歷和興趣嗜好亦有許多契合之處。他們都出自於破落的舊家庭，家道中衰給兩人的少年時期投下了陰影，迫使他們走上了自強的道路；胡適離開家鄉，奔赴上海，再去美國，始終在走一條求學之路；陳獨秀則由科舉考場轉向「新學」，再赴東瀛，極力擺脫舊的枷鎖。他們都在20世紀初期的新文壇初試鋒芒，小有文名。胡適曾在1906～1908年，參與編撰《競業旬報》，是一個小有名氣的「革命報人」；陳獨秀則於1904年3月至1905年9月主辦過《安徽俗話報》；兩刊均採用白話文，辦刊宗旨和刊文內容大體相同，據當年曾與陳獨秀有過交往的蔡元培說：「二十五年前，我在上海《警鐘報》社服務的時候，知道陳仲甫君。那時候，我們所做的，都是表面普及知識，暗中鼓吹革命的工作。我所最不能忘記的，是陳君在蕪湖，與同志數人合辦一種白話報，他人逐漸的因不耐苦而脫離了，陳君獨力支持了幾個月，我很佩服他的毅力與責任心。」[8]他們都愛好文

---

[6] 〈陳獨秀致胡適〉1916年10月5日，《胡適來往書信選》上冊，第5頁。
[7] 〈陳獨秀致胡適〉，《胡適來往書信選》上冊，第6頁。
[8] 蔡元培：《獨秀文存·序》，上海：亞東圖書館，1933年版。蔡元培作此文在

學創作，胡適常有詩作問世，陳獨秀亦「時常作詩」，寫了許多古體詩，兩人均求舊詩的進一步改造。他們對於舊學都有精湛的修養和極深的根柢，胡適的長處是在歷史考據，他在留學期間作〈《詩三百篇》言字解〉、〈爾汝篇〉、〈吾我篇〉、〈諸子不出於王官論〉等考據文章；陳獨秀喜好音韻文字，他「總要每天寫幾張《說文》上篆字，始終如一。」[9]他還悉心研究過甲骨文，留有《說文申義考》、《字義類例》和《小學識字教本》等小學著述。這些都為他們初識後，探討思想，切磋學術，發展情誼奠定了重要的基礎。[10]

自然，胡、陳在新文化運動中攜手合作，主要原因還是他們對於中國文化革新的主體認識大體一致。這表現在對待歷史遺產上，他們都力求突破 19 世紀末以來盤踞中國文化思想界的「中體西用」的思維模式，要求對中國傳統文化的價值取向和觀念體系給予「價值重估」，創造一個與現代生活相適應的精神文化系統。

胡適在〈新思潮的意義〉一文中，提出新文化運動的根本態度是「評判的態度」，「重新估定一切價值，便是評判的態度的最好的解釋。」[11]他用這種態度去審視傳統文化，主張以此時此地的現實功用衡估歷史遺產。

陳獨秀在《青年雜誌》創刊詞中就提出要「中國更張」，力主學習西方近世文化，旗幟鮮明地抨擊中國的舊思想，「固有之倫理，法律，學術，禮俗，無一非封建制度之遺，持較晰種之所為，以並世之人，而思想差遲，幾及千載；尊重廿四朝之歷史性，而不作改進

1933 年 4 月，時陳獨秀被捕入獄，蔡先生作此文應有聲援之意。

9　〈何之瑜致胡適〉1947 年 11 月 5 日，《胡適來往書信選》下冊，北京：中華書局，1980 年 8 月版，第 261 頁。

10　關於胡適與陳獨秀與胡適的關係，參見耿雲志：〈胡適與陳獨秀〉，收入氏著：《胡適研究論稿》，成都：四川人民出版社，1985 年 10 月版，第 271-291 頁。黃艾仁：〈風雲變幻情不移——胡適與陳獨秀的因緣際遇〉，收入氏著《胡適與中國名人》，南京：江蘇教育出版社，1993 年 5 月版。朱洪著：《陳獨秀與中國名人》第三章〈回頭「浪子」與哲學博士——陳獨秀與胡適〉，北京：中央編譯出版社，1997 年 1 月版，第 82-154 頁。朱文行文欠學術性，但保有一些史料。

11　〈新思潮的意義〉，《胡適文存》卷四。收入《胡適文集》第 2 冊，第 552 頁。

之圖；則驅吾民於 20 世紀之世界以外，納之奴隸牛馬黑暗溝中而已，復何說哉！」[12]他對孔教的攻擊不遺餘力，發聵振聾，一時在中國學界造成巨響：

> 孔子生長封建時代，所提倡之道德，封建時代之道德也；所垂示之禮教，即生活狀態，封建時代之禮教，封建時代之生活狀態也；所主張之政治，封建時代之政治也。封建時代之道德、禮教、生活、政治，所心營目注，其範圍不越少數君主貴族之權利與名譽，於多數國民之幸福無與焉。[13]

既然孔教是少數統治者的御用工具，「其淤塞人智，為禍之烈，遠在政界帝王之上。」那麼，如今要鞏固共和，非先將國民腦子裏的所有反共和的舊思想，一一洗刷乾淨不可。因為民主共和的國家組織、社會制度、倫理觀念全然相反，「若是一面要行共和政治，一面又要保存君主時代的舊思想，那是萬萬不成。」[14]陳獨秀得出上述結論，完全是以進化論為其理論基礎，但他所取的價值標準無非是此時此地的「現代生活」，而不是聖言禮教。

在文化機制上，他們都堅決反對封建文化專制主義，要求破除禁錮，解放思想，建立與民主政體相適應的多元化的新型文化機制。

思想自由、言論自由，這是一個近代民主國家公民的基本權力，也是一個民族在近代歷史條件下發展自己的文化必不可少的先決條件。近代西方的啟蒙思想家們在鼓吹思想自由的同時，將自由、平等、人權的基本原則和精神用法律的形式固定下來，從而最終建立了與近代資本主義經濟體制相適應的政治文化體制。中華民國成立

---

[12] 陳獨秀：〈敬告青年〉，原載 1915 年 9 月 15 日《青年雜誌》第 1 卷第 1 號。《陳獨秀文章選編》上冊，北京：三聯書店，1984 年 6 月版，第 75 頁。這裏陳獨秀所說的「封建制」，並非後來馬克思主義者所慣用的作為五種社會形態的封建制度，而是特指周朝的封建制，以下一段所提「封建時代」亦同。

[13] 陳獨秀：〈孔子之道與現代生活〉，原載 1916 年 12 月 1 日《新青年》第 2 卷第 4 號。《陳獨秀文章選編》上冊，第 155 頁。

[14] 陳獨秀：〈舊思想與國體問題〉，原載 1917 年 5 月 1 日《新青年》第 3 卷第 3 號。《陳獨秀文章選編》上冊，第 206 頁。

後，袁世凱假民主共和之名，行專制獨裁之實，自由與專制、民主與獨裁的鬥爭遂愈演愈烈。陳獨秀則認為「法律上之平等人權，倫理上之獨立人格，學術上之破除迷信，思想自由，此三者為歐美文明進化之根本原因，而皆為尊重國粹國情之袁世凱一世、二世所不許。」[15]聲稱：

> 言論思想自由，是文明進化的第一重要條件。無論新舊何種思想，他自身本沒有什麼罪惡。但若利用政府權勢，來壓迫異己的新思潮，這乃是古今中外舊思想家的罪惡，這也就是他們歷來失敗的根源。[16]

1913 年 10 月 31 日袁世凱在《天壇憲法草案》第十九條明文規定：「國民教育，以孔子之道為修身大本。」陳獨秀怒斥這種作法：

> 以何者為教育大本，萬國憲法，無此武斷專橫之規定。而孔子之道適宜於民國教育精神與否，猶屬第二問題。蓋憲法者，全國人民權利之保證書也，決不可雜以優待一族、一教、一黨、一派人之作用。以今世學術思想之發達，無論集碩學若干輩，設會討論教育大本，究應以何人學說為宗，吾知其未敢輕決而著書宣告於眾。況挾堂堂國憲，強全國之從同，以阻思想信仰之自由，其無理取鬧，寧非奇談！[17]

推倒傳統的偶像，打破政治上的一統，其根本的目的是為了發展學術，這就要求知識份子自身對此有徹底覺悟，「中國學術不發達之最大原因，莫如學者自身不知學術獨立之神聖。」[18]這對那些沒有獨立人格，依附統治者的文人學士不啻是猛烈一擊。

---

[15] 陳獨秀：〈袁世凱復活〉，原載 1916 年 12 月 1 日《新青年》第 2 卷第 4 號。《陳獨秀文章選編》上冊，第 160 頁。

[16] 陳獨秀：〈舊黨的罪惡〉，原載 1919 年 3 月 2 日《每週評論》第 11 號。《陳獨秀文章選編》上冊，第 359 頁。

[17] 陳獨秀：〈憲法與孔教〉，原載 1916 年 11 月 1 日《新青年》2 卷 3 號。《陳獨秀文章選編》上冊，第 145 頁。

[18] 陳獨秀：〈學術獨立〉，原載 1918 年 7 月 15 日《新青年》5 卷 1 號。《陳獨秀

　　陳獨秀運用他的政論鞭撻鉗制言論的專制統治，胡適則通過自己的詩歌表達對思想自由和民主政治的渴求。「五四」時期，胡適沒有寫什麼政論文，但他卻寫了一些言詞激烈的政治詩。1919 年 6 月 11 日，北洋軍閥政府悍然逮捕陳獨秀，企圖借此撲滅「五四」愛國運動的烈火。胡適聞訊，揮筆寫下了《威權》這首詩，表達了要推倒獨裁統治的決心，詩中說「威權坐在山頂上」，對奴隸們頤指氣使：「你們誰敢不盡力做工？我要把你們怎麼樣就怎麼樣！」但是，奴隸們發出「我們要造反了」的怒吼，「齊心挖山」，結果「威權倒撞下來，活活的跌死！」[19]同年 11 月，積極宣傳新思潮的《國民公報》被政府封閉，其主筆孫幾伊被捕，判定監禁十四個月的罪，胡適得悉此事後，拍案而起，寫下〈一顆遭劫的星〉這首詩，表示自己對黑暗統治的抗議：

　　　　熱極了！更沒有一點風！那又輕又細的馬纓花須，動也不動一動！

　　　　好容易一顆大星出來，我們知道夜涼將到了：——仍舊是熱，仍舊沒有風，只是我們心裏不煩躁了。

　　　　忽然一大塊黑雲，把那顆清涼光明的星圍住；那塊雲越積越大，那顆星再也沖不出去！[20]

　　1921 年辛亥革命十周年。然而，民國這塊招牌徒具虛名，胡適無心寫文章紀念「雙十節」，只好以〈雙十節的鬼歌〉來解悶，詩云：「大家合起來，趕掉這群狼，推翻這鳥政府；起一個新革命，造一個好政府：這才是雙十節的紀念了！」[21]

文章選編》上冊，第 274 頁。

[19] 〈威權〉，原載 1919 年 6 月 29 日《每週評論》第 28 號。收入《嘗試集》，上海：亞東圖書館，1920 年 3 月初版。《胡適文集》第 9 冊，第 141 頁。

[20] 收入《嘗試集》，上海：亞東圖書館，1920 年 3 月初版。《胡適文集》第 9 冊，第 155 頁。

[21] 原載 1921 年 10 月 10 日《晨報》，收入《嘗試集》，北平：東亞書局，1922年 10 月四版。《胡適文集》第 9 冊，第 179 頁。

在價值觀念上，他們都堅決反對傳統的人生價值觀，提倡以個人為本位的新價值觀，並將這一觀念推向整個社會生活。

究竟如何處理個人與國家的關係？過去的民主革命思想家都以民族觀念為核心，以國家為本位，胡適不同意這種觀點，他認為犧牲個人自由，「去求國家自由」是不可取的。「爭你們個人的自由，便是為國家爭自由！爭你們自己的人格，便是為國家爭人格！自由平等的國家不是一群奴才建造得起來的！」[22]公開亮出「健全的個人主義精神」，將個人自由推向極致。

陳獨秀也看出了東西民族人生價值觀之最大差異在於：「西洋民族以個人為本位。東洋民族以家族為本位。」[23]西方的個人主義精神造就「思想言論之自由」、「謀個性之發展」、「法律之前，個人平等也」、「性靈之主體」。東方民族的宗法制度造成的惡果：「一曰損壞個人獨立自尊之人格；一曰窒礙個人意思（志）之自由；一曰剝奪個人法律上平等之權利（如尊長卑幼同罪異罰之類）；一曰養成依賴性，戕賊個人之生產力。」[24]陳獨秀號召新青年「尊重個人獨立自主之人格，勿為他人之附屬品。」[25]

在文學領域，他們都敏銳地感受到舊文學存在許多痼瘤，有必要加以革除和創新，並將之看成是發動新文化運動的突破口。

胡適首先以「進化論」的眼光看出「一時代有一時代之文學」，「今日之中國，當造今日之文學」，摹仿古人之作，乃是「文學下乘」。為此，他提出「文學改良」的八項主張。陳獨秀繼而為之聲援，推出《文學革命論》，將胡適的「八不主義」提升到「三大主義」，並表示自己「願拖四十二生的大炮，為之前驅！」[26]

22　〈介紹我自己的思想〉，收入《胡適文存》四集卷五，上海：商務印書館，1935年12月版。《胡適文集》第5冊，第511-512頁。

23　陳獨秀：《東西民族根本思想之差異》，原載1915年12月15日《青年雜誌》1卷4號。《陳獨秀文章選編》上冊，第98頁。

24　陳獨秀：〈東西民族根本思想之差異〉，原載1915年12月15日《青年雜誌》1卷4號。《陳獨秀文章選編》上冊，第98頁。

25　陳獨秀：〈一九一六年〉，原載1916年1月15日《青年雜誌》第1卷第5號。《陳獨秀文章選編》上冊，第103頁。

26　陳獨秀：〈文學革命論〉，原載1917年2月1日《新青年》第2卷第6號。《陳

　　新文化運動的開展，究其功勞，胡適主要是把人們想到了文學改革，但未想到如何改革的理想變成了現實，他指出工具解放了就可產生新文學，為文學革命找到了突破口。陳獨秀則將胡適的「文學改良」主張明確定位為文學革命，並由他這位北京大學文科學長出面宣傳，從而對全國教育界、學術界產生巨大的衝擊力。胡適後來將陳獨秀對於文學革命的貢獻歸納為三點：「一，由我們的玩意兒變成了文學革命，變成三大主義。二，由他才把倫理道德政治的革命與文學合成一個大運動。三，由他一往直前的精神，使得文學革命有了很大的收穫。」[27]

　　總之，要求「重新估定一切價值」，呼籲個性解放，反對傳統偶像，倡導文學革命，這些既是胡適和陳獨秀的共同思想認識，又是新文化運動的主體內容。可以設想，沒有胡適在諸多文化領域進行的創試和革新，就不可能使新文化運動獲得應有的實績；沒有陳獨秀那一往無前的精神和大無畏的氣魄，就不可能使這場運動獲得摧枯拉朽的磅礴氣勢。胡、陳兩人在這場運動中的表現和呈現的思想個性，應該說是相得益彰，互為補充，缺一不可。

二、胡、陳之間的思想歧異

　　歷史的發展並不以人們的善良願望為轉移。胡適與陳獨秀在新文化運動中所保持的密切關係，很快被「五四」以後變化了的歷史條件所沖淡，兩人因對待某些具體、複雜的現實問題看法不一，各自選擇了兩條不同的道路。細加探究，他們之所以由思想裂縫發展到公開紛爭，並非偶然，其間所發生的某些歷史事件起了一定的作用，其思想背景的差異，或者說各自的思想特色和思想個性，是導

獨秀文章選編》上冊，第 175 頁。

[27] 胡適：〈陳獨秀與文學革命〉，原載 1932 年 10 月 30 日，31 北平《世界日報》。另收入陳東曉編：《陳獨秀評論》，上海：亞東圖書館，1933 年 3 月出版。又收入《胡適文集》第 12 冊，第 37 頁。

致雙方思想破裂的主要原因。要說明這一問題，需要我們對《新青年》的組織狀況先做一簡單分析。

《新青年》作者群經歷了一個從逐步聚集到不歡而散的過程，其組合離異皆出自自願，並沒有強求之意。創建伊始，作者群是以皖籍為主，到了第三、四卷，轉到以北京大學的教師和學生為主體，這是蔡元培改革北大，陳獨秀入主北大文科的結果。《新青年》雜誌倡導的新文化運動，因得最高學府一批教授的加盟，聲勢更盛，一刊一校為中心的文化革新勢力得以形成。[28]

如對《新青年》編委會的文化背景再加分類，又可分為歐美派和日本派。前者以胡適、陶孟和為代表，後者以陳獨秀、李大釗、錢玄同和周氏兄弟為代表。前者人數較少，後者人數較多。這兩種來源的人雖未在組織上形成明顯的派別，但其在文化思想上的背景差異實際上影響並制約了他們在新文化運動中的表現。胡適曾對這種思想背景的潛在差異作過暗示性的交待：「新青年社是一個小團體，其中只有孟和和我是曾在英美留學的，在許多問題上我們兩人的看法比較最接近。」[29]大體說來，胡適與陳獨秀的思想背景在如下幾個方面有明顯的差異。

（一）對進化論的兩種改造。

進化論作為一種完整的理論體系在中國傳播是從 19 世紀末嚴復翻譯的《天演論》開始，從戊戌維新到「五四」以前，它在中國知識界頗具影響，其理論主旨滲透於一般士人的內在世界和心理深層，對他們的思維方式產生革命性的影響。胡、陳兩人都深受進化論的影響。胡適就坦陳赫胥黎是對自己產生重要影響的西方思想家，「赫胥黎教我怎樣懷疑，教我不信任一切沒有充分證據的東西。」[30]

---

[28] 有關《新青年》作者群的演變，詳見陳萬雄：《五四新文化的源流》第一章〈《新青年》及其作者〉，北京：三聯書店，1997 年 1 月版，第 1-23 頁。

[29] 〈丁文江的傳記〉，《胡適文集》第 7 冊，第 434 頁。

[30] 〈介紹我自己的思想〉，《胡適文存》四集卷五。收入《胡適文集》第 5 冊，第 508 頁。

陳獨秀在 1915 年 9 月創辦《青年雜誌》時，處處張揚進化論的思想，他在發刊詞中即說：「新陳代謝，陳腐朽敗者無時不在天然淘汰之途，與新鮮活潑者以空間之位置及時間之生命。人身遵新陳代謝之道則健康，陳腐朽敗之細胞充塞人身則人身死；社會遵新陳代謝之道則隆盛，陳腐朽敗之分子充塞社會則社會亡。」[31]他還表示：「萬物之生存進化與否，悉以抵抗力之有無強弱為標準。優勝劣敗，理無可逃。」[32]

但是胡、陳兩位對進化論的接受與改造卻有很大的區別，首先，胡適強調漸進的進化論，他認為：

> 文明不是籠統造成的，是一點一滴的造成的。進化不是一晚上籠統進化的，是一點一滴的進化的。現今的人愛談「解放與改造」。須知解放不是籠統解放，改造也不是籠統改造。[33]

陳獨秀吸收的進化論是革命的進化論，他以為人類社會進化的過程中會不斷地出現質變。這是胡適在政治上主張漸進；陳獨秀主張革命的理論依據。其次，胡適強調進化論的存疑態度，他介紹進化論思想時，其重點就放在存疑的方法論上。他說：

> 存疑主義這個名詞，是赫胥黎造出來的，直譯為「不知主義」。孔丘說：「知之為知之，不知為不知，是知也。」這話確是存疑主義的一個好解說。……赫胥黎說，只有那證據充分的知識，方才可以信仰，凡沒有充分證據的，只可存疑，不當信仰。這是存疑主義的主腦。[34]

---

[31] 陳獨秀：〈敬告青年〉，原載 1915 年 9 月 15 日《青年雜誌》第 1 卷第 1 號。《陳獨秀文章選編》上冊，第 73 頁。

[32] 陳獨秀：〈抵抗力〉，原載 1915 年 11 月 15 日《青年雜誌》第 1 卷第 3 號。《陳獨秀文章選編》上冊，第 91 頁。

[33] 〈新思潮的意義〉，《胡適文存》卷四。收入《胡適文集》第 2 冊，第 558 頁。

[34] 〈演化論與存疑主義〉，收入《胡適文選》，上海：亞東圖書館，1930 年 12 月出版。《胡適文集》第 10 冊，第 350 頁。

陳獨秀則強調進化論的強力性質，所謂「審是人生行徑，無時無事，不在劇烈戰鬥之中，一旦喪失其抵抗力，降服而已，滅亡而已，生存且不保，遑云進化！蓋失其精神之抵抗力，已無人格之可言；失其身體之抵抗力，求為走肉行屍，且不可得也！」[35]故在文化革新的方式上，胡適堅持「嘗試」的、「試驗」的態度，聲稱「此事之是非，非一朝一夕所能定，亦非一二人所能定。甚願國中人士能平心靜氣與吾輩同力研究此問題！討論既熟，是非自明，吾輩已張革命之旗，雖不容退縮，然亦決不敢以吾輩所主張為必是而不容他人之匡正也。」[36]陳獨秀則斷然回答：「獨至改良中國文學，當以白話為文學正宗之說，其是非甚明，必不容反對者有討論之餘地，必以吾輩所主張者為絕對之是，而不容他人之匡正也。」[37]

（二）對歐美近代思潮的取捨不同。

著名哲學家羅素將近代西方思潮分為兩大派，一是自由主義思潮，「初期的自由主義在有關知識的問題上是個人主義的，在經濟上也是個人主義的，但是在情感或倫理方面卻不帶自我的氣味。這一種自由主義支配了18世紀的英國，支配了美國憲法的創造者和法國百科全書派。」[38]自由主義在美國最為成功，它因為沒有類似西歐中世紀的封建制度和國家教會的阻礙，在美國建國以後的兩個世紀裏一直佔優勢地位。一是浪漫主義思潮，盧梭是這一思潮的源頭，他的《社會契約論》是法國大革命的《聖經》，這本書在民主政治理論家中間造成形而上學的抽象概念的習氣，而且通過總意志說，使領袖和民眾能夠有一種神秘的等同，「它在實際上的最初收穫是羅伯斯庇爾的執政，俄國和德國（尤其後者）的獨裁統治一部分也是盧梭

---

[35] 陳獨秀：〈抵抗力〉，原載 1915 年 11 月 15 日《青年雜誌》第 1 卷第 3 號。《陳獨秀文章選編》上冊，第 91 頁。

[36] 〈寄陳獨秀〉，《胡適文存》卷一。《胡適文集》第 2 冊，第 24 頁。

[37] 陳獨秀：〈答胡適之〉，原載 1917 年 5 月 1 日《新青年》第 3 卷第 3 號。《陳獨秀文章選編》上冊，第 208 頁。

[38] （英）羅素著、馬元德譯：《西方哲學史》下冊，北京：商務印書館，1988 年 6 月版，第 128 頁。

學說的結果。」[39]與自由主義帶有一定程度的理性認知不同，浪漫主義伴隨強烈的情緒。它「從本質上目的在於把人的人格從社會習俗和社會道德的束縛中解放出來。這種束縛一部分純粹是給相宜活動加上無益障礙，因為每個古代社會都曾經發展一些行為規矩，除了說他是傳統而外，沒有一點可恭維的地方。但是，自我中心的熱情一旦放任，就不易再叫它服從社會的需要。」[40]

胡適留美七年，深受自由主義的浸染，對美國民主政治頂禮膜拜，一直引美國為現代化成功的典範。他到晚年還感歎：

> 美國開國只有二百多年的歷史，能在二百多年中，開拓了那麼大的地域，成為文化最高、人民生活最安樂、國力最強大的國家，實為人類歷史上的奇跡！[41]

由於胡適崇尚美國經驗，篤信自由主義，故他對於浪漫主義有過嚴厲的批評，斥責「浪漫病」為「懶病」，其癥結是不懂得「學問本來是乾燥東西，而正確方法是建築在正確材料上的。」[42]

陳獨秀是法國大革命的崇拜者，他認為「近世文明，東西洋絕別為二。」「歐羅巴之文明，歐羅巴各國人民皆有所貢獻，而其先發主動者率為法蘭西人。」「近代文明之特徵，最足以變古之道，而使人心社會劃然一新者，厥有三事：一曰人權說，一曰生物進化論，一曰社會主義，是也。」「此近世三大文明，皆法蘭西人之賜。世界而無法蘭西，今日之黑暗不識仍居何等。」[43]陳獨秀不獨推崇法國人的革命精神，而且受法國文學的「自然主義影響最大」，他在《歐洲文藝談》中把法國文學藝術的各個流派諸如古典主義、浪漫主義、

---

[39] （英）羅素著、馬元德譯：《西方哲學史》下冊，第 243 頁。

[40] （英）羅素著、馬元德譯：《西方哲學史》下冊，第 224 頁。

[41] 〈美國的民主制度〉，《胡適作品集》第 25 冊，第 162 頁。作者按：原作為「美國開國只有三百多年的歷史」，現改。

[42] 胡適：〈打破浪漫病〉，原載 1928 年 12 月 9 日上海《民國日報‧覺悟》副刊。《胡適文集》第 12 冊，第 590 頁。

[43] 陳獨秀：〈法蘭西人與近世文明〉，原載 1915 年 9 月 15 日《青年雜誌》第 1 卷第 1 號。《陳獨秀文章選編》上冊，第 79、81 頁。

寫實主義、自然主義詳細地介紹到中國。「算是最早的一個，以後引起大家對各種主義的許多討論。」[44]俄國二月革命發生後，陳獨秀懷著極大的興趣注視俄國形勢的發展，並著《俄羅斯革命與我國民之覺悟》，稱這次革命是「以革世界君主主義、侵略主義之命也」。[45]

針對國內反動勢力對俄國革命的「過激黨」的指責，陳獨秀力辯「十八世紀法蘭西的政治革命，20 世紀俄羅斯的社會革命，當時的人都對著他們極口痛罵；但是後來的歷史家，卻要把他們當作人類社會變動和進化的大關鍵。」[46]

西方近代兩大思潮實際上是兩種不同發展模式的設計理論。這兩種發展模式即是以英美為代表的穩健型發展模式和以法俄為代表的激變型發展模式。胡適始終認同美國是西方資本主義現代化成功的真正樣板，第一次世界大戰是強權政治和軍國主義的失敗，亦是民主政治和自由主義的勝利，美國在戰後一躍成為世界強國以及它在世界新秩序中所發揮的作用，充分證明了這一點。故他不認為美國發展模式已經過時，他在「五四」時期大力宣傳實驗主義，與其說是傳播他導師杜威的哲學理論，不如說是在挖掘美國成功的理論精髓。陳獨秀之所以從法國的大革命走到俄國的十月革命，從盧梭的激進民主主義走到列寧的社會主義，其根本原因就在於他摸清了貫穿其中的浪漫主義紅線，在於他內心世界始終蕩漾著一股浪漫主義的革命激情，他深信只有用革命性的手段破壞一個舊世界，用強力推行一種新制度，而這正是法、俄發展模式的歷史經驗所在。

（三）對新文化運動的路線認識不同。

胡適早在留美期間就已認定，整治中國社會之病的藥方在於「樹人」，在於發展教育，提高國民的文明素質。他留美學成歸國時，恰

---

[44] 胡適：〈陳獨秀與文學革命〉，載 1932 年 11 月 30、31 日北平《世界日報》。《胡適文集》第 12 冊，第 35 頁。

[45] 陳獨秀：〈俄羅斯革命與我國民之覺悟〉，收入《陳獨秀文章選編》上冊，第 197 頁。

[46] 陳獨秀：〈二十世紀俄羅斯的革命〉，原載 1919 年 4 月 20 日《每週評論》第 18 號。《陳獨秀文章選編》上冊，第 381 頁。

逢張勳復辟，這一舊沉渣的泛起加深了他先前的憂患意識，以為國民素質的低劣是造成這場復辟醜劇的真正原因，因此，他「方才打定二十年不談政治的決心，要想在思想文藝上替中國政治建築一個革新的基礎。」[47]他試圖借文藝思想的革新來振刷國民的精神面貌。胡適把自己的這一想法傳達給《新青年》同人：

> 我們這個文化運動既然被稱為「文藝復興運動」，它就應撇開政治，有意識地為新中國打下一個非政治的（文化）基礎。我們應致力於（研究和解決）我們所認為最基本的有關中國知識、文化和教育方面的問題。我並且特地指出我們要「二十年不談政治；二十年不幹政治。」[48]

可以說，胡適走的是一條為文化而文化的路線，他對政治的態度亦是「不感興趣的興趣」，正因為這樣，當「五四」運動發生時，他把它看作是「一場不幸的政治干擾」。

陳獨秀是一個熱心救世濟民的革命家。他從康黨到革命黨，再到自覺於發動新文化運動，儘管思想的聚焦點不斷更換，但他對政治革新的熱情卻未曾消減。陳獨秀作為一名革命黨人，親身經歷了辛亥革命從滿懷希望到逐漸失望直到深深絕望的歷史過程，體會到它的悲慘結局乃是由於革命黨人對民主政治思想沒有進行廣泛的宣傳，沒有對廣大民眾進行深入的思想啟蒙。他深感有必要對之進行必不可少的政治思想補課，同時把反對專制主義的鬥爭推進到一個前所未有的新階段。他為新文化運動揭櫫而起的兩面大旗是「人權」（後改為「民主」）和「科學」，就是為此而發。《青年雜誌》創刊之初，為避免反動勢力的迫害和虐殺。他曾宣稱：「批評時政，非其旨也。」[49]可他又何嘗躲進了象牙之塔。他談憲法與國體，撰《駁康有

---

[47] 〈我的歧路〉，《胡適文存》二集卷三。收入《胡適文集》第 3 冊，第 363 頁。

[48] 唐德剛譯注：《胡適口述自傳》第九章《五四運動──一場不幸的政治干擾》，《胡適文集》第 1 冊，第 358 頁。

[49] 〈通信‧答王庸工（國體）〉，原載 1915 年 9 月 15 日《青年雜誌》第 1 卷第 1

為致總統總理書》，抨擊尊孔勢力，評論「對德外交」，宣傳俄國革命，這些為當局所不容的敏感問題一一展現於他的筆下。他之所以不避嫌忌，執意要談政治，其中的理由誠如他自己申訴的：

> 本志社員中有多數人向來主張絕口不談政治，我偶然發點關於政治的議論，他們都不以為然。但我終不肯取消我的意見，……我對於政治底態度，一方面固然不以絕口不談政治為然，一方面也不願意和一班拿行政或做官弄錢當作政治的先生們談政治。換句話說，就是：你談政治也罷，不談政治也罷，除非逃在深山人跡絕對不到的地方，政治總會尋著你的；但我們要認真瞭解政治底價值是什麼，決不是爭權奪利的勾當可以冒牌的。[50]

這樣，陳獨秀漸次由討論孔教與憲法關係問題，發展到與李大釗發刊《每週評論》，專論時事和政治；直到五四時期，領導學生愛國運動，成為運動的總司令，他最終完成了其由政治走向文化，再由文化回歸政治的迴圈過程，其歸宿自然是由其為政治而文化的路線決定的。

　　胡、陳之間對新文化運動的不同動機，自然影響了他們在運動中的所作所為，翻閱一遍《胡適文存》和《獨秀文存》，對比兩著內容，就不難看出他們兩人各自的興趣所在。《胡適文存》基本上是一部文化學術探索集，內容幾乎絕少涉及政治。而《獨秀文存》大體可以說是革命家的一部思想言論集，處處充滿了政治的火藥氣味，這並非說陳獨秀缺乏學術功力，而是其「五四」時期的興趣使然。[51]

號。《陳獨秀文章選編》上冊，第 82 頁。

[50] 陳獨秀；〈談政治〉，原載 1920 年 9 月 1 日《新青年》第 8 卷第 1 號。《陳獨秀文章選編》中冊，第 1 頁。

[51] 陳獨秀在小學方面頗有造詣，過去這只是一種傳說。從近年編輯、整理出版的陳獨秀兩部著作：《小學識字教本》（劉志成整理、校訂，成都：巴蜀書社，1995 年 5 月版）、《陳獨秀音韻學論文集》（北京：中華書局，2001 年 12 月版），可以看出陳獨秀在文字學方面的功力頗深，但陳氏這方面的工作直到晚年才展開，故鮮為人知。

（四）處理傳統文化的方式不同。

在價值取向上，「五四」新文化人對傳統文化都持一種激烈反抗的態度，但在具體的處理方式上，他們又各有其主張和作法。胡適從疑古出發，提出要「整理國故」，其理論依據是他所持的進化論觀點，它應用於分析文化歷史，則認為「文明不是籠統造成的，是一點一滴地造成的」。既然破壞舊文化，建設新文化不可能一蹴而就，那麼，這一文化轉型必然是一個歷史過程，對傳統文化和歷史遺產的處理也就必然經歷一番篩選、改造、利用和吸收的功夫。基於此，胡適在批判傳統文化的同時，又提出「新思潮的意義」應包括「整理國故」。

陳獨秀是傳統文化的破壞者，他的口號是「破壞！破壞偶像！破壞虛偽的偶像！吾人信仰，當以真實的合理的為標準。宗教上、政治上、道德上，自古相傳的虛榮，欺人不合理的信仰，都算是偶像，都應該破壞！此等虛偽的偶像倘不破壞，宇宙間實在的真理和吾人心坎兒裏徹底的信仰永遠不能合一！」[52]他不僅猛烈批判一切舊時代的倫理道德，是抨擊「孔教」的健將，而且是傳統儒家倫理的反叛者，認為它錮塞人智，誤人子弟。他認為：

> 要擁護那德先生，便不得不反對孔教、禮法、貞節、舊倫理、舊政治；要擁護那賽先生，便不得不反對舊藝術、舊宗教；要擁護德先生又要擁護賽先生，便不得不反對國粹和舊文學。[53]

發展科學、民主，必須掃除舊文化的弊害，繁榮學術則要掃除聖教的障礙。「吾國歷代論家，多重聖言而輕比量，學術不進，此亦一大原因也。今欲學術興、真理明，歸納論理之術，科學實證之法，其

---

[52] 陳獨秀：〈偶像破壞論〉，原載 1918 年 8 月 15 日《新青年》第 5 卷第 2 號。《陳獨秀文章選編》上冊，第 277-278 頁。

[53] 陳獨秀：〈本志罪案之答辯書〉，原載 1919 年 1 月 15 日《新青年》第 6 卷第 1號。《陳獨秀文章選編》上冊，第 317 頁。

必代聖教而興歟。」[54]因此，他毫不猶豫地認為，對一切舊的文化和習慣勢力「非有猛勇之決心」加以滌蕩不可。

　　胡適和陳獨秀在傳統文化解構時提出的不同主張和採納的不同做法，造成的後果大相逕庭。胡適把傳統文化的批判看作是「再造文明」，實現傳統向現代的創造性轉換的必要手段，這種批判本身就貫注著理性精神和建設意義，並非非理性主義的否定和虛無主義的全部拋棄，而他對清代樸學「無徵不信」的科學方法的提倡，他對傳統下層的白話文學的倡導，他對「整理國故」的倡言，他身體力行地清理中國文化歷史遺產，都證明了他是中國人文傳統的深切關懷者。有的論者認為，胡適提倡「整理國故」是與舊文化調和，在文化爭鳴中對反對派意見的容忍是對舊勢力的妥協，這顯然是一種誤解，其實這正是自由主義強調互相爭鳴，反對一統的學術精神表現。陳獨秀對傳統文化的激烈批判使縱向的繼承和轉化失去了可能，本來新文化運動中的百家爭鳴、自由探討局面的形成，是對傳統文化「定於一尊」的突破，但他在推倒傳統的一元化統治後，又武斷地認為「必以吾輩所主張者為絕對之是」。沒有認識到現代文化本身乃是建立在多元、多樣、多維的基礎之上。中國文化中的追求一統的思想傳統，使得他難以擺脫「一元主知主義」，這種理念從傳統的強調人心內在道德具有決定一切的功能滲透於陳獨秀的心理深層，呈現出來的表像特徵即是強調一種思想理論具有決定一切的功能。陳獨秀在破壞舊的文化秩序的同時，很快又走向重構新的意識形態，其內在情結即在於此。因而在陳獨秀激烈反抗傳統文化的背後，實質上仍留有傳統的「一元論」的底色，這是他的吊詭之處。

　　胡適與陳獨秀所呈現的上述思想歧異，是與他們迥然不同的思想個性密切聯繫在一起的。胡適的思想帶有濃厚的穩健性、倫理性和自由性的色彩；陳獨秀的思想個性則呈現出激進、剛強、道義的一面。其外在形象也迥然相異，胡適身上滲透著一種英美紳士風度

---

[54] 陳獨秀：〈聖言與學術〉，原載 1918 年 8 月 15 日《新青年》第 5 卷第 2 號。《陳獨秀文章選編》上冊，第 279 頁。

和中國傳統士人的儒雅圓通，表現出一個溫文爾雅的學者形象。有一種磁性般的親和力，唐德剛先生稱之為「磁性人格」（magnetic personality）。[55]陳獨秀始終是一個壯懷激烈的革命家，是法俄大革命的浪漫主義精神與中國民族民主革命的激進主義思潮奇特結合的產物。「他為人直爽，待朋友很好」，[56]言談舉止中有一種強有力的個性魅力。魯迅先生在紀念劉半農去世的文章中，回憶起當年並肩作戰的《新青年》同人，曾如是表述自己對陳獨秀和胡適這兩位「五四」時期的夥伴的印象。他寫道：

> 假如將韜略比作一間倉庫罷，獨秀先生的外面豎一面大旗，大書道：「內皆武器，來者小心！」但那門卻開著的，裏面有幾枝槍，幾把刀，一目了然，用不著提防。適之先生的是緊緊的關著門，門上粘一條小紙條道：「內無武器，請勿疑慮。」這自然可以是真的，但有些人——至少是我這樣的人——有時總不免要側著頭想一想。半農卻是令人不覺其有「武庫」的一個人，所以我佩服陳胡，卻親近半農。[57]

在魯迅筆下。陳獨秀是一個果敢、坦蕩而精細不足的人物，胡適則頭腦機警，似露而藏。這種個性差異表現在新文化運動中，即是兩人所採取的戰略不同。陳獨秀從一開始就將自己的主張和計畫和盤托出，然後盡全力促其一一實現，希望在此過程中或多或少有所收穫，這是一種「閃電戰略」。胡適則是隱瞞自己的全部目標，把變革目標分層管理，一段時間只推行一項，這是一種「費邊戰略」。因胡適所選擇的戰略具有相對的隱蔽性，故魯迅給後人留下深刻的提示，對胡適「要側著頭想一想」。

---

[55] 參見唐德剛：《胡適雜憶》，臺北：風雲時代出版公司，1990 年 11 月初版，第 250-251 頁。

[56] 蔣夢麟：〈談中國新文藝運動〉，收入氏著《西潮、新潮》，長沙：嶽麓書社，2000 年 9 月版，第 339 頁。

[57] 魯迅：〈且介亭雜文‧憶劉半農君〉。《魯迅全集》第 6 冊，北京：人民文學出版社，1982 年版，第 72 頁。

三、胡、陳思想的殊途同歸

　　胡、陳思想的分流導致了新文化陣營的分化，也可以說是這場思想革命夭折的內在原因。2、30 年代，胡適與陳獨秀的關係經歷了一個很不愉快的時期。他們首先因如何處理「五四」以後《新青年》的辦刊方向而展開爭執。陳獨秀在上海與一幫具有共產主義傾向的朋友，將《新青年》逐漸轉變為一個馬克思主義的刊物，到 1920年 5 月 1 日出版的第七卷第六號，即《勞動節紀念號》，標誌著《新青年》已成為宣傳馬克思主義的思想陣地。胡適不滿意於《新青年》「差不多成了『Soviet Russia』的漢譯本」，[58]與陳獨秀分手。隨後是在 1922 年的「聯省自治」運動中，胡適力主聯省自治，其理想是由下而上重建民主政治的基礎；而陳獨秀視「聯省自治」為「聯省割據」，認為「中國事無論統一、聯治、集權、分權，無論民主政治或社會主義政治，不取革命手段都只是一場滑稽劇，這是我牢不破的迷信。」[59]兩人鬧得不歡而散。接著是 1923 年初如何看待蔡元培先生因不滿意於北洋軍閥對教育的摧殘，以「不合作主義」辭職出京一事。陳獨秀批評蔡氏的行為是「消極的」、「非民眾的」觀念，是「民族思想改造上根本的障礙」，這種觀念「不但不能夠打倒惡濁政治，並且往往引導群眾心理漸漸離開苦戰惡鬥積極的傾向，而走到了退避怯懦的路上去，不啻為惡濁政治延長生命，這是何等的罪大惡極！」[60]他甚至嘲諷這種「依賴少數人消極的拆臺政策來打倒惡濁政治，未免太滑稽了、太幼稚了，而且太空想了。」[61]胡適則出面極

58 參見〈關於《新青年》問題的幾封信〉中的〈三、胡適的信〉，收入張靜廬：《中國現代出版史料》甲編，北京：中華書局，1957 年 4 月版，第 10 頁。

59 《胡適的日記》（手稿本）第三冊，1922 年 9 月 25 日，臺北：遠流出版公司，1990 年 12 月版。

60 陳獨秀：〈評蔡校長宣言〉，載 1923 年 1 月 24 日《嚮導》第 17 期。《陳獨秀文章選編》中冊，第 231 頁。

61 陳獨秀：〈評蔡校長宣言〉，載 1923 年 1 月 24 日《嚮導》第 17 期。《陳獨秀

力為蔡元培辯護，認為「打倒惡濁的政治，組織固是要緊，民眾固是要緊，然而蔡先生這種『有所不為』的正義呼聲更是要緊。」「在這個豬仔世界裏，民眾固不用談起，組織也不可靠，還應該先提倡蔡先生這種抗議的精神，提倡『不降志，不辱身』的精神，提倡那為要做人有所不為的犧牲精神。」[62]最後是圍繞同年發生的「科學與人生觀」的論戰，胡適不贊成唯物主義歷史觀，堅持不單是物質的原因，「思想知識等事也都是『客觀的原因』，也可以『變動社會，解釋歷史，支配人生觀』。」[63]而陳獨秀的結論是「我們相信只有客觀的物質原因可以變動社會，可以解釋歷史，可以支配人生觀，這便是『唯物的歷史觀』。」[64]隱藏在這兩種截然相反的意見背後的實質是社會變動的原因是多元還是一元。這些對某些具體問題的處理意見分歧日積月累的發展下去，自然有傷兩位老友的感情，兩人的共同好友汪原放先生曾生動的記錄了他們一次爭吵的情況，1925年冬，胡適住在上海亞東圖書館，醫治痔瘡。陳獨秀這位共產黨的總書記「有時會在夜間悄悄地來（看）望這位『五四』時期的盟友。可是每次見面，總是以兩人激烈的爭吵而告終。一個講社會主義好，另一個講資本主義好；一個講馬克思主義，另一個講實用主義；一個講蘇聯如何如何，另一個講美國如何如何，各不相讓。有一天他們爭得面紅耳赤，大概胡適被陳獨秀的批駁刺痛了，他一下子站起來，……氣急敗壞地用手杖在地板上篤篤敲了幾下，但他畢竟忍住了氣，用紳士風度說了句：『仲甫，我有事，你坐罷！』下樓去了。陳獨秀氣呼呼的坐了好一會，……也去了。」但「過不了幾天，陳獨秀再來，重新挑起一場爭論。」[65]不用說，這「重新挑起的爭論」，

文章選編》中冊，第232頁。

[62] 《這一周》五七《蔡元培是消極的嗎》，《胡適文存》二集卷三。《胡適文集》第3冊，第458頁。

[63] 胡適：《科學與人生觀·序》、〈附錄二、答陳獨秀先生〉，《胡適文存》二集卷二。《胡適文集》第3冊，第173頁。

[64] 陳獨秀：《科學與人生觀·序》，收入《胡適文集》第3冊，第172頁。

[65] 汪原放：〈胡適和《胡適文存》〉（油印稿），轉引自任建樹：《陳獨秀傳》上冊，

同樣不會有什麼結果。兩人以後只好是「各不相強，各不相擾」，各走各的路了。

　　思想破裂了，剩下的是藕斷絲連的個人情誼。胡適是一個極重友誼並樂於助人的仁者。「五四」以後，陳獨秀因進行革命活動三度被捕，他均參與營救。平時陳獨秀託辦之事，如瞿秋白、蔡和森等人的書稿在商務印書館出版，胡適也是出面傾力相助。至於經濟上幫助陳獨秀和提供圖書資料等，就更不用說了。三十年代，陳獨秀在獄中，一次寫信給胡適，就要求提供多種著作。胡適還勸說過陳獨秀寫自傳，可惜他只寫到第二章〈江南會試〉就擱筆了。另一方面，陳獨秀極為賞識胡適的學識和才華，期望他在文化學術方面有更大的建樹。當他耳聞國民黨有延攬胡適入朝做官之意時，立即寫信勸告胡適：「先生著述之才遠優於從政。『王楊盧駱當時體，不廢江河萬古流。』近聞有一種傳言，故為先生誦之，以報故人垂念之誼。」[66]力勸胡適不要從政。胡、陳之間之所以願意維持這種私誼，除了與他們在「五四」新文化運動中建立的特殊關係有關外，更重要的是他們兩人的頭腦裏都還不同程度地保留著自由主義的思想。對此，胡適曾有過明白的說明，他在致陳獨秀的一封信中說：

> 　　我們兩個老朋友，政治主張上儘管不同，事業上儘管不同，所以仍不失其為老朋友者，正因為你我腦子背後多少總還同有一點容忍異己的態度。至少我可以說，我的根本信仰是承認別人有嘗試的自由。如果連這一點最低限度的相同點都掃除了，我們不但不能做朋友，簡直要做仇敵了。[67]

然而，不管是胡適所走的自由主義道路，還是陳獨秀摸索的「真正的民主政治」，在 2、30 年代都遇到了嚴重挫折。胡適的「好政府主義」政治主張在北洋軍閥那裏行不通，他的人權、民主的要求在國

　　上海：上海人民出版社，1989 年 9 月版，第 222 頁。

[66]　《胡適來往書信選》中冊，香港：中華書局，1983 年 11 月版，第 144 頁。

[67]　〈胡適致陳獨秀〉（稿），《胡適來往書信選》上冊，第 359 頁。

民黨面前也碰了壁。以至到 30 年代中期，《獨立評論》展開民主與獨裁的討論，胡適的一些好友丁文江、錢端升、蔣廷黻等紛紛倒向「強人政治」或「獨裁政治」，他本人捍衛民主政治的聲音也似孤鴻哀鳴。與此同時，陳獨秀夢寐以求的「真正的民主政治」——無產階級民主，因其濃厚的民主主義色彩，被日益左傾的共產黨人所拋棄；而世界上第一個社會主義國家在史達林統治下，已走向極權政治，陳獨秀對它的優越性越來越懷疑。這樣，陳獨秀不僅和他過去的追隨者拉開了距離，而且還與他的俄國老師產生了隔閡；在中共黨內，他被貶為一個頑固僵化、思想倒退的「右傾機會主義者」；在共產國際眼裏，他是史達林主義的反對派托洛茨基派在中國的代言人。胡、陳二人在極權政治甚囂塵上的日子裏，的確是力不從心，時運不濟了。

第二次世界大戰的爆發，是世界形勢的轉捩點，也對胡適、陳獨秀的思想產生了深刻的影響。面對世界局勢的劇烈變化和國際力量的重新組合，中國知識份子應該如何抉擇，兩位新文化運動的老將沒有失去他們的本色。身在異域的胡適發表了《民主與極權的衝突》等政論，病魔纏身的陳獨秀則在致西流等朋友的書信中表明瞭自己的政治見解，他們倆對待俄德意極權政治的批判和對英美民主制度的偏袒，表明了兩人的政治思想漸趨一致。

首先，他們肯定第二次世界大戰是一次反法西斯性質的戰爭，它對民主事業的前途至關重要。胡適認為，這次戰爭是極權主義國家對民主主義的有組織的進攻，「民主與極權的衝突的真正嚴重性，……是一種計畫周密、指導有方的極權主義，向民主制度和民主文化的基礎進攻。」[68]自然，戰爭的性質是「民主政治與極權政治的衝突，是自由與奴役的衝突，是由憲法組成的政府與專制獨裁的淫威的衝突，是人民自由開放的意志的表達，與對政黨及『領袖』無條件盲目服從的衝突。」[69]歷史上的戰爭，「沒有一個可以和這近

[68] 胡適：〈民主與極權的衝突〉，收入胡頌平編著：《胡適之先生年譜長篇初稿》第 5 冊，第 1732 頁。
[69] 胡適：〈民主與極權的衝突〉，收入胡頌平編著：《胡適之先生年譜長篇初稿》

代的民主主義與極權專制的戰爭相比擬，因為前此的戰爭，根本談不到文化上的衝突。」[70]在決定人類命運生死攸關的緊急時刻，在兩種生活方式孰勝孰敗的關鍵時刻，胡適要求一切愛好和平、民主的人們，為捍衛自己的文化和生活方式「參加戰鬥」，與法西斯分子和極權主義進行殊死搏鬥。

陳獨秀跳出一黨一派的圈子，反對當時托派所持的觀點，即所謂戰爭的雙方都有「反動的性質，無論哪一方陣營勝利，人類都會被拋到老遠的後面去。」他們不加分析地重複列寧當年反對第一次世界大戰的論調，要求「保衛蘇聯社會主義」，保衛它的「社會主義財產制度」。陳獨秀認為「此次若是德俄勝利了，人類將更加黑暗至少半個世紀，若勝利屬於英法美，保持了資產階級民主，然後才有道路走向大眾的民主。」[71]照此態度觀望戰爭，「若謂交戰的雙方都是帝國主義者，工人都應該反對，這完全犯了以前把希特勒和白朗寧同樣看待，把國社黨與社會黨同樣看待一樣的錯誤。」[72]等於是助紂為虐。

其次，他們反省「蘇俄經驗」，指出它改革方式的非現代性和所建政權的反民主性。胡適深刻分析了暴力革命與極權政治之間的內在關聯，他指出：「極權政治的第一個基本特徵，是全體擁護急進而驟變的革命」，「由於強暴的革命，他們不但獲得了絕對的政治力量，而且還要拼命推行這種殘暴的革命。想要使這種革命普遍化，使整個世界發生同樣激發的革命。他們自稱為『集體革命』的信徒，同時他們也是『世界革命』、『永久革命』、『永久戰爭』的信徒。」[73]俄國十月革命以後的歷史經驗證明了這一點，「自 1917 年以來，所有

第 5 冊，第 1731-1732 頁。

[70] 胡適：《民主與極權的衝突》，收入胡頌平編著：《胡適之先生年譜長篇初稿》第 5 冊，第 1732 頁。

[71] 〈陳獨秀致西流等〉，《陳獨秀書信集》，北京：新華出版社，1987 年 11 月版，第 492 頁。

[72] 〈陳獨秀致西流等〉，《陳獨秀書信集》第 490 頁。

[73] 胡適：〈民主與極權的衝突〉，收入胡頌平編著：《胡適之先生年譜長篇初稿》第 5 冊，第 1734 頁。

新興的極權政治制度，都採取激進而過激的革命方式；……並且革命的手段更須殘暴而激烈，為的是摧毀舊制度下一切的一切。」[74]結果，為激進的革命採取的絕對手段，往往導致絕對集權。

陳獨秀也以自己「沉思熟慮了六、七年」的思考告訴人們，「蘇聯二十年的經驗，尤其是後十年的苦經驗，應該使我們反省。我們若不從制度上尋出缺點，得到教訓，只是閉起眼睛反對史達林，將永遠沒有覺悟，一個史達林倒了，會有無數史達林在俄國及別國產生出來。在十月後的蘇俄，明明是獨裁制產生了史達林，而不是有了史達林才產生獨裁制。」[75]「試問史達林一切罪惡，那一樣不是憑藉著蘇聯自十月以來秘密的政治員警大權，黨外無黨，黨內無派，不容許思想、出版、罷工、選舉之自由，這一大串反民主的獨裁制而發生的呢？若不恢復這些民主制，繼史達林而起的，誰也不免是一個『專制魔王』，所以把蘇聯的一切壞事，都歸罪於史達林，而不推源於蘇聯獨裁制之不良，彷彿只要去掉史達林，蘇聯樣樣都是好的，這種迷信個人輕視制度的偏見，公平的政治家是不應該有的。」[76]

再次，他們指出極權政治和民主政治的根本區別，闡明民主政治所應內含的意蘊。胡適引用伊斯曼 1941 年 5 月 11 日在《紐約時報》發表的一篇引人注目的通訊，文中列舉了極權主義的二十個重要特點，「其中每一點在共產主義的蘇俄和法西斯主義的德、意都可找到，而在英美則找不到」，這些特點是：

> 一、狹義的國家主義情緒，提高至宗教狂的程度。二、由一個軍隊般嚴格約束的政黨，來執掌國家的政權。三、嚴屬取締一切反對政府的意見。四、把超然的宗教信仰、降低到國家主義的宗教之下。五、「領袖」是一般信仰的中心，實際上，他也就等於一個神。六、提供反理智反知識，諂媚無知

---

[74] 胡適：〈民主與極權的衝突〉，收入胡頌平編著：《胡適之先生年譜長篇初稿》第 5 冊，第 1734 頁。

[75] 〈陳獨秀致西流〉，《陳獨秀書信集》第 504 頁。

[76] 〈陳獨秀致西流〉，《陳獨秀書信集》第 504 頁。

的民眾。嚴懲誠實的思想。七、毀滅書籍，曲解歷史及科學上的真理。八、廢除純粹尋求真理的科學與學問。九、以武斷代替辯論，由政黨控制新聞。十、使人民陷於文化的孤立，對外界真實情況，無從知曉。十一、由政黨統制一切藝術。十二、破壞政治上的信義，使用虛妄偽善的手段。十三、政府計畫的罪惡。十四、鼓勵人民陷害及虐待所謂「公共敵人」。十五、恢復野蠻的家族連坐辦法，對待這種「公共敵人」。十六、準備永久的戰爭，把人民軍事化。十七、不擇手段的鼓勵人口增加。十八、把「勞工階級對資本主義革命」的口號，到處濫用。十九、禁止工人罷工及抗議，摧毀一切勞工運動。二十、工業、農業、商業，皆受執政黨及領袖的統制。[77]

他指出：「民主政治與反民主政治的生活方式之間真正的衝突，基於兩種基本的矛盾：（一）急進和過激的革命方式，不同於進步和逐漸改革的方式。（二）控制劃一的原則，不同於互異的個人發展的原則。」[78]胡適充分強調民主政治的兩項基本原則：漸進的改革和個人主義。他認為：

> 為民主的生活方式和民主的制度而辯護，須對於健全的個人主義的價值，具有清楚的瞭解，必須對於民主主義的遲緩漸進的改善的重要性，具有深刻的認識。進步總是日積月累的，如果個人不能自由發展，便談不到文明。[79]

陳獨秀亦把世界分成兩大陣營，以英美法為代表的民主制國家和以俄德意為代表的法西斯國家。民主制國家的特點是：「（一）議會選舉由各黨（政府反對黨也在內）壟斷其選舉區，而各黨仍須發

---

77 胡適：〈民主與極權的衝突〉，收入胡頌平編著：《胡適之先生年譜長篇初稿》第 5 冊，第 1732-1733 頁。
78 胡適：〈民主與極權的衝突〉，收入胡頌平編著：《胡適之先生年譜長篇初稿》第 5 冊，第 1734 頁。
79 胡適：〈民主與極權的衝突〉，收入胡頌平編著：《胡適之先生年譜長篇初稿》第 5 冊，第 1739 頁。

布競選的政綱及演說，以迎合選民要求，因選民畢竟最後還有投票權。開會時有相當的討論爭辯。（二）無法院命令不能捕人殺人。（三）政府的反對黨派甚至共產黨公開存在。（四）思想、言論、出版相當自由。（五）罷工本身非犯罪行為。」與此相對立的俄德意法西斯國家的特點是「（一）蘇維埃或國會選舉均由政府黨制定。開會時只有舉手，沒有爭辯。（二）秘密政治員警可以任意捕人殺人。（三）一國一黨不容許別黨存在。（四）思想、言論、出版絕對不自由。（五）絕對不許罷工，罷工即是犯罪。」[80]在這裏尤為值得注意的是，他把布爾什維克與納粹主義等量齊觀，甚至視「蘇俄的政制是德、義的老師」。他縱觀古今歷史，重新檢討了自己的民主思想，形成了一些有別於過去的新觀點。即：「民主是自從古代希臘羅馬以至今天、明天、後天，每個時代被壓迫的大眾反抗少數特權階層的旗幟，並非僅僅是某一特殊時代歷史現象」；「資產階級的民主和無產階級的民主，其內容大致相同，只是實施的範圍有廣狹而已」；「非大眾政權固然不能實現大眾民主；如果不實現大眾民主，則所謂大眾政權或無級獨裁，必然流為史達林式的極少數人的格伯烏政制；」「以大眾民主代替資產階級的民主是進步的；以德俄的獨裁代替英法美的民主，是退步的。」[81]陳獨秀晚年的這些政治見解還帶有一定的階級論色彩，但他明顯地肯定英美的民主制優越於俄德的極權制，這對一個信仰共產主義的革命者來說，不能不說是一種反叛。

胡適與陳獨秀上述對於極權政治的批判，對於民主政治的重新闡釋，以及對於兩種社會制度的重新評價，帶有明顯的反潮流性質。20年代以後，中國廣大知識份子普遍傾向社會主義。陳獨秀創建共產黨，追求共產主義理想，用行動表明了自己的選擇，自不待說。連胡適這樣的自由主義者也曾在〈我們對於西洋近代文明的態度〉一文中明確承認：

---

[80] 〈陳獨秀致西流〉，《陳獨秀書信集》第506-507頁。
[81] 〈陳獨秀致西流〉，《陳獨秀書信集》第503頁。

十八世紀的新宗教信條是自由、平等、博愛。19 世紀中葉以後的新宗教信條是社會主義。

19 世紀以來，個人主義的趨勢的流弊漸漸暴白於世了，資本主義之下的苦痛也漸漸明瞭。遠識的人知道自由競爭的經濟制度不能達到真正「自由、平等、博愛」的目的。……救濟的方法只有兩條大路：一是國家利用其權力，實行裁制資本家，保障被壓迫的階級；一是被壓迫的階級團結起來，直接抵抗資本階級的壓迫與掠奪。於是各種社會主義的理論運動不斷地發生。……俄國的勞農階級竟做了全國的專政階級。這個社會主義的大運動現在還正在進行的時期。但他的成績已很可觀了。[82]

陳、胡力改自己過去的觀點，回到個人主義和民主政治的立場上來，這是當時最先覺悟的中國知識份子對蘇俄歷史經驗深刻反省的結果，儘管它在當時並未被中國廣大知識份子所理解，但也畢竟開啟了中國自由民主運動的新方向，構成「五四」以後中國民主政治思想發展的又一座高峰。

四、胡、陳思想與時代的關係

20 世紀是一個大動盪，大變革的時代。在這樣一個社會劇變的時代，中國人遭遇了前所未有的困境和衝突，負有良知的知識份子不得不為擺脫民族危機尋求出路。胡適終生信仰和追求自由主義，為此他從早期到晚期，從思想到實踐進行了不倦的探索，始終未能擺脫他所面臨的困局。陳獨秀一生的思想流程幾經轉捩，從早期至五四運動時期，他可謂是一個激進的民主主義者，一個壯懷激烈、敢做敢為的革命思想家；2、30 年代，他獻身於共產主義事業，雖屢

---

[82] 《我們對於西洋近代文明的態度》，《胡適文存》三集卷一。《胡適文集》第 4 冊，第 10-11 頁。

遭挫折，卻視死如歸，體現了一個革命家的英勇氣概；直到晚年，他「沉思熟慮」，反思自己一生的奮鬥歷程和理想追求，對比英法美和德俄意兩種不同的社會體制，才幡然醒悟，重新認定「民主政治」是中國的必由之路。

胡、陳的個人經歷極為曲折，帶有濃厚的悲劇色彩。但他們二人的共同之處，亦是他們的可貴可愛之處，就是他們始終保持了旺盛的鬥爭意志，堅毅的戰鬥精神和不屈不撓的奮鬥決心。胡適自謂他是一個「不可救藥的樂觀主義者」，他終身持行自由主義的理想，力求以一個自由知識份子的獨立人格同整個黑暗、暴亂、急躁的社會相抗衡，《努力》談政治「止了壁」，《新月》「倡人權」惹出了風波，《獨立評論》揭露「華北自治」的陰謀而遭查禁；《自由中國》因鼓吹民主自由，針砭時政而遭查封。胡適可謂「沉而再升，敗而再戰」，沒有被惡濁的現實所壓倒。胡適晚年在大陸遭受有組織的「大批判」，在臺灣則被人或明或暗地「思想圍剿」，正是他思想品質獨立、自由的最有力證明。陳獨秀作為一個「終身的反對派」，性格倔強，如其詩句中所言：「滄海何遼闊，龍性豈能馴」，終其一生都在奮力追求自己的理想，五次被捕坐牢亦不肯低頭折腰。1937 年他出獄時，年事已近花甲，仍精神矍鑠，他的學生傅斯年對此印象深刻，不無感慨地說：「我真佩服仲甫先生，我們比他年紀輕，還沒他精神旺，他現在還是樂觀。」[83]陳獨秀豪邁地向世人宣告：

> 我們不要害怕各色黑暗勢力籠罩著全世界，在黑暗營壘中，遲早都會放出一線曙光，終於照耀大地，只要我們幾個人有自信力，不肯附和、屈服、投降於黑暗，不把光明當做黑暗，不把黑暗對付黑暗，全世界各色黑暗營壘中，都會有曙光放出來，我根據這些觀點，所以敢說「我們斷然有救！」[84]

---

[83] 〈我們斷然有救〉，《陳獨秀文章選編》下冊，第 599 頁。
[84] 〈我們斷然有救〉，《陳獨秀文章選編》下冊，第 600 頁。

胡、陳這種生死以之的奮鬥精神,體現了中華民族在大災大難面前要求生存的頑強的生命意志,表現了知識份子不畏強暴的悲劇精神。它所造成的宏大氣象,遠遠超過了傳統意義上的士人氣節和風範。

綜觀胡、陳兩人的一生最為輝煌的時代,無疑是他們共同領導和推動的新文化運動這段歷史。「五四」以後,他們走過的坎坷歷程及其遭受的悲劇命運,是由當時中國社會歷史條件決定的,他們思想的內在局限亦難辭其咎。由主觀言之,胡適畢竟只是一個學貫中西、訓練有素的高等學者,他的長處在於系統接受了西方現代文化知識的教育和訓練,對於西方現代化成功的經驗有深入的瞭解和真實的把握;然而正是這一點,加強了他把西方模式運用於中國的信心,使他的思想過多的染上了「西化」的色彩,缺乏一套實際運用於中國的操作運行規則與之配套,因而與中國實際的社會發展進程和人文傳統相脫節。他對現代化運動所賴以存在的基礎有深切的理解,對民主政治的正常秩序有真實的把握,但他對中國現代社會隨機出現的各種偶然性干擾因素(諸如暴力、擾亂)卻無法做出適當的反應,對於政治生活中的非程式操作更是無力加以制止。他很少甚至蔑視參與實際政治運動,與轟轟烈烈的大眾生活相隔太遠,只是坐而論道,基本上是一副學院派的處世方式,因而無法把自己的思想理想變成現實的物質力量,無法找到民主政治與普通群眾的結合點,故其張揚的「人權」、「民主」觀念除了在自由知識份子中有所共鳴外,缺乏應有的社會基礎。

陳獨秀是一位具有明顯激進傾向的思想家。他從西歐近代文明中借來了「科學」與「民主」兩件武器,但他既未發展這一理論,也未在實踐中建立自己獨立的完整的民主主義的理論體系。他高舉反專制的旗幟,確有其不朽的歷史功績,但他簡單地將傳統文化與欲拋棄的舊文化等同起來,重破壞而輕建設,開現代中國激進主義之先河,結果使一場反傳統的新文化運動逐漸走向反文化的歧路。他為追蹤世界大勢,不斷調整自己的思想座標,其思想發展的自我否定一個接一個,但他的每次轉變都是不徹底的,一個時期中,一

種思想占主導地位，又有舊思想的殘餘和新思想的萌芽，結果是繼承未吸取精髓，創造沒有建立獨立的思想體系，拋棄又藕斷絲連，這就使得他的思想呈現出一種特殊的混雜性，難以承擔將民主革命進行到底的歷史重任。

從客觀環境上追究，現代中國仍處在前現代的歷史階段。胡適與陳獨秀所吶喊的個性解放，所提倡的民主政治，所標榜的反傳統主義，雖然能在知識階層引起衝動，激起漣漪，但畢竟缺乏廣泛的社會基礎和相應的經濟基礎，故他們所領導的新文化運動只是一道劃破黑夜的思想閃光，稍縱即逝，未能像西方的文藝復興運動和啟蒙運動那樣，結下具有人格意義的思想碩果。加上日益激烈的階級鬥爭將知識份子推到了社會的邊緣，執政的上層集團與知識階層的領袖根本無法溝通思想，取得共識，自由之士的建議要求，一概被稱為「過激」、「悖謬」、其抗爭行為也被視為「擾亂公安」、「淆惑人心」，從而使得政治體系完全喪失了對新思想、新文化吸收整合的功能，現代民主政治也因此一次又一次地失去了在中國真正實踐的機會。

歷史有時會因各種因素的限制，出現片斷的曲折，但這種暫時的歷史回潮不可能替代歷史的必然。胡、陳思想的悲劇命運，新文化運動的夭折，以及隨之而來的激進主義的惡性膨脹的發展，這種種歷史事實只能說明先驅者因襲的負擔多麼沉重，說明中國社會遠離現代性的一面。從這個意義上說，胡、陳思想內含的自由主義、民主主義的受挫是現代中國歷史的悲劇，而激進主義的興盛則是現代中國社會的惡劇。胡適晚年看出了這一點，故其將自己的希望寄託在現代化運動的展開，他大聲疾呼與「五四」啟蒙精神相關聯的科學、民主、自由和理性；陳獨秀晚年亦懺悔自己的失誤，回歸「五四」啟蒙傳統，對民主政治觀念重新做出詮釋，對所謂的「蘇俄經驗」予以徹底反省。胡、陳晚年的殊途同歸和雙重反思，從正、反兩方面說明了中國建設民主政治的必要性和迫切性，反映了中國歷史發展的必然。

　　以「五四」新文化運動為起點的中國現代思想啟蒙運動，是一個連續的過程。可以預見，作為思想啟蒙的先驅，胡適和陳獨秀在他們的一生中所提出的具有現代意義的思想命題，仍將在中國人民追求民主化的歷史過程中熠熠閃光；胡適與陳獨秀所探求的民主政治事業也將因後繼有人而得到歷史的認同和真正的推進。

本文為作者 1991 年 10 月出席香港中文大學中國文化研究所主辦的
「胡適與中國現代文化」國際學術研討會提交的論文，
收入劉青峰編：《胡適與現代中國文化轉型》論文集，
香港：中文大學出版社，1994 年出版。

自由主義與五四傳統
——胡適對五四運動的歷史詮釋

　　五四運動之成為現代中國引人注目的重大事件，除了其本身所具有的震撼力外，還與現代中國激進主義所建構的強勢意識形態密切相關，這是不諱的事實。因而伴隨這種意識形態的解構，對五四運動的爭議，反思甚至批評，也就成為近年來學術界一件引人注目的事。然從歷史的角度去分析，五四運動與自由主義有著不可分割的關係，這亦是眾所周知的事實。自由主義在新文化運動中的領導作用，自由主義與「五四」運動的歷史關係，已有論者進行了詳盡的敘述。自由主義作為歷史見證人，如何闡釋五四運動（特別是五四精神），則鮮有人論及。這裏我們試以胡適為例證，對自由主義與五四傳統的內在關聯做一疏導，通過這一論述，對於現代中國自由主義的思想特點和運作方式，我們也許能獲致更為深刻的認識。

一、五四話語與五四傳統

　　從廣義的角度來理解五四運動，即它不單指 1919 年的「五四」事件，還涵蓋前此的新文化運動，這場運動實際上主要由兩大思潮催化而成，即激進主義和自由主義。這兩大思潮匯合的歷史緣由在於他們對於反抗傳統的文化專制主義和致力於建設民主政治有著共同的興趣。陳獨秀在〈本志罪案之答辯書〉一文所提出的「民主」、「科學」，[1]胡適在〈新思潮的意義〉一文提出的「重新估定一切價

1　陳獨秀：〈本志罪案之答辯書〉，原載 1919 年 1 月 15 日《新青年》第 6 卷第 1 號。又收入《陳獨秀文章選編》上冊，北京：三聯書店，1984 年 6 月版，第 317-318 頁。

值」，[2]即為他們的共識。激進主義和自由主義的因緣結合，為運動的
推進注入了雙重動力，但兩大思潮畢竟淵源各自，取向不同，個性
迥異，這也就註定了他們分化、離散的結局。

五四運動的雙重動力決定了與其相聯的雙重色彩。法國歷史學家
亞歷克西‧德‧托克維爾曾如是描繪那場震撼全歐洲的法國大革命：

> 18 世紀和大革命，像共同的源泉，生成了兩股巨流：第
> 一股引導人們追求自由制度，第二股則引導人們追求絕對的
> 權力。[3]

五四運動也呈現類似的情形。以它與前後中國歷史的發展進程相聯
繫的一面看，五四運動發展並強化了兩種觀念：革命與民主。在觀
念形態上，革命將人們引向對舊制度、舊思想、舊習俗、舊生活方
式的反叛；民主則成為人們謀求建立新社會、新政治、新道德、新
生活方式的價值標準和觀念基礎。兩者並非一回事。革命不等於民
主，相反，革命過程中時常伴隨不容忍，伴隨你死我活的鬥爭，革
命有時會與民主衝突，甚至以犧牲民主為代價。民主也並不一定要
革命，民主是各種政治派別都要遵循的行為規範，是各種社會利益
集團相互依存的社會契約，是承認人各有其價值並聽其自由發展的

---

[2]　胡適：〈新思潮的意義〉，原載 1919 年 12 月 1 日《新青年》第 7 卷第 1 號。
　　又收入《胡適文集》第 2 冊，第 552 頁。

[3]　托克維爾此語轉引自（美）A‧哈耶克：《個人主義與經濟秩序》第一章題記，
　　北京：北京經濟學院出版社，1991 年 7 月版，第 1 頁。在《舊制度與大革命》
　　一書中，托克維爾也有類似觀點的表述：「那些仔細研究過 18 世紀法國的人，
　　從書本中，已能看出人民內部產生和發展了兩種主要的激情，它們不是同時
　　代的產物，而且從未指向同一目標。有一種激情淵源更遠更深，這就是對不
　　平等的猛烈而無法遏制的仇恨。這種仇恨的產生和滋長的原因是存在不平
　　等，很久以來，它就以一種持續而無法抵禦的力量促使法國人去徹底摧毀中
　　世紀遺留的一切制度，掃清場地後，去建立一個人道所允許的人人彼此相像，
　　地位平等的社會。另一種激情出現較晚，根基較淺，它促使法國人不僅要生
　　活平等，而且要自由。臨近舊制度末期，這兩種激情都同樣真誠強烈。大革
　　命開始了，兩種激情碰到一起；它們混合起來，暫時融為一體，在接觸中互
　　相砥礪，而且最終點燃了整個法蘭西的心。」參見（法）托克維爾著，馮棠
　　譯：《舊制度與大革命》，北京：商務印書館，1992 年 8 月版，第 238-239 頁。

生活方式。從人類歷史發展的長時段看，民主是一個歷史過程，謀求民主的方式，漸進往往比革命更合理、更富有成效。

革命與民主是五四運動中真正具有影響力並漸次上升為主流的兩大觀念。然從歷史的角度去分析，革命和民主並不是五四運動的發明。在此之前的辛亥革命，以孫中山為代表的革命黨人既提倡革命反清，又追求民主共和。1912年成立的中華民國是革命與民主相結合的一個成果。這一成果無論從它的內在構成，還是從它植根的社會土壤來看，都很幼嫩。民國初年所出現的政治亂象和文化復古反映了中國社會的民主意識和革新觀念極為脆弱，一大批革命黨人在「二次革命」失敗後亡命海外，更是說明新舊力量對比的格局沒有真正改觀。新文化運動蔚然成為不可阻擋的新思潮，並衍及政治層面，爆發了「五四」事件，在觀念上產生了兩個重要轉變：一是革命的觀念深入社會，是否革命成為進步與反動的分界線；二是民主成為支配知識份子的政治理想，能否民主構成他們評估政治好壞的標準。這兩大觀念相互重疊，又相互矛盾。它們的突破得力於「五四」時期鼎盛一時的激進主義和自由主義的闡發。激進主義以「決不容他人匡正」的革命姿態推動文化革新，狂飆突進的新文化運動得力於這種精神的激勵。自由主義倡導思想自由、相容並包，打破傳統的「道統」觀念，民族文化內在所蘊藏的能量從而得以迸發。不過，無論是激進主義，還是自由主義，在他們的思想性格形成中都存在內在矛盾和外在衝突。激進主義並不排斥民主，但他們對革命的熱情以及不擇手段，最終將他們推向了反民主的道路。自由主義也不反對革命，但他們對純正民主生活方式的追求，使他們不得不拋棄日漸暴力化的革命，走上了漸進之路。這兩大思想派別在以後的歷史進程中，不斷強化各自的思想定勢，構建各自的意識形態，從而形成了與「五四」既有聯繫，又有區別的兩大傳統：激進主義的革命傳統和自由主義的漸進傳統。

　　五四運動的雙重動力和覆蓋在它之上的雙重色彩，以及與它相聯結的兩大傳統，決定了詮釋這一運動的話語（Discourse）[4]的兩重性，亦即本文所欲提示的「五四話語」的兩重性。

　　激進主義在一浪高過一浪的革命運動中建立了自己的強勢意識形態，它所構築的話語系統因此也成為一套強勢話語。它對五四運動的歷史詮釋從陳獨秀開始，中經瞿秋白、新啟蒙運動，到毛澤東臻於成熟。陳獨秀高揚五四運動的革命精神，瞿秋白突顯俄國十月革命的影響，30年代中期的新啟蒙運動則構築了啟蒙與救亡兩大命題，毛澤東高屋建瓴，對五四運動的性質、意義及其歷史作用做出合乎新民主主義理論的解釋。隨著激進主義對五四運動這一具有關鍵意義的歷史題材的有力闡釋，五四話語權力也漸次被他們所掌控。半個世紀以來，由於馬克思列寧主義成為引導中國知識份子的思想主流，不難想像，進入五四運動這一研究領域的絕大多數學者自然也接受了革命話語的洗禮，在研究思路上表現出與這套話語系統的銜接。

　　自由主義從20年代以後創建《努力》、《現代評論》、《新月》，到30年代創辦《獨立評論》，到40年代後期發刊《觀察》、《世紀評論》、《獨立時論》、《自由中國》等，為追求自己的民主政治理想做出了艱苦的探索，然因種種歷史條件限制，它未能建構起成熟的思想體系，更不用說意識形態。因此，它構築的話語系統也只能說是一種弱勢語言。「五四」時期，胡適發表〈新思潮的意義〉對新文化運動應具的精神氣質和理性選擇做出明確的闡釋，這是一篇綱領性的文獻。1920年「五四」運動一周年之際，胡適和蔣夢麟聯名發表〈我們對於學生的希望〉，他們也是以知識領袖的身份來引導一發不

---

[4]　關於「話語」一詞，（法）福科曾如是解釋：「話語是由符號組成的，但它們所做的要比這些符號所指物來得更多。正是這個更多，使它們不可能歸結為語言和言語，而我們正是要揭示和描寫這個『更多』。」陳曉明根據福科的解釋，認為話語恰恰不是一個單純的語言學概念，它更主要的是一個多元綜合的關於意識形態再生產方式的實踐概念。參見陳曉明：《歷史，話語和主體》，北京：中國社會科學出版社，1994年版，第64頁。我正是從這個意義上提出並使用了「五四話語」這個概念。

可收的學生運動。在 20 年代末的人權論戰中，胡適發表〈新文化運動與國民黨〉一文，更是以歷史見證人的立場對新文化運動的性質做出強有力的說明。從這以後，自由主義似乎感到時代與其闡發的五四傳統愈來愈脫節。到了 30 年代中期，面對一股貶低五四，否定民主的潮流，那些曾在五四運動叱吒風雲的老將 ，除了表示辯駁和不滿，還有一種強烈的無力感。這裏我們不妨舉一些例證，1935 年「五四」過後，胡適就禁不住悲歎：

> 這年頭是「五四運動」最不時髦的年頭。前天五四，除了北京大學依慣例還承認這個北大紀念日之外，全國的人都不注意這個日子了。[5]

1938 年，回歸「五四」民主立場的陳獨秀也頗為憂慮，他說：

> 有人認為「五四」運動時代已經過去了，時代已經走到前面，人們的思想如果還停留在「五四」運動時代，那就未免太落後了。
>
> 這種意見是正確的嗎？要研究「五四」運動時代已經過去，必須要明白「五四」運動時代是什麼一個時代，並且必須具體的指出「五四」運動時代要求的是什麼，現在是否還有這些要求，如此則「五四」運動所代表的時代性，和這一時代現在是否已經過去，便不致閉眼胡說的了。[6]

1943 年，傅斯年為紀念「五四」也寫道：

> 我從來不曾談過「五四」，這有個原故：第一，我也是躬與其事之一人，說來未必被人認為持平；第二，我自感覺「五四」運動只有輪廓而內容空虛，在當年──去現在並不遠──社會上有力人士標榜「五四」時代，我也不願附和。……但，現在

---

[5]　胡適：〈個人自由與社會進步──再談五四運動〉，原載 1935 年 5 月 12 日《獨立評論》第 150 號。又收入《胡適文集》第 11 冊，第 584 頁。

[6]　陳獨秀：〈「五四」運動時代過去了嗎？〉，收入《陳獨秀文章選編》下冊，第 597 頁。

> 局面不同了,「五四」之弱點,報上常有所指責,而社會上有一
> 種心理,即如何忘了「五四」,所以今年頗有意思寫寫當年的事
> 實和情景,以為將來歷史學家的材料。[7]

他們三人言談的基調都包含一種失落感,這表明「五四」思潮已從時代的主流退居邊緣。對於自身與時代關係有脫節感、膈膜感,這是自由主義者在 3、40 年代的共同體認。胡適在 1933 年 12 月 22 日的日記中明白吐露了這種心情,當外人向他介紹受到「普羅」文學影響的作家老舍對「五四」以來中國現代思想的分期觀點,即:(一)浪漫主義時代(五四以後),(二)愛國思想時代(北伐時期),(三)幻滅時代(南京政府成立以後),(四)潛伏思想時代(今日)。他不同意這種分期法,隨即提出:「(一)維多利亞思想時代,從梁任公到《新青年》,多是側重個人的解放。(二)集體主義(Collections)時代,1923 年以後,其淪為民族主義運動,共產革命運動,皆屬於這個反個人主義的傾向。」[8]胡適的這一分期不僅是觀點有別,更重要的是他所依據的標準迥異,即「個人主義」。潛意識中他流露出來的是對大革命以後歷史轉向的不滿,和對「五四」的民主傳統的失落的深深憂慮。

50 年代以後,文化保守主義者借「五四」這一話題不斷攻擊自由主義,逼使胡適從「五四」話語中淡出,他不僅稱「『五四』運動是一場不幸的政治干擾」,「它把一個文化運動轉變成一個政治運動」。而且在一次題為〈中國文藝復興運動〉的演講中,除了披露自己「五四」運動爆發那一天不在北京這一事實外,還表示「我是的確不負領導五四責任的;說是我領導五四的,是沒有根據的。」[9]胡適的談話,除了悄悄地修改自己對五四運動的觀點外,還表明他開始從五四話語中淡出。胡適晚年的這一轉變,一方面是由於臺港的

---

[7] 傅斯年:〈「五四」偶談〉,原載 1943 年 5 月 4 日重慶《中央日報》。

[8] 《胡適的日記》(手稿本)第 11 冊,臺北:遠流出版公司,1990 年 12 月初版。

[9] 〈中國文藝復興運動〉,收入《胡適作品集》第 24 冊,臺北:遠流出版公司,1988 年三版,第 178 頁。

文化氣氛向保守方向的急劇演變和當局對民主訴求的壓制，另一方面也是由於大陸的馬克思主義者支配了「五四」的話語權力。這樣一來，「五四」研究在海峽兩岸一度出現了明顯反差：在大陸，由於強勢意識形態的參與，成為一門「顯學」；在臺港，由於自由主義的淡化和周圍環境的壓制，變成一種禁忌。

革命話語系統對「五四」話語權力的掌控，在文化思想領域產生了兩個消極後果：其一，「五四」傳統內含的豐富性被某種單一的話語所闡釋，其中某些成分和因素，諸如革命、愛國主義、俄國十月革命的影響等，被不成比例地擴大，而另外一些與自由主義相關的思想，如個性主義、思想自由等，則被淡化，甚至忽視了。由此闡釋和助長的「五四」傳統實際上不過是激進主義的革命傳統；其二，絕大多數學者由於接受了革命話語系統的思想薰陶和語言訓練，已形成了一種思維定勢，即習慣於從反帝反封，或啟蒙與救亡的視角透視「五四」運動。因此，如果不改換話語，研究思路很難有所改變。從歷史語言學的角度看，歷史實在、歷史話語、歷史思想三者之間有著密切相關的聯繫。其中歷史語言在表述歷史實在和歷史話語中擔當媒介作用，歷史實在必須通過語言來敘述，歷史思想寓義於歷史話語之中。當人們運用某一理論範式時，除了接受它的方法、觀點的示範作用，還暗示了它的語言的典範性和詞語的關鍵性。由此我們又不難發現，為什麼在相當長一段時間，圍繞五四運動的研究充斥著反帝反封、啟蒙、救亡這些詞彙，歷史語言對一般學者的潛意識影響常常能制約和誘導他們的思維方式。這也就是迄今為止的五四運動研究「山窮水盡」難以突破的深層原因。

二、與革命對話：胡適看五四運動

有關胡適與五四運動的關係以及他在運動中的表現，已有論者作了詳盡的研究，[10]我在《自由主義之累》一書中也涉及這一問題。[11]比

---

[10] 參見耿雲志：〈胡適與五四時期的新文化運動〉，張昌熙、史若平：〈論五四新

較一致的看法是，胡適是新文化運動的領袖人物，但並不是「五四」事件的策動者，他在「五四」發生以後，對學生運動持支持和贊助的態度，這是有據可查的事實。現在的問題是，胡適在以後的歷史時期如何解釋這場運動？大體來說，胡適對五四運動的看法可分為三個階段，每一階段的關注焦點略有差異，從其微妙的變化中我們可以看出他思想重心的變遷和轉移。

第一階段從「五四」運動以後到「五卅」運動，這時期學生運動接連不斷，革命風潮洶湧澎湃，胡適關注的主題自然是學生運動與政治的關係。1920 年「五四」一周年之際，胡適與蔣夢麟聯名發表〈我們對於學生的希望〉一文，一方面肯定「五四」運動以後一年來學生運動的五大成績，即「引起學生的自動的精神」；「引起學生對於社會國家的興趣」；「引出學生的作文演說能力，組織的能力，辦事的能力」；「使學生增加團體生活的經驗」；「引起許多學生求知識的慾望」。並為學生運動辯護道：「在變態的社會國家裏，政府太卑劣腐敗了，國民又沒有正式的糾正機關（如代表民意的國會之類），那時候干預政治的運動，一定是從青年的學生界發生的。漢末的太學生，宋代的太學生，明末的結社，戊戌政變以前的公車上書，辛亥以前的留學生革命黨，俄國從前的革命黨，德國革命前的學生運動，印度和朝鮮現在的獨立運動，中國去年的『五四』運動與『六三』運動，都是同一個道理，都是有發生的理由的。」另一方面，也誠懇地指出，學生運動「是非常的事，是變態的社會裏不得已的事，但是他又是很不經濟的不幸事」。罷課在精神上的損失包括：「（一）養成倚賴群眾的惡心理」，「（二）養成翹課的惡習慣」，「（三）養成無意識的行為的惡習慣」。因此，胡、蔣兩人對於學生的希望「從

文學運動中胡適的歷史作用〉，胡曲園：〈論五四運動時期的胡適〉，三文均收入《紀念五四運動六十周年學術討論會論文選》（二），北京：中國社會科學出版社，1980 年版。

[11] 參見歐陽哲生：《自由主義之累──胡適思想之現代闡釋》，南昌：江西教育出版社，2003 年 7 月版，第 83-86 頁。

今以後要注意課堂裏，自修室裏，操場上，課餘時間裏的學生活動。只有這種學生活動是能持久又最有功效的學生運動。」[12]

1921 年 5 月 2 日，胡適為紀念「五四」兩周年，又發表了〈黃梨洲論學生運動〉一文，文中介紹了明末思想家黃宗羲對學生起事的看法，特別提到「理想的學校應該是一個造成天下公是公非的所在」。表示「我的意思只是因為黃梨洲少年時自己也曾做過一番轟轟烈烈的學生運動，他著書的時候已是近六十歲的人了，他不但不懺悔他少年時代的學生運動，他反正正經經的說這種活動是『三代遺風』，是保國的上策，是謀政治清明的唯一方法！這樣一個人的這番議論，在我們今日這樣的時代，難道沒有供我們紀念的價值嗎？」[13]顯然，這篇文章是胡適借黃宗羲的觀點為學生運動辯護。

1925 年 5 月爆發了「五卅」運動，學潮又起。面對風起雲湧的學生運動，胡適又寫下了〈愛國運動與求學〉一文，文中特別提到「我們觀察這七年來的『學潮』，不能不算民國 8 年的『五四』事件與今年的五卅事件為最有價值。這兩次都不是有什麼作用，事前預備好了然後發動的；這兩次都只是一般青年學生的愛國血誠，遇著國家的大恥辱，自然爆發；純然是爛漫的天真，不顧利害地幹將去，這種『無所為而為』的表示是真實的，可愛敬的。許多學生都是不願意犧牲求學的時間的；只因為臨時發生的問題太大了，刺激太強烈了，愛國的感情一時迸發，所以什麼都顧不得了。」在肯定學生的愛國熱情的前提下，又指出「但群眾運動總是不能持久的」，「所謂『民氣』，所謂『群眾運動』，都只是一時的大問題刺激起來的一種感情上的反應」。因此：

> 我們要為全國學生下一轉語：救國事業更非短時間所能解決：帝國主義不是赤手空拳打得倒的；「英日強盜」也不是幾千萬人的喊聲咒得死的。救國是一件頂大的事業：排隊遊行，

---

[12] 胡適、蔣夢麟：〈我們對於學生的希望〉，原載 1920 年 5 月《新教育》第 2 卷第 5 期。又收入《胡適文集》第 11 冊，第 47-49 頁。

[13] 〈黃梨洲論學生運動〉，《胡適文集》第 3 冊，第 319-321 頁。

> 高喊著:「打倒英日強盜」,算不得救國事業;甚至於蹈海投江,
> 殺身殉國,都算不得救國事業。救國的事業須要有各色各樣的
> 人才;真正的救國的預備在於把自己造成一個有用的人才。[14]

由上觀之,這時期胡適對五四運動主要是從狹義的角度去闡釋。他對學生運動的觀點可歸納為兩點:一是肯定學生主持社會正義的熱情和學生運動的愛國性質,鼓勵學生有效地參與社會政治事務;這與胡適本人對政治的態度是一致的。他對政治有一種「不感興趣的興趣」,他受杜威的影響,認為知識份子對社會政治應有責任感,事實上胡適本人創辦《努力》,為《現代評論》寫政論,宣傳杜威的社會政治學說,也是希望在這方面有所作為。二是他對學生運動的發生和規模也作了有條件的限制,他不希望濫用學生運動這種「很不經濟的事」。這又與他對學生運動干預政治,政治反過來又操縱利用學生的循環有所警覺。蔣夢麟曾在《西潮》一書中回憶起 20 年代的學生運動,提到學生因「五四」運動的成功而漸漸失去理性的控制,濫用罷課這種極端的手段,不但向政府、外國列強示威,而且拿學校管理部門和教師「作為戰鬥的對象」[15]這自然影響了學校的正常教學秩序。當時,部分在學校任職的自由主義知識份子對此感到不滿,蔡元培、蔣夢麟、胡適等人都曾出面疏導。胡適對學生運動的這種矛盾態度使他對「五四」運動的積極意義只能作有條件的發揮和說明。

第二階段從 1920 年代末到 1930 年代中期。1927 年,國民黨借國民革命之力建立了新的政權,但它上臺後,就對異己力量表現出極不容忍的態度,名義上藉口實行所謂「訓政」,實則是一黨專政。無論是以新文化運動領袖的資格,還是從自由主義的立場出發,胡適都無法接受這種以「革命」名義出現的新式獨裁,他先後創辦《新月》、《獨立評論》,倡言人權、民主和思想自由,並就新文化運動和五四運動的性質、意義重新做出創獲性的解釋。

---

[14] 胡適:〈愛國運動與求學〉,原載 1925 年 9 月 5 日《現代評論》第 4 卷第 39 期。又收入《胡適文集》第 4 冊,第 628-629 頁。

[15] 參見蔣夢麟:《西潮 新潮》,長沙:嶽麓書社,2000 年 9 月版,第 131-138 頁。

　　1929 年 10 月，胡適發表〈新文化運動與國民黨〉一文，文中就新文化運動提出了兩個重要論點：一是「新文化運動的一件大事業就是思想的解放。我們當日批評孔孟，彈劾程朱，否認上帝，為的是要打倒一尊的門戶，解放中國的思想，提倡懷疑的態度和批評的精神而已。但共產黨和國民黨合作的結果，造成了一個絕對專制的局面，思想言論完全失去了自由。」[16]對大革命以後上升為主流的革命話語公開提出批評。二是「新文化運動的根本意義是承認中國舊文化不適應於現代的環境，而提倡充分接受世界的新文化」，「新文化運動的大貢獻在於指出歐洲的新文明不但是物質文明比我們中國高明，連思想學術、文學藝術、風俗道德都比我們高明得多。陳獨秀先生曾指出新文化運動只是擁護兩位先生，一位是賽先生（科學），一位是德先生（民主）。吳稚暉先生後來加上一位穆拉爾姑娘（道德）。」而具有「極端民族主義傾向」的國民黨自始便含有保守的性質，便含有擁護傳統文化的成分。「因為國民黨本身含有這保守性質，故起來了一些保守的理論，這種理論便是後來當國的種種反動行為和反動思想的根據了。」[17]對國民黨在文化領域慫恿保守的民族主義思潮給予了批駁和反擊。

　　1935 年 5 月，為紀念被時人冷淡的「五四」，胡適接連發表了〈紀念「五四」〉和〈個人自由與社會進步——再談五四運動〉兩文。在〈紀念「五四」〉一文中，他回顧了「五四」運動的經過，對新文化運動如何由文化思想層面衍及政治層面的原初動力作了解釋，特別提到蔡元培先生於 1918 年 11 月在北京天安門所作《黑暗與光明的消長》的演說和第一次世界大戰後美國總統威爾遜提出的「十四原則」對中國知識份子的鼓勵和引導作用。愛國青年學生「他們赤手空拳的做出一個壯烈的愛國運動，替國家民族爭回了不少的權利。因為如果沒有他們的『五四運動』，我們的代表團必然要簽字的。簽了字，我們後來就不配再說話了。」文後贊成孫中山先生對「五四」

---

[16] 胡適：〈新文化運動與國民黨〉，原載 1929 年 9 月 10 日《新月》第 2 卷第 6、7 號合刊。又收入《胡適文集》第 5 冊，第 579 頁。
[17] 胡適：〈新文化運動與國民黨〉，原載 1929 年 9 月 10 日《新月》第 2 卷第 6、7 號合刊。又收入《胡適文集》第 5 冊，第 581 頁。

運動的評價，結語說：「我們在這紀念『五四』的日子，不可不細細
想想今日是否還是『必有賴於思想的變化』，因為當年若沒有思想的
變化，決不會有『五四運動』。」[18]

在〈個人自由與社會進步〉一文中，胡適除了再一次回顧「五
四」運動的來龍去脈及其歷史意義外，又就自由主義與五四運動的
關係作了說明。該文以張熙若先生紀念「五四」的一篇文章〈國民
人格之修養〉為引言，張從廣義的角度理解五四運動。他認為「五
四」運動的意義是思想解放，思想解放使得個人解放，個人解放產
出的政治哲學是所謂個人主義的政治哲學。他充分承認個人主義在
理論上和事實上都有缺點和流弊，尤其在經濟方面。但他指出個人
主義有它的優點：最基本的是承認個人是一切社會組織的來源。他
又指出個人主義的政治理論的神髓是承認個人的思想自由和言論自
由。對張的這些觀點，胡適「大致贊同」。並點明張所謂「個人主義」
其實就是「自由主義」。胡適重申：

> 我們在民國8、9年之間，就感覺到當時的「新思潮」、「新
> 文化」、「新生活」有仔細說明意義的必要。無疑的，民國六、
> 七年北京大學所提倡的新運動，無論形式上如何五花八門，
> 意義上只是思想的解放與個人的解放。

伴隨蘇聯社會主義制度的出現以及社會主義思潮流入中國，知識界
出現了一股強勁的否定個人主義的潮流，對此胡適反駁道：

> 平心說來，這種批評是不公道的，是根據於一種誤解的。
> 他們說個人主義的人生觀是資本主義社會的人生觀。這是濫
> 用名詞的大笑話。難道在社會主義的國家裏就可以不用充分發
> 展個人的才能嗎？難道社會主義的國家裏就用不著有獨立自
> 由思想的個人了嗎？難道當時辛苦奮鬥創立社會主義共產主
> 義的仁人志士都是資本主義社會的奴才嗎？

---

[18] 胡適：〈紀念「五四」〉，原載1935年4月29日《獨立評論》第149號。《胡
適文集》第11冊，第580頁。

他重提「五四」時期在〈易卜生主義〉一文中說過的一句老話：「一個新社會、新國家，總是一些愛自由愛真理的人造成的。」[19]在這篇文字中，胡適還進一步梳理了五四運動與「民國十五、十六年的國民革命運動」的區別至少有兩點：「一是蘇聯輸入的黨紀律，一是那幾年的極端民族主義。」「蘇聯輸入的鐵紀律含有絕大的『不容忍』（Intoleration）的態度，不容許異己的思想，這種態度是和我們五四前後提倡的自由主義很相反的。」「五四」運動雖然是一個很純粹的愛國運動，但當時的文藝思想運動卻不是狹義的民族主義運動。蔡元培先生的教育主張是顯然帶有『世界觀』的色彩。《新青年》的同人也都很嚴屬的批評指斥中國舊文化。」但中山先生晚年屢次說起鮑洛庭同志勸他特別注重民族主義的策略，而民國十四、十五年的遠東局勢又逼我們中國人不得不走上民族主義的路。十四年到十六年的國民革命的大勝利，不能不說是民族主義的旗幟的大成功。」據此，胡適認定，「十五、十六年的國民革命運動，是不完全和五四運動同一個方向的。」[20]

從胡適這一階段的文字中可以看出一個明顯的思想傾向，他將五四運動注入了強烈的自由主義色彩，並與後此的「國民革命」和國民黨新政權加以區分，強調它們之間的對立。而隱含在這些觀點之後，胡適實際上設定了對話對象——革命話語系統。他批評「鐵的紀律」，提倡思想自由；反對狹隘的民族主義，主張面向世界的開放意識，都是為了與革命話語爭奪話語權力。職是之故，胡適對新文化運動也好，「五四」運動也罷，都作了充分肯定。

第三階段是 1950 年代以後，此時大陸政權更替，毛澤東從建構新的意識形態出發，組織了「胡適大批判」運動，許多知識份子紛紛與胡適劃清界限；國民黨政權退居臺灣後，對自由主義者也是或公開打壓，或幕後慝恚攻訐，雙方的矛盾愈演愈烈。面對自由主義不得伸展的困境，胡適重新反省五四運動。

---

[19] 胡適：〈個人自由與社會進步——再談五四運動〉，原載 1935 年 5 月 12 日《獨立評論》第 150 號。《胡適文集》第 11 冊，第 584-586 頁。

[20] 胡適：〈個人自由與社會進步——再談五四運動〉，原載 1935 年 5 月 12 日《獨立評論》第 150 號。《胡適文集》第 11 冊，第 586-588 頁。

　　胡適晚年在口述自傳中用整整三章的篇幅敘述新文化運動和「五四」運動的歷史。與前兩個階段不同，在這裏他將新文化運動與「五四」運動區別開來。關於新文化運動，胡適給其一個特定名稱——「中國文藝復興運動」。這個名稱並非胡適的發明，「五四」時期北大學生創辦的《新潮》雜誌的英文刊名即為「*Renaissance*」（文藝復興），1933 年胡適在美國芝加哥大學演講介紹新文化運動，他使用的英文題目也是「*The Chinese Renaissance*」（中國文藝復興運動），他晚年之所以特別強調使用這個名稱，除了英文敘述的方便外，還有其特殊的意義：其一，人們通常理解新文化運動，受激進主義的反傳統主義影響，往往容易強調其與中國傳統文化對立的一面，忽略其與歷史聯繫的一面。胡適使用這一詞彙，是為便於從中國人文傳統自身演變的視角理解新文化運動，這一點在他以〈中國文藝復興運動〉、〈中國傳統與將來〉為題的兩次演講中得以充分展現。其二，人們往往局限從政治文化的角度理解新文化運動的意義，結果導致一種新的意識形態的重構，這與新文化運動的初衷並不相符。胡適指出它的深層意義是追尋人文主義、人道主義、人本主義，故他重申新文學是「人的文學」、「自由的文學」。其三，新文化運動在其發展過程中，陳獨秀「以吾輩所主張者為絕對之是」，胡適以為這種「啟蒙的敲詐」是激進主義那種極不容忍的革命精神的典型表現，他堅持自己當初的主張，即新文化的發展只能是自由討論，循序漸進。因而他力避使用為法國大革命開路的「啟蒙運動」這一詞眼，後者更具有革命的氣質。關於「五四」運動，胡適雖然肯定了「這項學生自發的愛國運動的成功」完成了兩項偉大的政治收穫，但以他所說的「中國文藝復興運動」這個文化運動的觀點來看，「實是這整個文化運動中的，一項歷史性的政治干擾。它把一個文化運動轉變成一個政治運動。」[21]胡適第一次公開提及「五四」時期他與李大釗之間的「問題與主義」之爭，是他與馬克思主義者衝突的「第一

21　參見唐德剛譯注：《胡適口述自傳》第九章〈五四運動——一場不幸的政治干擾〉，收入《胡適文集》第 1 冊，第 352 頁。

個回合」。他解釋說：李大釗「所說的一個社會的解決必須依賴該特殊社會裏的大多數人民所支援的群眾運動，所以他是從一個革命家，一個社會革命的信徒的立場出發的。」[22]與他所考慮的「主義」這個問題並不相干。胡適還談及「五四」時期提出的「民主」與「科學」兩大口號，他對從蘇俄輸入的新式「民主」不以為然，認為民主在中國被人曲解，因此他又特加說明「民主是一種生活方式，是一種習慣性的行為。科學則是一種思想和知識的法則。科學和民主兩者都牽涉到一種心理狀態和一種行為的習慣，一種生活方式。」[23]他從中國文化史的範疇論述了科學精神和科學法則的真實內涵。在〈中國文化裏的自由傳統〉、〈中國古代政治思想史的一個新看法〉、〈中國哲學精神裏的科學精神與科學方法〉等文中，他甚至試圖說明中國人文傳統與現代意義的民主、科學並不衝突。[24]

胡適晚年在他的演講和政論中一再重複、說明上述論點，其言至誠，其語則哀。由於它是在自由主義退處邊緣以後發出的一種爭辯，當時產生的影響力已極為有限。它內含的思想價值和合理內核，也只能留待後人去挖掘和評估。

綜上所述，胡適對五四運動在不同階段透視的側重面不同，陳述的觀點也略有差異，但貫穿於其中的基本立場並沒改變，這就是自由主義的立場。同時，從胡適的觀點表述中，我們可以看出，他都設置了一個或明或暗的對話對象——革命話語系統。這與他在其他文化論戰的主要對象似有差異，他在文化方面的論敵主要是文化保守主義，後者建構了一個反五四話語系統。保守主義雖在文化方面仍有一定市場，但政治上卻失去了感召力。在現代中國，政治上真正得勢的是激進主義，隨之出現的革命話語也成為一種更具誘惑

---

[22] 參見唐德剛譯注：《胡適口述自傳》第九章〈五四運動——一場不幸的政治干擾〉，《胡適文集》第 1 冊，第 361 頁。

[23] 參見唐德剛譯注：《胡適口述自傳》第九章〈五四運動——一場不幸的政治干擾〉，《胡適文集》第 1 冊，第 356 頁。

[24] 有關這方面的論述，參見拙作《自由主義之累》，南昌：江西教育出版社，2003年 7 月出版，第 377-387 頁。

力的話語。因此,由於「五四」運動本身就是一次政治運動,新文化運動也有其政治文化的內容,五四運動這一歷史題材所具備的政治意義就不顯自明了。胡適把革命話語作為自己的對話對象的理由也在此。革命話語系統在大革命以後上升為主流地位,成為一種強勢話語。它不但不否定五四,反而強化五四運動的革命性色彩。對此,胡適始終存有一種戒慎謹懼的心理。他理解「五四」,也認同「五四」,但他深知如不把「五四」的意義從理性化的角度加以適當的解釋,對新文化運動的歷史意義和真實內涵予以深刻挖掘,五四運動的內在局限就會放大,它本應有的歷史里程碑意義也終將喪失。正因為如此,胡適才不得不一次又一次就五四運動的現代意義做出詮釋。

三、從胡適的敘事方式看自由主義的話語特點

胡適對五四運動的歷史詮釋,是自由主義漸進話語系統的一個典型文本(Text)。通過對這個文本的敘事方式的解剖,我們可以瞭解自由主義的漸進話語系統有別於激進主義的革命話語系統的基本特點。

首先是幽暗意識。張灝先生曾在〈幽暗意識與民主傳統〉一文中對幽暗意識與自由主義的關係作過精闢論述:

> 所謂幽暗意識是發自對人性中或宇宙中與始俱來的種種黑暗勢力的正視和省悟:因為這些黑暗勢力根深蒂固,這個世界才有缺陷,才不能圓滿,而人的生命才有種種的醜惡、種種的遺憾。
>
> (自由主義)珍視人類的個人尊嚴,堅信自由與人權是人類社會不可或缺的價值。但它同時也正視人的罪惡性和墮落性,從而對人性的瞭解蘊有極深的幽暗意識。因此這種自由主義對人類的未來是抱持著希望的,但這希望並不流於無限的樂觀和自信。它是一種充滿了「戒慎恐懼」的希望。這種把對人類的希望和幽暗意識結合起來的自由主義,並不代

表西方自由主義的全貌，但從今天看來，卻是最有意義、最經得起歷史考驗的一面。[25]

從這個意義上，英國首相邱吉爾曾說過一句政治名言：「民主是一種最壞的制度，但是今天還沒有更好的制度，所以我選擇了民主。」

不管是從廣義的角度，還是從狹義的角度，去理解五四運動，它都包含了複雜的，甚至相互矛盾的因素，其中的局限自然也不可避免。五四運動本身內在的這一複雜情形，決定了闡釋它的話語的多樣性。激進主義可以緊扣「五四」特有的反叛精神，構造自己的革命話語；民族主義可以利用它高漲的愛國情緒，為推動新的民族主義運動提供思想資源；自由主義自然也可以表現它的自由、解放精神，形成自己的具有民主氣質的漸進話語系統；保守主義則抓住其某些對民族文化的虛無主義言詞和推崇西方文化的形式主義傾向，製造了一個反五四話語系統。五四運動作為一場意義廣泛、內涵豐富的偉大運動，有如一個結，此前的歷史傳統在這裏被收攏，此後的思想流派則由此發源。以五四運動為源頭的各大思想流派在構建自己的「五四」話語中，都與現實的社會政治鬥爭，文化思想爭辯交織在一起，因而所謂「五四」話語和「五四」傳統不僅是對歷史的敘述，而且參與現實的實踐。面對「五四」話語的這種複雜情形，胡適潛意識中有一種「戒慎恐懼」的心理。他一方面希望繼承五四運動的自由、解放精神，一方面又憂慮青年學生的政治熱情氾濫，形成一種「不容忍」的革命浪潮；他肯定「五四」運動的愛國性質，讚揚學生的愛國激情，但又害怕學生的愛國熱情膨脹，成為新的排外主義運動或狹隘的民族主義運動的思想資源；從他最初對學生運動提出理性化的要求，到他強調五四運動的自由主義性質，再到他晚年反省「五四」運動，稱它是「一項不幸的政治干擾」；我們可以看出，胡適始終將五四運動作低調處理。這與激進主義的革命話語的高調處理形成對比。陳獨秀盛讚「五四」運動的「直接行

[25] 張灝：《幽暗意識與民主傳統》，臺北：聯經出版事業公司，1990 年 3 月版，第 3-4 頁。

動」和「犧牲的精神」[26]毛澤東高度評價五四運動「在於它帶著辛亥革命還不曾有的姿態，這就是徹底地不妥協地反帝國主義和徹底地不妥協地反封建主義」，「五四運動是在思想上和幹部上準備了一九二一年中國共產黨的成立，又準備了五卅運動和北伐戰爭。」[27]

革命話語對五四運動的反叛精神和革命性的極度讚揚，實際上是強化新舊之間的矛盾，突顯革命的價值和意義，從而將歷史導向革命之路。作為革命話語的必要環節，就是構造一種崇拜革命的氛圍，它不僅使任何對革命的異議都將因「反革命」之名被拒斥、貶責，甚至清洗；而且形成一種革命不會錯的心理習慣和思維定勢，以至接受革命話語的人都把革命當作宗教一般來崇拜，來信仰。在革命話語系統裏一再出現和氾濫的「極左」思潮，說穿了就是這種心理習慣和思維定勢的必然表現。

應當說明的是，在對五四運動的兩種處理之間，還隱含一個重要區別：對五四運動的高調處理表面上看去是對評價對象的高度讚賞，實際上是暗示了其結論的不可更改性和完整意義，因而很難再對其做出修正。當80年代大陸某些學者重新反省五四運動，認為「五四」以後出現了所謂「救亡」壓倒「啟蒙」的局面，他們就不得不面臨改換話語的選擇。否則，他們的探討就會因受制於革命話語的內在限制而失去其突破的意義。對五四運動的低調處理，給人們反省五四留下了討論的餘地，同時也給五四傳統的延伸留下了極大的空間。從這裏也可看出兩大話語系統的思維方式的區別。

二是自由意識。胡適闡釋五四運動始終取自由主義立場，他對運動的認同和肯定主要也是個性解放、思想自由。胡適不可更改的立場，使他不願也不贊成對五四運動作它種處理。當張熙若這樣一位自由主義學者，由於不自覺地受到三民主義的影響，將五四運動

---

[26] 陳獨秀：〈五四運動的精神是什麼？〉，原載1920年4月20日《時事新報》。又收入《陳獨秀文章選編》上冊，第518頁。

[27] 毛澤東：〈新民主主義論〉，《毛澤東選集》第2卷，北京：人民出版社，1991年6月版，第699-700頁。

與後來的「國民革命」相提並論時，胡適立即表示了反感和否認，指出兩者之間的兩點區別。

通讀胡適有關五四運動的論述，可以發現他所使用的語彙與革命話語確有分歧。胡適在描述新文化運動時，儘管他力持以新文化反對舊文化的態度，但他絕口不提新文化運動是一次啟蒙運動，他喜歡採用另一個名稱：中國文藝復興運動。胡適敘述「五四」運動，儘管他肯定這是一次青年學生的愛國運動，但他從不形容其為「救亡運動」。胡適是一個自由主義者，對民主政治由衷地追崇，但他從不認為新文化運動或「五四」運動屬於「民主主義革命」的範疇，他對運動的性質作了嚴格的限制：思想自由，個人主義。

「啟蒙」、「救亡」、「民主主義革命」這些語彙都是伴隨激進主義的革命話語系統的形成和逐漸成熟所出現的一套語彙。這套語彙和與之相關的理論表述在1930年代中期的新啟蒙運動中得到較為系統的展現。[28]這套語彙的形成與當時的語境（即30年代的歷史情境）密切相關。張申府、陳伯達、艾思奇、何干之等是新啟蒙運動的主要理論發言人。他們的理論研究，尤其是陳伯達和艾思奇兩位的著作，對毛澤東有很大的影響，毛澤東在3、40年代有關五四運動的論述基本上沿承了他們的觀點。從這個意義上說，新啟蒙運動是革命話語系統的「五四」文本之形成的重要基礎。如果要研究革命話語的五四運動史的話，陳獨秀不過是最初的環節，新啟蒙運動處於更為關鍵的地位。

三是開放意識。「五四」運動是一次愛國運動，但胡適沒有局限於從民族主義的角度來理解它。在考察「五四」事件的歷史背景時，胡適特別指出第一次世界大戰以後出現的新形勢對中國知識份子的鼓動作用。在引申近代民族主義典範時，他喜歡徵引德國學者費希

---

[28] 有關這方面的文獻參見陳伯達：〈論新啟蒙運動〉，載1936年10月1日《新世紀》第1卷第2期；〈我們還需要「德賽」二先生〉，載1936年11月17日《時代文化》創刊號。收入《在文化陣線上》；艾思奇：〈中國目前的新文化運動〉，載1936年10月11日《生活星期刊》第1卷第10號；艾思奇：〈啟蒙運動和中國的自覺運動〉，載1937年3月12日《文化食糧》創刊號。

特創辦柏林大學，發表《告德意志民族書》的事例，而對義和團式的排外則持拒斥的態度。

國民黨的「黨化教育」的主要內容是三民主義。三民主義的第一項主張就是民族主義。在〈新文化運動與國民黨〉一文中，胡適回顧了近代中國民族主義的發展，對國民黨三民主義中保守的一面提出了尖銳的批評。他說：

> 中國的民族主義的運動所以含有誇大舊文化和反抗新文化的態度，其根本原因也是因為在外力壓迫之下，總有點不甘心承認這種外力背後的文化。這裏面含有很強的感情作用，故偏向理智的新文化運動往往抵不住這種感情的保守態度。國民黨裏便含有這種根據於民族感情的保守態度，這是不可諱也不必諱的事實。國民黨的力量在此，他的弱點也在此。[29]

孫中山先生本來是一個基督徒，是一位世界主義者。「但他的民族思想很強，到了晚年更認定民族主義是俄國革命成功的要素，故在他的《三民主義》第四、第六講裏很有許多誇大中國古文化的話。」不料孫中山先生當時隨便說出的話，包括一些批評新文化運動的議論，後來被人整理成為國民黨的「聖經」，結果「這種一時的議論便很可以助長頑固思想，養成誇大狂的心理，而阻礙新思想的傳播。」[30]

民族主義畢竟是近代中國救國強國不可或缺的思想資源。如何從現代意義的高度去昇華民族主義，這是務必思考和解決的問題。胡適區分了民族主義的三種形式：「最淺的是排外，其次是擁護本國固有的文化，最高又最艱難的是努力建立一個民族的國家。因為最後一步是最艱難的，所以一切民族主義運動往往最容易先走上前面的兩步。」[31]「五四」運動的現代意義在於它不是重複傳統的排外主義，而是重建一個現代的民族國家。胡適還特別點明大革命的民族

---

[29] 〈新文化運動與國民黨〉，《胡適文集》第 5 冊，第 581 頁。
[30] 〈新文化運動與國民黨〉，《胡適文集》第 5 冊，第 582-583 頁。
[31] 〈個人自由與社會進步——再談五四運動〉，《胡適文集》第 11 冊，第 587-588 頁。

主義性質，指出「濟南慘案以後，九一八以後，極端的叫囂的排外主義稍稍減低了，然而擁護舊文化的喊聲又四面八方的熱鬧起來了。這裏面容易包藏守舊開倒車的趨勢，所以也是很不幸的。」[32]從胡適的這些議論中，可以看出他並不反對民族主義，但他對狹隘的排外主義卻保持警醒的態度。

胡適對五四運動的歷史詮釋所呈現的上述特點，使其形成了一套與激進主義相別的話語系統。但從另一方面看，自由主義的五四話語並不成熟。在現代中國，自由主義對自由與秩序關係欠缺有力的闡釋，它與民族主義始終存在一種內在緊張，這在一個外有列強壓迫，內又渴望國家強大的時代來說，不能不說是自由主義的內在限制。以胡適的五四話語為例，他雖然突顯了思想自由的現代意義，但卻忽略了政治啟蒙的社會功用，以至具有社會政治意義的自由、民主等範疇，在文化、思想以外的領域，得不到廣泛的認同。五四運動是一次空前的民族覺悟，胡適對其中所包含的豐富的民族主義資源不僅未能加以開掘和利用，反而嚴加限制，這實際上只能讓其流失到激進主義的洶濤駭浪中去。自由主義的這些弱點，後來被激進主義毫不猶豫的利用了，這也可以說是自由主義的五四話語處於弱勢話語的一個重要原因。

20世紀80年代，在大陸學術界研究五四運動史的過程中，曾經流行一種觀點：即「五四」以後出現了「救亡壓倒啟蒙」的情勢，或者直白地說是反帝代替了反封。[33]這種觀點一方面力圖在可能的範圍內揭示激進主義的五四傳統的內在局限，一方面在學術語言上又表現出與革命話語相銜接的矛盾。現在，這個問題的癥結終於得以

---

[32] 〈個人自由與社會進步——再談五四運動〉，《胡適文集》第11冊，第588頁。

[33] 人們在評述這一觀點時，常常喜歡以李澤厚為代表，尤其在九十年代初，參見李澤厚：〈啟蒙與救亡的雙重變奏〉，收入《中國現代思想史論》，北京：東方出版社，1987年6月版，第25-41頁。但這種觀點實際上在1979年紀念五四運動六十周年學術討論會上已經漸具雛形，當時許多論者一方面肯定五四運動的民主、科學思潮和個性解放的積極意義，一方面則以為這種五四精神後來未被承續，以至出現了像林彪、「四人幫」這樣的封建專制主義在「文革」時期的復辟。

解開。如我們對五四話語的構成作全面分析，顯而易見，自由主義的漸進話語也構成五四話語系統的一部分。現代中國歷史的實際情形是激進主義的革命話語系統上升為主流地位，從而排擠甚至是吞噬了包括自由主義在內的其他流派。一邊倒的情形不僅使各大流派之間的文化制衡格局被破壞，而且使革命話語本身也失去了理性的控制。因此所謂「救亡壓倒啟蒙」與其說是「五四」運動所致，不如說是革命話語系統內部出現的一種偏頗。從這個意義上說，站在今天的歷史高度重新反省五四運動，除了對五四運動本身應作歷史的客觀敘述外，更重要的是對鋪蓋在五四運動之上的話語系統予以細緻的清理。撥開歷史的迷霧，消除以往激進主義話語的偏見，對包括自由主義在內的五四話語的合理內核予以開掘和闡釋。如此，以民主科學為內涵的「五四」傳統才會真正發揚光大。

本文為 1995 年 5 月提交在華東師範大學舉行的「胡適與中國新文化」國際學術研討會的論文，原載《胡適研究叢刊》第二輯，北京：中國青年出版社，1996 年 12 月版。

被解釋的傳統
——五四話語在現代中國

　　20 世紀是中國人的一個革命性的世紀。在這個世紀，中國發生了翻天覆地的巨變。從觀念形態說，對中國人影響最大的莫過於五四運動和新時期思想解放運動這兩個環節。五四運動[1]所表現出對傳統價值重估的氣概和對西方近世文明充分吸納的開放精神，對培養中國人的革命精神和世界意識，對改變中國的政治文化格局，起了巨大的作用。五四運動與前此的辛亥革命一樣，已成為中國政治、文化從傳統向現代轉型的界碑。

　　五四運動作為新文化崛起的一個標誌，80 多年來卻是人們長久爭議的話題。五四運動是各種力量合力推動的一場運動，這就決定了對它解釋的多元性；五四運動不僅是一場文化運動，還包含著濃厚的政治色彩，這決定了它內容的豐富性。五四運動作為一場對傳統價值顛覆性的運動，有著傳統情結的人詛咒它；五四運動作為新文化的雛形，表現了極大的粗糙，新文化的後進自然不滿足於它。五四運動隨著對它闡釋的話語不斷擴充，漸次形成了一種「五四崇拜」或反「五四崇拜」。五四話語的複雜性在於它本身內容的多元性、豐富性。傳統是被解釋的傳統，五四傳統在連綿不斷的詮釋中逐漸形成，並成為現代中國政治文化的主流選擇，同時亦引起內外的爭議和挑戰。

　　對於五四運動的歷史解釋，在相當長一段時間，具有現實的、學術的雙重意義。從現實意義來看，它與中國現代政治風雲變幻密

---

[1]　關於五四運動的含義有廣、狹兩種之分，這裏使用這一語彙是從廣義的角度來探討。有關這方面的討論參見周策縱：《五四運動史》第一章〈導言〉「一、『五四運動』的定義」，長沙：嶽麓書社，1996 年 12 月初版，第 1-7 頁。

切相關，並對各種選擇構成制導作用，因而圍繞五四傳統、五四精神的闡釋和爭議，本身就是政治、文化霸權爭奪戰的一環。從學術意義來看，它成為測量中國知識界對一些具有關鍵性意義的現代思想命題，如傳統、現代性、革命、民族主義、民主、個人主義、人權、科學、世界主義等等認識深度的重要尺度，是中國人文學者對政治文化前途戰略思考不可回避的歷史文化內容。學術與現實聯繫在一起，它反映了我們對現實的清醒與對未來的清晰，反映了中國的學力。

圍繞五四運動的歷史研究文獻已是汗牛充棟。這裏我想提到一些與本文視角相關的已有研究成果：周策縱先生《五四運動史》一書的最後一章〈對五四運動的各種闡釋和評價〉，他是按自由主義、保守的民族主義、共產黨人這三個系統來展開他的論述。[2]周先生的這種「類」型分法一直為後來的研究者所沿用。舒衡哲的《中國的啟蒙運動——知識份子與五四遺產》一書，主要討論五四以後 2、30 年代知識份子對五四的記憶、闡釋和評價，[3]其中她對啟蒙與救國、啟蒙與知識份子、後政治啟蒙等問題的思考有一定深度。筆者本人 1995 年發表的〈自由主義與五四傳統——胡適對五四運動的歷史詮釋〉，此文以胡適為例證，論述了自由主義對五四運動的歷史闡釋及其特點。[4]余英時先生 1999 年發表的〈文藝復興乎？啟蒙運動乎？——一個史學家對五四運動的反思〉，[5]其中提到胡適對五四運動的解釋是從文藝復興運動的立場出發，把五四運動解釋為啟蒙運動是與中國馬克思主義的努力密切相關，這一觀點實際上與拙作異曲同工。

五四以來中國思想流派的發展經歷了一個從形成到逐漸成熟的過程。在相當長一段時間，各個流派的思想個性並不突顯，反映在「五

[2] 參見周策縱：《五四運動史》第十四章〈結論：各種各樣的闡釋和評價〉，長沙：嶽麓書社，1996 年 12 月初版，第 476-515 頁。

[3] Vera Schwarcz, *The Chinese Enlightenment*, Berkeley and LosAngeles : University of California Press, 1985. 中譯本參見（美）微拉坂・施瓦支著、李國輝等譯：《中國的啟蒙運動——知識份子與五四遺產》，太原：山西人民出版社，1989 年初版。

[4] 歐陽哲生：〈自由主義與五四傳統——胡適對五四運動的歷史詮釋〉，收入《胡適研究叢刊》第 2 輯，北京：中國青年出版社，1996 年。

[5] 此文收入《五四新論》，臺北：聯經出版事業公司，1999 年初版，第 1-31 頁。

四話語」這個問題上的敘述語言，也從當初的不確定性，或某些個性的突顯發展到後來形成較為鮮明的個性和不可更移的思想定勢。本文在分析框架上仍大體沿用周策縱先生釐定的模式，力圖對五四話語的敘述過程做一梳理。在此基礎上，我想結合五四傳統談談自己對各大流派與民族主義、革命、民主之間的關係的看法，也許它能有助於人們理解五四運動的內在邏輯及現代中國思想演變的內在理路。

一、自由主義視野下的五四運動

自由主義是與五四運動關係最為密切的一種思潮。兩者之間的關係，我們甚至可以這麼說，自由主義為五四運動提供了最強大的動力：健全的個人主義精神、「重新評估一切」的懷疑精神、否定專制的民主精神、反對偶像崇拜的科學精神、相容並包的學術自由原則。沒有自由主義，或抽掉自由主義，就無所謂五四運動的內核。另一方面，自由主義也是在五四運動這一搖籃中生長起來的，從嚴復翻譯約翰・穆勒的《論自由》開始，近代西方經典意義上的自由觀念輸入中國，自由激發了中國人的思想激情，成為人們衝破思想牢籠，反抗專制統治的一個有力武器。自由也給中國人帶來了極大的困惑，自由能給一個政治整合能力本來就很低弱的國度帶來什麼？合理的自由要求應該在它與國家、個人、社會之間維持一種什麼樣的關係？這些問題是在五四運動時期才給予一種合乎自由主義理念的回答。[6]但如把五四運動解釋為一場自由主義的運動，顯然也是不恰當的。五四運動的確還包含著與自由主義不相干甚至不相容的思想，如無政府主義、以現代新儒家為代表的文化保守主義、激進主義等。這些不同的主義、思潮之間既相互激盪、又相互衝突。

魯迅先生大概是最早對五四運動進行反省的人之一。胡適曾認定，「魯迅基本上是個自由主義者」。[7]將魯迅歸類為某一個「主義」

---

[6]　有關這方面的討論，參見拙作〈自由主義之累——胡適思想之現代意義闡釋〉，載《東方》1995 年第 1 期。

[7]　周策縱：〈序：五四思潮得失論〉，收入張忠棟著：《胡適五論》，臺北，允晨

是否合適，這是值得懷疑的。魯迅的魅力在於他的思想個性，這種個性表明了他對任何「主義」歸宿的拒絕。在新文化陣營中，魯迅先生素以洞悉世情、思想深沉、文筆潑辣而著稱。1920 年 5 月 4 日他致信宋崇義說：「比年以來，國內不靖，影響及於學界，紛擾已經一年。世之守舊者，以為此事實為亂源；而維新者則又讚揚甚至。全國學生，或被稱為禍萌，或被譽為志士；然由僕觀之，則於中國實無何種影響，僅是一時之現象而已；謂之志士固過譽，謂之亂萌，亦甚冤也。」他還說：「近來所謂新思潮者，在外國已是普遍之理，一入中國，便大嚇人；提倡者思想不徹底，言行不一致，故每每發生流弊，而新思潮之本身，固不任其咎也。」「要之，中國一切舊物，無論如何，定必崩潰；倘能採用新說，助其變遷，則改革較有秩序，其禍必不如天然崩潰之烈。而社會守舊，新黨又行不顧言，一盤散沙，無法粘連，將來除無可收拾外，殆無他道也。」「中國學共和不像，談者多以為共和於中國不宜；其實以前之專制，何嘗相宜？專制之時，亦無忠臣，亦非強國也。僕以為一無根柢學問，愛國之類，俱是空談；現在要圖，實只在熬苦求學，惜此又非今之學者所樂聞也。」[8] 這封信並未明提五四運動或新文化運動，但從寫信時間及信中內容，可以看出這是魯迅反省五四運動和新文化運動的一封信，此信因其語氣比較低調，其思想觀點很少見人提及。其結論「一無根柢學問，愛國之類，俱是空談」與胡適、蔣夢麟同時聯名發表的〈我們對於學生的希望〉一文的基調大體一致。魯迅大概意識到他的低調在一個充滿激昂情緒的革命年代已不合時宜，以後幾乎不再公開表示這類觀點。2、30 年代，魯迅沒有寫過一篇以五四為題的紀念文字，這在新文化陣營的知識領袖中可謂絕無僅有；他也很少提及日漸時髦的名詞──五四精神，對自由、民主也不如胡適那樣常掛在嘴上，這可能與他推崇尼采式的「強人」精神和個性解放有關。但他以獨特的思想個性表達了他對思想自由的酷愛和對五四自由傳

文化實業股份有限公司，1987 年版。

8　〈致宋崇義〉，《魯迅全集》第 1 卷，北京：人民文學出版社，1982 年版，第 369-370 頁。

統的堅定維護，顯然不置身於這樣一個傳統之中，是不可能張揚這種思想個性的。

「五四」以後錢玄同的態度變化頗耐人尋味。在新文化運動中，本來他與陳獨秀屬於比較激烈的這一類。為反對舊派，他與劉半農在《新青年》上曾表演了一場「雙簧戲」，[9]這一插曲以惡作劇的形式將本已「邊緣化」的守舊派「入罪」，並不符合自由主義的遊戲規則，卻得到包括魯迅等人的激賞。[10]「五四」事件以前，錢玄同與胡適圍繞《新青年》策略曾發生過爭議，錢批評胡適說：「老兄的思想，我原是很佩服的。然而我卻有一點不以為然之處：即對於千年積腐的舊社會，未免太同他周旋了。平日對外的議論，很該旗幟鮮明，不必和那些腐臭的人去周旋。」[11]胡適當時的回應是：「我所有的主張，目的並不止於『主張』，乃在『實行這主張』。故我不屑『立異以為高』，我『立異』並不『以為高』。我要人知道我為什麼要『立異』。換言之，我『立異』的目的在於使人『同』於我的『異』。」[12]這是1919 年 2 月的事，事隔七年以後，錢玄同對自己的態度作了反省和懺悔，他在給周作人一封未公開的信中作了如是表示：

> 前幾年那種排斥孔教，排斥舊文學的態度很應改變。若有人肯研究孔教與舊文學，鰓理而整治之，這是求之不可得的事。即使那整理的人，佩服孔教與舊文學，只是所佩服的確是它們的精髓的一部分，也是很正當，很應該的。但即使盲目的崇拜孔教與舊文學，只要是他一人的信仰，不波及社會——波及社會，亦當以有害於社會為界——也應該聽其自由。

---

9 王敬軒（錢玄同）：〈文學革命之反響〉，劉復：〈復王敬軒書〉，載 1918 年 3 月《新青年》四卷三號。

10 參見魯迅：〈且介亭雜文·憶劉半農君〉。收入《魯迅全集》第 6 卷，第 71 頁。

11 〈錢玄同致胡適〉，收入《胡適來往書信選》上冊，北京：中華書局，1979 年5 月版，第 25 頁。

12 〈胡適致錢玄同〉，《胡適來往書信選》上冊，第 27 頁。

在這封信中，錢玄同也贊同周作人的主張「我近來覺得『各人自掃門前雪』主義，中國人要是人人能實行它，便已澤及社會無究矣。[13] 顯然，錢對先前的態度有所調整，這種調整主要是對待異己的態度不再像以前那樣激烈和不容，它表現了錢玄同對思想自由的深一層理解和對自由主義遊戲規則的掌握。至於在文化主張上，他並未改變初衷，他寫信給周作人仍明確表示：「覺得說來說去，畢竟還是民國5、6年間的《新青年》中陳仲甫的那些『西方化』的話最為不錯。還是德、賽兩先生最有道理。『新孔夫子』我們固然不歡迎，『新黃仲則』我們也不歡迎。」[14]在〈漢字革命與國故〉一文中，他還明確堅持「把國語寫成拼音文字」的激進主張。[15]錢玄同的改與不改之間的意含值得人們玩味。

在新文化運動中，周作人的思想貢獻不可低估。繼胡適發動「文學革命」，他又提出「思想革命」，表示：「文學革命上，文字改革是第一步，思想改革是第二步，卻比第一步更為重要。」[16]但思想革命卻不同於文學革命，它更深地觸及人的心靈，因而其內涵自然更複雜，鬥爭更劇烈。因此與思想革命相聯，如何對待思想鬥爭的態度本身也就構成為一個問題。1922 年 3 月，周作人針對「非宗教大同盟」曾與錢玄同、沈兼士、沈士遠、馬裕藻聯名發表《主張信教自由宣言》，表示：

> 我們不是任何宗教的信徒，我們不擁護任何宗教，也不贊成挑戰的反對任何宗教。我們認為人們的信仰，應當有絕對的自由，不受任何人的干涉，除去法律的制裁以外。[17]

---

[13] 〈錢玄同致同作人〉1926 年 4 月 8 日，收入《錢玄同文集》第 6 卷，北京：中國人民大學出版社，2000 年 8 月版，第 75-76 頁。

[14] 1923 年 7 月 1 日〈錢玄同致周作人〉，《錢玄同文集》第 6 卷，第 56 頁。

[15] 錢玄同：〈漢字革命與國故〉，原載 1921 年 12 月 1 日《晨報五周年紀念增刊》。收入《錢玄同文集》第 3 卷，第 136 頁，北京：中國人民大學出版社，1999 年 5 月版。

[16] 周作人：〈思想革命〉，原載 1919 年 3 月 2 日《每週評論》第 11 期。收入氏著《談虎集》，長沙：嶽麓書社，1989 年 1 月版，第 8 頁。

[17] 〈主張信教自由宣言〉，原載 1922 年 3 月 31 日《晨報》。

這是思想革命與思想自由的矛盾第一次顯露出來時，周作人在宗教問題上的自由主義態度。顯然，新文化運動打出了與民主並重的科學旗號，並將科學與宗教對立起來。這樣一種勢態最初並不怎麼嚴重，但隨著民族主義情緒的加強，對基督教勢力滲透中國教育的戒心和排斥心理，借著科學的浪潮所形成的聲勢，一場有政治背景的非宗教運動發動起來了。[18]從那以後，周作人對群眾性的運動漸生反感。1924 年 5 月 13 日他在題為〈一封反對新文化運動的信〉中如是說：「中國自五四以來，高唱群眾運動社會制裁，到了今日變本加厲，大家忘記了自己的責任，都來干涉別人的事情，還自以為是頭號的新文化，真是可憐憫者。我想現在最要緊的是個人解放，凡事由個人自己負責去做，自己去解決，不要閒人在旁吆喝叫打。」「我最厭惡那些自以為毫無過失，潔白如鴿子，以攻擊別人為天職的人們，我寧可與有過失的人為伍，只要他們能夠自知過失，因為我也許並不是全無過失的人。」[19]這封信第一次明白表示了一種對「五四」以後轟轟烈烈的群眾運動的厭倦甚至敵意的心理，這突顯了周作人本人的自由主義性格的另一面。

蔡元培是新文化運動的「保護人」。人們一般喜歡引用蔡先生〈致《公言報》函並答林琴南君函〉一文中「循『思想自由』原則，取兼容並包主義」那段話來說明新文化運動的取向，其實這段話作為蔡先生個人治理北大的方針並無不可，但作為新文化運動的態度卻值得考究。「五四」時期，之所以出現「百家爭鳴」的局面，根本上是當時的文化生態和政治格局使然。即由於各派勢力相互制衡，誰也吃不掉誰，故客觀上造就了一種各種力量並存的格局。蔡先生的作用在於在這樣一種格局中，他能在提攜新人的同時，而容忍異己，

[18] 關於周作人與非宗教運動的關係，參見錢理群：《周作人傳》第六章〈史的進退之間──在北京（二）〉中的三、「『主張信教自由宣言』的風波」，北京：北京十月文藝出版社，1992 年 6 月版。趙清：〈從反「孔教」運動到「非宗教大同盟」運動〉，收入《五四運動與中國文化建設》下冊，北京：社科文獻出版社，1989 年版，第 733-754 頁。

[19] 周作人：《談虎集》，長沙：嶽麓書社，1989 年 1 月版，第 100 頁。

故得到北大人的比較一致的贊同。[20]新文化運動比較普遍認同的還是陳獨秀、錢玄同、魯迅這一類人的方式，即對敵人採取不寬恕的態度。這種態度的形成與中國殘酷的政治環境和新生事物成長的艱難經歷有關。2、30年代，蔡先生曾寫過幾篇回憶五四，紀念五四的文字，[21]其中被反復強調的是學生愛國救國的根本之途在於「專心研究學問」。他說：

> 依我看來，學生對於政治的運動，只是喚醒國民注意。他們運動所能收的效果，不過如此，不能再有所增加了。他們的責任已經盡了。現在一般社會也都知道政治問題的重要，到了必要的時候，他們也會對付的，不必要學生獨擔其任。現在學生方面最要緊的是專心研究學問。試問現在一切政治社會的大問題，沒有學問，怎樣解決？[22]

蔡先生的這一看法成為他2、30年代處理學生運動的基本立場。蔡先生這樣做，絕非為了幫助當局維持秩序，而是基於自己「教育救國」的信念。

從魯迅、錢玄同、周作人、蔡元培等人的言論中，我們可以看出自由主義在反思五四的三個特點：一是他們對於新文化運動也好，五四運動也罷，都持一種相對平實的態度，還沒有像毛澤東那樣上升到時代意義的高度。他們似乎還沒有敏感到五四運動與政治之間的密切關係，連蔡先生這樣與國民黨關係密切的人士也是如此。[23]二是他們注重思想自由、個人自由，以為這是新文化運動的

---

[20] 關於蔡元培在北大教育改革及其反應，參見拙作〈蔡元培與中國現代教育體制的建立〉一文的「三，建立現代大學體制」，收入《蔡元培研究集》，北京：北京大學出版社，1999年8月版，第54-59頁。

[21] 蔡元培有關五四運動的文字有：〈去年五月四日以來的回顧與今後的希望〉（1920年1月）、〈五四運動最重要的紀念〉（1922年5月4日）、《為上海文藝團體舉行五四運動紀念會預備之演說詞（1933年5月4日）、〈我在五四運動時的回憶〉（1936年月10月23日）等。

[22] 蔡元培：〈去年五月四日以來的回顧與今後的希望〉，收入高平叔編：《蔡元培全集》第3卷，北京：中華書局，1984年9月版，第385頁。

[23] 關於五四運動與國民黨之間的關係，近有劉永明：《國民黨人與五四運動》一

本質意義。他們在「五四」以後重新提出容忍在思想革命、思想爭鳴和文化討論中的重要性，即任何人都有堅持其思想主張的權利，其他人都須尊重他的思想主張，這是出於對五四民主精神的維護。他們對於群眾運動所表現的盲目性已有所警戒，故對個人主義、容忍異議、思想自由、仍不遺餘力地提倡。這樣一種理性的聲音出現在社會革命和群眾運動已成為促發民族覺醒的強大動力時，自然會顯得低調而乏力。三是他們仍維持既有的「教育救國」、「科學救國」理念不變，強調學生「讀書救國」的重要性，反對空喊救國的口號，反對將學生運動變為政治的工具。凡此皆說明，新文化運動中的魯迅、錢玄同、周作人、蔡元培等人後來對借助五四運動的餘威而發難的各種學生的政治運動均保有一定戒心，對五四運動亦有一種幽暗意識，這種戒慎恐懼的心理使得他們不願對五四運動作高調處理。

在新文化陣營中，胡適對自由主義最為自覺，他著力突顯新文化運動的個人主義性質，也最先萌發對新思潮的幽暗意識。他的〈問題與主義〉一文被後來的馬克思主義者說成是對新興的社會主義思潮的一篇挑戰書，其實它表達的不過是胡適對新思潮的一種幽暗意識。這種幽暗意識是一個思想家特質的顯露。

在五四時期，胡適並未使用自由主義這個詞，更不用說明確標榜自由主義。胡適的自由主義個性的成熟是在 3、40 年代以後，自由主義這一詞彙隨之也頻繁出現在他的文章中。關於胡適對五四運動的反省和看法，拙作〈自由主義與五四傳統——胡適對五四運動的歷史詮釋〉作了詳細評述。[24]這裏我想再補充另外幾條材料：

1928 年 5 月 4 日胡適在上海光華大學為紀念五四運動所發表的演講《五四運動紀念》，在文章的末尾，他作結語：「自從五四運動以來，中國的青年，對於社會和政治，總算不曾放棄責任，總是熱熱烈烈的與惡化的掙扎；直到近年，因為有些地方，過分一點，當

書作了詳細論述，北京：中國社科出版社，1992 年 2 月版。
[24] 參見歐陽哲生：〈自由主義與五四傳統——胡適對五四傳統的歷史詮釋〉，收入《胡適研究叢刊》第二輯，北京：中國青年出版社，1996 年 12 月版。

局認為不滿，因而喪掉生命的，屢見不鮮。青年人的犧牲，實在太大了！」[25]胡適對學生的同情態度躍然紙上。

1930 年 2、3 月間，胡適在上海基督教青年會上講演《從新文藝觀察今日中國的思潮》，指出：「近世的思想，從左至右，都是皮毛的，看不出真正的思想。」「近世中國思想最大的毛病，（一）用籠統抽象的名辭來包括一切，打倒一切。（二）盲從，無論什麼即容易相信，不去細想。（三）成見太深。」[26]這似乎是重申當年在〈問題與主義〉一文所表達的看法。

1942 年 5 月 4 日胡適在華盛頓對國內的廣播講詞〈紀念「五四」〉，是胡適抗戰時期第一次發表的中文演說。文中提到：「今天是『五四運動』的第廿三年，是我們對日本抗戰的第五十八個月，是第二次世界大戰的最吃緊關頭。我們在這個日子紀念『五四』，當然不是要回想過去，是要借過去來比較現在，使我們可以明白現在，瞭解未來。」[27]這是胡適第一次也是唯一的一次以比較高昂的語調，借五四這一話題來談論現實政治。儘管當時是中國最困難的時期，但作為自由主義者的胡適感受到的是自己的民族責任，同時由於開放黨禁，言論自由放開，他感覺到的是政治上的輕鬆，與以往他注重強調五四運動的個人主義和思想自由性質不同，他非常強調民族的責任，這反映出他作為一個自由主義者的民族主義情感。

值得注意的是，胡適是有意關心五四的自由主義傳統持續發展的一個思想家，因此他也成為五四以來自由主義最具代表性的人物。早在 1923 年他就認識到：

> 《新青年》的使命在於文學革命與思想革命。這個使命不幸中斷了，直到今日。倘使《新青年》繼續至今，六年不斷的作文學思想革命的事業，影響定然不小了。

---

[25] 〈五四運動紀念〉，《胡適文集》第 12 冊，北京：北京大學出版社，1998 年 11 月版，第 731 頁。
[26] 轉引自耿雲志：《胡適年譜》，成都：四川人民出版社，1989 年 12 月版，第 178 頁。
[27] 〈「紀念」五四〉，《胡適文集》第 12 冊，第 790-791 頁。

> 我想，我們今後的事業，在於擴充《努力》使他直接《新
> 青年》三年前未竟的使命，再下二十年不絕的努力，在思想
> 文藝上給中國政治建築一個可靠的基礎。[28]

胡適說這番話時，《新青年》仍在繼續辦，只不過是它已成為共產黨的機關刊物。胡適這裏所說顯然是從自由主義的角度來說明《新青年》的事業被中斷了，他辦《努力》即是為此而發，以後辦《新月》、《獨立評論》、《自由中國》亦復如此。

　　胡適對五四新文化運動有他獨特的理解，這就是他晚年常說的「中國的文藝復興」。胡適提倡白話文是受到西方「文藝復興」的影響和啟發，故就他個人而言，在新文化運動中，提出「重新估定一切價值」，雖有反偶像甚至反正統的傾向，但卻不便以反傳統來界定。他對個人主義的執著和深度認識，與文藝復興的價值取向是一脈相承。2、30年代，他在出訪歐洲、美國時，介紹新文化運動，多次以「中國的文藝復興」一詞來說明，雖有方便於西方人理解的意思，但他對新文化運動的理解確有其個人的獨特意味。

> 　　《新潮》（the Renaissance）是1918年一群北京大學學生，
> 為他們新發行的月刊型雜誌所取的名稱。他們是在我國舊有
> 傳統文化中，受過良好薰陶的成就學生，而且，他們在稍後
> 由他們的某些教授所領導的此一新運動裏，立即察覺到，與
> 歐洲文藝復興有顯著的類似性。首先，它是一種有意識的運
> 動，發起以人民日用語書寫的新文學，取代舊式的古典文學。
> 其次，它是有意識地反對傳統文化中的許多理念與習俗的運
> 動，也是有意識地將男女個人，從傳統勢力的束縛中，解放
> 出來的運動。它是理性對抗傳統、自由對抗權威，以及生命
> 和人類價值的讚譽對抗其壓抑的一種運動。最後，說來也奇
> 怪，此一新運動是由瞭解他們的文化遺產，而且想用現代史

---

[28]　〈與一涵等四位信〉、《胡適文存》二集卷三。《胡適文集》第3冊，第400頁。

學批評和研究的新方法論研究它的人們所領導的。就此層面
而言，它是一種人文主義運動。[29]

余英時先生將這段話詮釋為胡適將新文化運動比附為西方的文藝復
興。不過如果我們撇開字面上的含義不論，其實質所指確包含著他
個人的新意，這就是對傳統遺產的理解和個性解放方向的執著。

胡適晚年比較頻繁的使用「中國的文藝復興」這個詞，除了重
申他對新文化運動的理解以外，還有與在大陸居統治地位的馬克思
主義論辯的意味，因而他對五四運動的解釋的確包含著爭奪話語權
力的意義。

殷海光自稱是「五四的兒子」，他對五四運動所作的解釋大體沿
承胡適的方向。不過，殷海光畢竟與胡適屬於兩代人，殷海光有關五
四的文字多篇：〈五四與今日〉（1948 年）、〈論科學與民主〉（1955 年
3 月）、〈跟著五四的腳步前進〉（1958 年 5 月）、〈展開啟蒙運動〉（1959
年 5 月）、〈「五四」是我們的燈塔〉（1960 年 5 月）、〈五四的隱沒和
再現—為五四運動五十周年而作〉（1969 年 5 月）等。殷海光的「五
四」觀表現了一些胡適未有的新特點：首先，他回擊了文化保守主義
所謂「五四運動破壞中國舊有文化，怎麼能說五四運動不應對中國目
前的禍亂負責呢？」的質問。他認為這「不是一個真正的問題。不是一
個真正的問題其本身就不能成立。何以呢？五四運動曾否破壞舊有
文化是一回事，中國目前的禍亂怎麼形成是另一回事，二者不能扯
在一起。」「泛文化主義者對於人間任何問題之發生都歸因於文化因
素」，「這個毛病之所以發生，係因中了黑格爾的混沌思想之毒。」[30]其
次，他把新文化運動比擬為「啟蒙」（Enlightenment），提出要開展啟
蒙運動。他從全球化的高度俯視中國，「今後步入核子能和太空時代
的世界，尤其是一天一地朝著普遍歷史（Universal History）之途邁

---

[29] 譯文參見胡適：《中國的文藝復興》第三章〈中國的文藝復興〉，長沙：湖南
人民出版社，1998 年，第 38 頁。

[30] 殷海光：〈跟著五四的腳步前進〉，原載 1958 年 5 月 1 日臺北《自由中國》第
18 卷第 9 期。

進。在這樣一個激變的世界裏，如果尚泥守著部族思想，從部族的觀點來決定行為方向，那末我們便是往死巷子裏鑽。」「中國近幾十年來政治禍亂的基本病根就在一黨專政。一黨專政一行，則依照極少數人的見解甚至意氣及好惡與否幻想，借著政治權力，塑造中國，扭歪中國的前進的方向。」[31]把《自由中國》反對國民黨「一黨專政」的底牌給亮出來，這無異於是向蔣氏父子發出挑戰書。」再次，他對「革命」的正當性進行了反省。「革命是什麼呢？革命是蛻變時代不安的群眾，受空想家鼓動，受野心分子在幕後操縱、組織、利用，為了實現幻夢中的天國，利用一切暴烈和陰謀手段，來摧毀既成社會建構的群眾運動。這樣的群眾運動，所激發出來的力量是巨大的、鏡頭是壯觀的，然而結果很少不是悲劇性的。革命愈是『徹底』，它的結果將愈是悲慘。顯然得很，革命是社會病態發展的產品。社會病態發展的產品，有什麼值得歌頌，有什麼可以神聖化的呢？」[32]革命的結果是建立一個新的獨裁政權，「一個獨裁的政權在革命群眾的肩頭上建立起來的時候，就是革命的狂想曲告終的時候，也是革命群眾嘗到革命苦果的時候。」「革命的結果，就是反民主反科學。反民主和反科學的結果，就是天下大亂。國家弄到今天這樣的局面，再要鬧『革命』，除了『革老百姓的命』以外，再沒有更真實的結果。現在還鬧『革命』的人，在訓練黨羽時，口口聲聲『黨國』、『黨國』的。既然他們把他們的『黨』放在大家的『國』之上，於是考慮『黨』的問題，總是優先於考慮『國』的問題。」如何解構革命的意識形態，殷海光認為「還是從民主與科學著手」。民主要求反對「黨見」、「黨化」；科學則要求反對「人身崇拜」、反對絕對真理、「非權威」、「實事求是」。顯然，殷海光反對「革命」的這些看法，一方面反映了近代中國在「革命」名義下的一系列活動存有違背民主、科學的局限；一方面也表現了自由主義排斥革命的偏見和心理。

---

[31] 殷海光：〈展開啟蒙運動〉，原載 1959 年 5 月 5 日臺北《自由中國》第 20 卷第 9 期。

[32] 殷海光：〈「五四」是我們的燈塔！〉，原載 1960 年 5 月 5 日臺北《自由中國》第 22 卷第 9 期。

在《自由中國》時期，殷海光對胡適可以說是極力維護，視之為當然的導師，在他所寫的有關五四的文字中都毫不隱諱這一立場。在生命的最後幾年，殷海光與文化保守主義的代表人物之一徐復觀有所接觸，其思想較先前稍有變化。[33]因而在他最後為「五四」所寫的紀念文章——〈五四的隱沒和再現——為五四運動五十周年而作〉中，也表現出對「五四的父親」——陳獨秀和胡適的明顯不敬。他檢討陳、胡道：「陳仲甫當時極力倡導科學。他對科學的崇拜到了近乎狂熱的程度。」「陳仲甫所說的『科學』之為『科學主義』，在他的思想演變過程中，發展成了人生觀、烏托邦思想、歷史哲學，甚至於一種社會改革的動力。陳仲甫是非宗教的。可是，在不自覺之間，他把他所認為的科學當作他的宗教。一個狂熱而又不能擺脫中國傳統的觀念形態束縛的思想者遲早不免走上這條道路的。」「胡適所受美國影響較深。他沒有表現出『夫子之道一以貫之』的那種『體系』氣派。恰恰相反，他勸人要『多談些問題，少談些主義』。開始起步，他接觸到科學與民主邊沿。他所說的『民主』，與開明、改良、進步不分。他的民主程序，除了發表穩健而溫和的『就題言論』以外，就是跟現實調和協商，努力於緩慢的改進。」「他心中充滿了語言文字和歷史事件等等特殊事物，支配他的展望是當時流行的社會達爾文主義（Social Darwinism）的進化觀。他缺乏從數學、邏輯以及嚴格理論哲學的訓練而可能提高和增強的抽離的思考力。於是，他的思想固因講實效比較能夠適應環境，但缺乏從基本原則演繹出來的一致性和穩定性，尤其是缺乏謹嚴性。他提倡『科學方法』，因此主要的限制到簡單枚舉的歸納法（Induction By Simple Enumeration）。」他作結論說：

> 胡適早年提倡獨立的思想，並且教人做一個不受人惑的人。這在盲目崇拜古法聖賢的漫漫長夜裏，無異於打起照明的

---

33 關於殷海光晚年思想的情況，參見張忠棟：〈胡適與殷海光〉一文，收入《胡適、雷震、殷海光》，臺北：自立報系，1990 年 12 月版，第 51-58 頁。

巨燈。可惜由於上列的虛弱，他經不起時代風浪的搖撼，這一
照明的巨燈被他自己減低光明，終於為重重濃霧所掩了。[34]

殷海光對前輩的非難言論，與徐復觀的影響不無關係，但它也反映
出自由主義在遭遇重重困厄後，開始對自己的思路進行調整，其中
包括對文化保守主義思想的某些吸收，這就是尋找自由主義與中國
傳統相結合的土壤。海外的自由主義與保守主義似乎開始彌縫雙方
之間的思想溝壑。自由主義摸索民主在中國紮根的問題，保守主義
強調自己持守自由理念，而兩者要解決的問題實際上仍是五四運動
所提出的問題。

二、中國馬克思主義視域中的五四運動

俄國十月革命以後，馬克思主義、社會主義開始成為新文化運
動中一股有活力的思潮，隨即中國出現了第一批馬克思主義信仰
者。馬克思主義者對五四運動的歷史闡釋有一個發展過程，直到毛
澤東才對其做出比較系統並具有經典意義的理論說明。

陳獨秀是新文化運動的發動者，也是「五四」事件的直接領導
者。他為新文化運動所揭櫫的「民主」、「科學」兩大旗幟，被人們
視為五四新文化運動的綱領，但陳獨秀1915年至1919年對於民主、
科學的說明，人們均不認為是馬克思主義影響的結果，事實上當時
陳獨秀也不是一個馬克思主義者。

陳獨秀似是最早對新文化運動與五四運動做出區別和總結的人。
1920年4月，陳獨秀在〈新文化運動是什麼？〉一文中論及新文
運動時說：「新文化運動，是覺得舊的文化還有不足的地方，更加上
新的科學、宗教、道德、文學、美術、音樂等運動。」[35]這是一個比

---

[34] 殷海光：〈五四的隱沒和再現──為五四運動五十周年而作〉，原載1969年5
月號《大學生活》。收入《殷海光全集》第15冊，臺北：桂冠圖書公司，1990
年版，第1487-1489頁。
[35] 陳獨秀：〈新文化運動是什麼？〉，原載1920年4月1日《新青年》第7卷第

較一般的解釋。而在同時發表的一篇〈五四運動的精神是什麼？〉演講詞中論及五四運動的精神，他歸納為「（一）直接行動；（二）犧牲的精神。」[36]對五四運動的看法亦沒有什麼特別之處，它與同一時期的羅家倫的〈一年來我們學生運動底成功失敗和將來應取的方針〉和胡適、蔣夢麟聯名發表的〈我們對於學生的希望〉所表述的觀點並無根本的區別。[37]這說明陳獨秀當時對新文化運動或五四運動尚沒有馬克思主義的自覺。而陳獨秀晚年發表的〈「五四」運動時代過去了嗎？〉一文重申「五四」運動要求，包括「反對舊禮教的束縛，提倡思想解放、婦女解放，以掃蕩封建的殘餘」；「提倡科學，破除迷信，建設工業」；「提倡民權，反對官僚政治」等。其意卻是「必須把所謂『山上的馬克思主義』的昏亂思想從根剷除」，[38]完全走到了中國共產黨的對立面。他舉出蔡元培、胡適和自己作為五四運動的代表，更是表明他對五四運動的另一種理解。[39]

李大釗是中國馬克思主義的第一人。20 年代他為紀念五四曾發表過兩篇短文，一篇是〈中國學生界的「May Day」〉（1921 年 5 月 4 日）、一篇是〈在北京學生聯合會紀念「五四」大會上的演講〉（1923 年 5 月 4 日）。在前一文中，李大釗說：「我盼望中國學生界，把這種精神光大起來，以人類自由的精神撲滅一切強權，使正義人道，一天比一天的昌明於全世界；不要把他看狹小了，把他僅僅看作一個狹義的愛國運動的紀念日。我更盼望從今以後，每年在這一天舉行紀念的時候，都加上些新意義。」[40]李大釗所提示要發揮的「新意

5 號。收入《陳獨秀文章選編》上冊，北京：三聯書店，1984 年 6 月版，第512 頁。

[36] 陳獨秀：〈五四運動的精神是什麼？〉，原載 1920 年 4 月 22 日《時事新報》。收入《陳獨秀文章選編》上冊，第 518 頁。

[37] 胡適、蔣夢麟聯名發表的〈我們對於學生的希望〉一文，原載 1920 年 5 月 4 日《晨報副刊》。收入《胡適文集》第 11 冊，第 47-54 頁。

[38] 陳獨秀：〈「五四」運動時代過去了嗎？〉，《陳獨秀文章選編》下冊，北京：三聯書店，1984 年 6 月版，第 597-598 頁。

[39] 參見陳獨秀：〈蔡孑民先生逝世後感言〉，收入《陳獨秀文章選編》下冊，第642 頁。

[40] 李大釗：〈中國學生界的「May Day」〉，原載 1921 年 5 月 4 日《晨報》。收入

義」，表現了對一種單純的愛國主義不滿足，這一點在後來顯然得到了補償。在後一文，李大釗認定：「今天是『五四』紀念日，是學生加入政治運動之紀念日，也是學生整頓政風的紀念日。」「以現在學生應該做的事有二種：(一)組織民眾，以為達到大革命之工具；(二)對現政府立於彈劾的地位。」[41]李大釗強調五四運動是學生加入政治運動的「紀念日」，這為中共後來發動學生運動介入政治埋下了伏筆。

真正從馬克思主義的角度對五四運動做出理論解釋的中國共產黨人是瞿秋白。他擔任共產黨機關報《新青年》的主編，將中國革命與列寧主義關於殖民地、半殖民地民族解放運動理論結合起來。因而他對五四運動的理解與陳、李相比，明顯更具列寧主義的色彩。他在〈五四紀念與民族革命運動〉這篇文章中，表達了一種帶有強烈「革命話語」色彩的聲音，如稱「五四運動爆發，在世界史上實在是分割中國之政治經濟思想等為前後兩時期的運動。」此文論及五四運動的三點不同之處。其中，五四運動「的確是辛亥革命之後，中國社會裏各階級努力以行動干預政治，而且帶著群眾性質的第一次。」「這種巨大的民族革命的潮流，居然能開始衝動中國工人階級的覺悟，從此發現真正社會主義、共產主義運動以及工會的組織。這種巨大的運動顯而易見是辛亥以後第二次的民族革命。」[42]它還提到：「五四運動，一方面反對賣國親日的官僚和軍閥——安福系曹、章、陸等，以革命的群眾的直接行動襲擊這些反動派，別方面很明顯的提出廢除二十一條，收回青島等要求。於是便把辛亥以來反動派與革命派爭相『保障外人的生命財產尊重條約權利』，而求帝國主義者之援助的局面更變了，換句話說便是把義和團失敗之後之『尊洋主義』的天經地義打破了。這是五四在中國民族運動史上最值得紀念的一點。」[43]這裏已開始彰顯五四運動的民族革命性質。

《李大釗文集》第 4 冊，北京：人民出版社，1999 年 10 月版，第 95 頁。

[41] 李大釗：〈在北京學生聯合會紀念「五四」大會上的演講〉，原載 1923 年 5 月 5 日《晨報》。收入《李大釗文集》第 4 冊，第 308 頁。

[42] 瞿秋白：〈五四紀念與民族革命運動〉，原載 1925 年 5 月 3 日《嚮導》第 113 期。

[43] 瞿秋白：〈五四紀念與民族革命運動〉，原載 1925 年 5 月 3 日《嚮導》第 113 期。

30 年代以後，隨著左翼文化的興起，五四運動與自由主義相關聯的文化意義明顯受到了貶抑。瞿秋白在分析五四運動的文化意義時運用了階級分析方法：「『五四』是中國的資產階級的文化革命運動。但是，現在中國資產階級早已投降了封建殘餘，做了帝國主義的新走狗，背叛了革命，實行著最殘酷的反動政策。光榮的五四的革命精神，已經是中國資產階級的仇敵。」「無產階級決不放棄『五四』的寶貴的遺產。『五四』的遺產是什麼？是對於封建殘餘的極端的痛恨，是對於帝國主義的反抗，是主張科學和民權。雖然所有這些抵抗的革命的傾向，都還是模糊的和籠統的，都包含著資產階級的個人主義，一切種種資產階級性的自由主義和人道主義」。「因為無產階級是唯一的徹底反抗封建殘餘和帝國資本主義的階級，只有它能夠反對著資產階級，批判一切個人主義，人道主義和自由主義等類的腐化的意識，而繼承那種極端的深刻的對於封建殘餘的痛恨。」[44]這裏，瞿秋白對五四運動的解釋中已突顯了兩個鮮明特點：一是運用馬克思主義的階級分析方法解釋五四運動，對參加運動的成份進行階級定性，指出五四運動作為資產階級的文化運動，其中內含個人主義、自由主義和人道主義，革命並不徹底，這就表示了文化上排拒資產階級自由主義的意願。二是將五四運動納入中國共產黨人的民主革命理論體系的視野，引進了反帝反封建等概念，視無產階級是「反帝反封」的新民主主義革命的領導者。

茅盾是左翼在文化領域的另一個重要代表人物。他寫作的〈「五四」運動的檢討——馬克思主義文藝理論研究報告〉一文也將五四運動定性為：「中國資產階級爭取政權時對於封建勢力的一種意識形態的鬥爭。」這篇文章分析了「五四」運動發生的社會基礎，五四時期的文學運動，從「五四」到「五卅」的社會變遷，其結語說：『五四』是中國新興資產階級企圖組織民眾意識的資產階級的『文化運動』，五四的口號完全是資產階級性，所以無產階級爭取政權的現階

---

[44] 瞿秋白：〈「五四」和新的文化革命〉，原載 1932 年 5 月 20 日《北斗》第 2 卷第 2 期。

段，雖然同時仍須注力於剷除封建勢力，但『五四』在現今卻只能發生了反革命的作用。歷史上曾盡了革命作用的思潮或運動，到後來成為反革命的，比比皆是。『五四』亦復如此。」[45]這種將五四運動定性為「資產階級的文化運動」並進而否定之的看法反映了當時中國共產黨人與自由主義分道揚鑣後在理論上已自成系統。

瞿、茅對五四運動的評價成為 30 年代左翼文化界的基調。這種基調明顯帶有左傾的色彩，它提出對「五四」運動中的資產階級文化進行批判，在當時帶有與自由主義爭奪話語權力的意味。儘管中國共產黨 30 年代中期以後逐漸拋棄了左傾路線，但左傾思想仍繼續存在，它反映在對五四運動的評價上，即沿承了對五四時期的個人主義、自由主義和人道主義以及「教育救國」論的排斥乃至敵意態度。這樣一種觀點延續了相當長一段時間都沒有改變。

值得注意的是，30 年代開始出現的一批論述五四運動或新文化運動的著作，如 1934 年出版的伍啟元《中國新文化運動概觀》、1935 年出版的陳端志《五四運動之史的評價》，在分析框架和使用術語上都多少受到了馬克思主義的一些影響，在研究思路上表現出對革命話語的銜接。

30 年代中期的新啟蒙運動是中國共產黨人為應付民族危機而發起的一場新的民族主義思想啟蒙運動。1936 年 9～10 月，共產黨人陳伯達發表了〈哲學的國防動員〉[46]、〈論新啟蒙運動〉[47]兩文，建議組織「中國新啟蒙學會」，號召一切忠心祖國的分子，發動一個反對異族奴役、舊禮教、復古、武斷、盲從、迷信及一切愚民政策的大規模新啟蒙運動。接著，艾思奇發表了〈中國目前的新文化運動〉[48]、

---

[45] 茅盾：〈「五四」運動的檢討——馬克思主義文藝理論研究報告〉，原載 1931 年 3 月 5 日《文學導報》第 1 卷第 2 期。

[46] 陳伯達：〈哲學的國防動員——新哲學者的自己批判和關於新啟蒙運動的建議〉，載 1936 年 9 月 10 日《讀書生活》第 4 卷第 9 期。

[47] 陳伯達：〈論新啟蒙運動〉，原載 1936 年 10 月 1 日《新世紀》第 1 卷第 2 期。

[48] 艾思奇：〈中國目前的新文化運動〉，原載 1936 年 10 月 11 日《生活星期刊》第 1 卷第 19 號。

〈啟蒙運動和中國的自覺運動〉[49]兩文，呼應陳伯達的主張。何干之出版了論著《近代中國啟蒙運動史》[50]，一場頗具聲勢的新啟蒙運動遂在南北展開。這裏所謂的新啟蒙運動，是針對舊啟蒙運動亦即五四新文化運動而言。新啟蒙運動以抗戰救亡為目標，以愛國主義為主要內容，反對鉗制思想言論自由，要求自由與民主，這表現出了它繼承五四傳統的愛國主義與民主思想的一面；不過，它又指出，五四新文化運動是「脫離群眾的」，缺乏社會基礎；五四時期的哲學思想是二元的，而非唯物的等，這又反映出它不同於五四運動的新性質。

新啟蒙運動實際上是中國共產黨北方局領導的（陳伯達時任北方局宣傳部長）。相對於此前的瞿秋白、茅盾等人的言論來說，有很大調整。這種調整應該說與張申府的影響分不開。張早年就讀於北大，接受了新文化運動民主思想的影響，他是中共的創始人之一。據他個人 1937 年說：「所謂新啟蒙運動，最近在南在北，都受到了很大的注意。……我自信，至少在三、四年前編《世界思潮》（天津《大公報》的副刊——作者按）時，已有這個意思。那時我所說的與現在我所說的，根本上並無甚差異。」[51]據採訪過張申府的舒衡哲披露，張與陳伯達 1936 年開始接觸，陳從張那裏獲得許多啟發。[52]新啟蒙運動中的理性、思想自由等口號顯然與張申府的思想引導分不開。張申府明確提出「在思想上，如果把五四運動叫做啟蒙運動，則今日確有一種新啟蒙運動的必要；而這種新啟蒙運動對於五四的啟蒙運動，應該不僅僅是一種繼承，更應該是一種揚棄。」[53]

---

[49] 艾思奇：〈啟蒙運動和中國的自覺運動〉，原載 1937 年 3 月 12 日《文化食糧》創刊號。

[50] 此書於 1937 年 2、3 月間開始寫作，5、6 月間完稿。1937 年月 12 月由上海生活書店出版，1938 年 2 月已發行至第 3 版，可見此書當時影響不小。

[51] 張申府：〈什麼是新啟蒙運動？〉，原載 1937 年 5 月北平《實報星期偶感》。收入《張申府散文》，北京：中國廣播電視出版社，1995 年 9 月出版，第 295-297 頁。

[52] 參見微拉‧施瓦支著，李國英等譯：《中國的啟蒙運動》，太原：山西人民出版社，1989 年 4 月版，第 275 頁。

[53] 張申府：〈五四紀念與新啟蒙運動〉，原載 1937 年 5 月 2 日《北平新報》。收入《張申府散文》，第 298 頁。

　　新啟蒙運動在言論上發生變化的另一個原因是與當時的國內環境有關。面對日本帝國主義咄咄逼人的壓力，國內各派勢力要求團結抗戰的呼聲日漸高漲，中國共產黨抓住這一機會，提出建立抗日民族統一戰線的政策，這就要求包容自由主義在內的其他思想流派，並在話語上做出與「五四」民主傳統相銜接的姿態。[54]這一運動雖很快就中止了，但它從啟蒙的角度理解中國近代思想文化發展的線索和五四傳統，卻為一些馬克思主義史學家沿用，為人們理解五四運動另開一新徑。

　　毛澤東作為中國共產黨的主要領導者，對五四運動作了集大成式的總結，以至後來的馬克思主義史學研究者長久地將之奉為經典而遵行不渝。毛澤東本人應該說是五四新文化的受惠者，他不僅領受了新文化的洗禮，而且成為當時湖南引人注目的青年學生領袖。毛澤東在 30 年代末至 40 年代初圍繞五四運動發表了〈五四運動〉（1939 年 5 月）、〈青年運動的方向〉（1939 年 5 月 4 日）、〈一二九運動的偉大意義〉（1939 年 12 月 9 日）、〈中國革命與中國共產黨〉（1939 年 12 月）、〈新民主主義論〉（1940 年 1 月）和〈反對黨八股〉（1942 年 2 月 8 日）等重要文章，他將對五四運動的評價直接納入到新民主主義理論體系中。在〈新民主主義論〉中，毛表述五四運動的意義為：第一，「五四運動是反帝國主義的運動，又是反封建的運動。五四運動的傑出的歷史意義，在於它帶著為辛亥革命還不曾有的姿態，這就是徹底地不妥協地反帝國主義和徹底地不妥協地反封建主義。」第二，「五四運動是在當時世界革命號召之下，是在俄國革命號召之下，是在列寧號召之下發生的。五四運動是當時無產階級世界革命的一部分。」第三，五四運動「是共產主義的

---

[54] 有關新啟蒙運動的研究，參見：《中國新民主主義革命時期通史》第二編第二次國內革命戰爭時期第三章「（五）新啟蒙運動的開展」，北京：人民教育出版社，1960 第 1 版。黃嶺峻：《新啟蒙運動述評》，載 1991 年第 5 期《近代史研究》。葉永烈：《陳伯達傳》第四章〈走出人生的低谷〉中有一節「發起『新啟蒙運動』」（北京：人民日報出版社，1999 年，第 162-167 頁），詳述陳伯達與新啟蒙運動的關係，亦可參考。

知識份子、革命的小資產階級知識份子和資產階級知識份子（他們是當時運動中的右翼）三部分人的統一戰線的革命運動。」六三運動時，無產階級、資產階級、小資產階級投身其中。然資產階級知識份子作為運動右翼，後來「他們中間的大部分就和敵人妥協，站在反動方面了。」第四，「五四運動是在思想上和幹部上準備了1921年中國共產黨的成立，又準備了五卅運動和北伐戰爭。」[55]顯然，毛澤東與瞿秋白不同，他對狹義上的五四運動給予了高度讚揚。根據毛的這一論段，人們習慣於將五四運動界定為新民主主義革命的開端。

在毛澤東對五四運動的評價中，也有某些個性化的處理。如在〈五四運動〉一文中，毛第一次提出了：「革命的或不革命的或反革命的知識份子的最後的分界，看其是否願意並且實行和工農民眾相結合。他們的最後分界僅僅在這一點，而不在乎講什麼三民主義或馬克思主義。」[56]這一點為毛後來一直所強調，甚至成為他執政後制定知識份子政策的理論基石。這樣的話似乎與五四運動並不搭界，但毛澤東如此強調的提出，其中的深意應與現實與關，即他關注的是民族的、社會的動員，希望知識份子在其中扮演應有的重要角色。在〈反對黨八股〉中，毛澤東提到了五四運動的一個弱點，即形式主義的方法，「他們對於現狀，對於歷史，對於外國事物，沒有歷史唯物主義的批判精神，所謂壞就是絕對的壞，一切皆壞；所謂好就在絕對的好，一切皆好。這種形式主義地看問題的方法，就影響了後來運動的發展。」[57]這一看法似乎也成為人們指責五四運動的一個經典依據。引人注目的是，毛澤東將「洋八股」與「黨八股」並聯，顯然討論這一問題，毛關心的也是現實問題，即他當時在中共黨內正開展反擊以王明為代表的教條主義，力圖徹底改變自己在黨內的形象。[58]

---

[55] 〈新民主主義論〉，《毛澤東選集》第2卷，北京：人民出版社，1969年版，第699-700頁。

[56] 〈五四運動〉，《毛澤東選集》第2卷，北京：人民出版社，1969年版，第523-524頁。

[57] 〈反對黨八股〉，《毛澤東選集》第2卷，第789頁。

[58] 三十年代毛澤東在黨內外的形象，參見陳獨秀：〈「五四」運動時代過去了

　　在毛澤東的新民主主義理論系統形成時，黨內的一些理論家對毛的論斷在具體細節上作了具體補充。其中，艾思奇的〈介紹五四文化運動中的一個重要爭論〉一文討論了五四時期的「問題與主義」之爭。本來這場論爭在百家爭鳴的五四時期並不引人注目，2、30 年代也未見當事人李大釗、胡適提起。20 年代，李、胡兩人還曾聯名發表〈爭自由的宣言〉、〈我們的政治主張〉等政治宣言；李大釗遇害後，胡適在《胡適文存》三集出版的扉頁上還題簽獻給李大釗；近來人們發現 20 年代李、胡的多幅合影和數封來往書信，[59]足見他們兩人的私誼不斷。30 年代左翼文化人士批判過胡適的「多研究些問題，少談些主義」的主張，但並未將這一爭論作案例分析。艾文對這一爭論作了定性分析，他認為：「在五四文化運動中，有一個重要的，關於『問題與主義』的爭論，這是五四文化運動中無產階級思想代表人與富於妥協投降性的自由資產階級的思想代表人——李大釗同志與胡適中間的思想方法上的爭論，也是中國的馬克思主義誕生後一次重要的思想戰。在這個爭論中，顯示了當時的共產主義知識份子對五四文化運動的領導作用。」[60]文中提到李大釗與胡適的不同思想方法，即「第一，理論與實際聯繫的思想方法。」「第二，承認研究實際問題的重要，但同時注意要使普遍真理與具體的實踐相

嗎？〉，收入《陳獨秀文章選編》下冊，第 598 頁，文中有「所以才鬧出『山上的馬克思主義』的笑話，所以才有依靠農村攻取城市的錯誤路線」之語，此語顯然是陳獨秀對毛澤東的評語。魯迅與馮雪峰談話時，稱毛澤東的詩有「山大王」氣概，參見《魯迅生平史料彙編》第五輯上冊，天津：天津人民出版社，1986 年 5 月版，第 244-248 頁。毛澤東本人 1945 年與傅斯年談話後，題贈一幅抄自晚唐詩人章碣的《焚書坑》的詩，亦以詩中「劉項原來不讀書」一語自況，參見《傅斯年全集》第 4 卷書前照片，長沙：湖南教育出版社，2003 年 9 月版。

59　照片收入耿雲志：《胡適及其友人》，香港：商務印書館，1999 年 4 月出版，第 33、34 頁。書信來往請參見耿雲志主編：《胡適遺稿及秘藏書信》第 28 冊，合肥：黃山書社，1994 年 12 月出版，第 114-116 頁，內收李大釗致胡適信二通。

60　艾思奇：〈介紹五四文化運動中的一個重要爭論〉，原載 1942 年 4 月 17 日延安《解放日報》。

結合。」「第三,革命的根本改造的思想,革命變革的思想。」[61]艾將之概括為「這就是與自由資產階級的主觀唯心論和改良主義完全不同的,中國最初的革命的馬克思主義者的觀點。」從此以後,「問題與主義」之爭作為五四時期的一場著名思想論戰載入史冊,50 年代以後則成為中國大陸述說這段歷史的教科書的一個重要內容。

到 40 年代,中國共產黨人闡釋五四運動的話語業已基本定形。隨著毛澤東思想成為黨和國家的指導思想,他對五四運動的理論解釋也就成為學術研究和歷史教學的準繩。在這種背景下,作為五四運動精神本質的民主意義被淡化了,而大力張揚的是它的革命意義;對新文化運動內涵的個人主義、自由主義、人道主義,一概視為資產階級的東西,採取排斥或批判的態度;提升俄國十月革命在世界歷史進程中的導向作用,對同時期的西方文化則視為資本主義文化加以排拒;早期馬克思主義與自由主義合作的歷史不再提及,自由主義在五四新文化運動中的歷史作用也被忽略。而比較開明的史學家則往往以客觀評價個人主義、人道主義,或強調吸收外來的西方文化,或提倡啟蒙精神為異曲。

三、文化保守主義對新文化運動的反省

「五四」時期之所以在人們心目中保持一個美好的記憶,很大程度上是它的「百家爭鳴」景象,不同的文化選擇、思想傾向在此聚集、交鋒,這裏醞釀各種文化發展的可能,也預設著各種糾錯機制的可能,思想的個性只有在交鋒的歷練中才會逐漸成熟,文化選擇也只有在衝突中才可能做出相應的調適。從這一視角考察文化保守主義對五四新文化運動的非難甚至反動,應有其歷史的意義。

新文化運動時期的異議人士大致可分三批人:第一批以康有為、嚴復、林紓、辜鴻銘為代表,他們與前清有著歷史聯繫,早享

---

[61] 艾思奇:〈介紹五四文化運動中的一個重要爭論〉,原載 1942 年 4 月 17 日延安《解放日報》。

功名，屬於上一代學者，他們堅守捍衛儒家倫理的立場，明確反對用白話文取代文言文，且政治上比較保守。其中康有為、林紓在新文化運動初期曾與《新青年》公開交鋒，但很快偃旗息鼓，被迫引退。第二批以《東方雜誌》的杜亞泉、錢智修和北大《國故》社的黃侃、劉師培為代表，他們或主張「中西調和」論，或立意「昌明中國固有之學術」，表現出文化上保守傳統的傾向，與《新青年》的陳、胡諸人雖存歧見，但並非政敵。[62]第三批以梁啟超、梁漱溟、張君勱等為代表，他們洞悉一戰後西方世界不景氣的狀況，認為西方的物質文明百弊叢生，中國文化有其不可替代的價值，不同程度地看好中國文化自身的價值。這一批人中有的曾赴西方親自考察，有的曾在西方留學，他們對西方的觀察不能不說包含相當的真實。他們對新文化運動的主潮提出挑戰是在進入 20 年代以後，這時新文化運動業已定勢，他們的歧見與其說是以新文化運動為敵，不如說是對新文化運動某種偏向（主要是揚西抑中）的制衡。這一批人中除梁啟超在 1929 年去世外，其他人在文化上後來基本上一直持守自己的立場不變，他們可視為現代文化保守主義崛起的標誌，我們完全有理由將他們納入新文化的視野中去考察。

其實這一批人本身即未自外於五四新文化運動。梁啟超不僅是「五四」事件的直接引發人之一，與其關係密切的《改造》、《晨報》、《時事新報》也是宣傳新文化、新思潮的重要陣地。[63]至於梁漱溟，一生都感念蔡元培先生，對北京大學和五四運動始終保持美好的回

---

[62] 這裏最有意思的是，劉師培和《國故》社在林紓致信《公言報》後，在《北大日刊》刊登啟事，聲明其「非與《新潮》諸雜誌互相爭辯」的立場，信載 1919 年 3 月 24 日《北京大學日刊》。

[63] 有關梁啟超在五四時期的活動，參見耿雲志、崔志海《梁啟超》第五章〈五四時期文化興國〉，廣州：廣東人民出版社，1994 年 12 月出版。此書不同意將梁啟超列為「東方文化派」，而認為他是「西化」派與「東方文化」派之間的中間人士，梁始終主張堅持中西文化的貫通與融合。筆者以為，從梁的整個文化思想來看，做出這樣的判斷是可以成立的，但梁著《歐遊心影錄》的發表的確給文化保守主義注射了一針興奮劑，因而將其列為新文化運動的另一支流──文化保守主義，應有道理。

憶，他在《東西文化及其哲學》一書中預言世界文化的未來有待於
中國文化的復興，預示了中國文化發展的另一種潛在可能性。

前兩批異議人士對新文化運動的非難不僅未構成足夠的火力，[64]
反而他們自己很快遭到冷遇，一度作為反對派主要言論陣地的《東
方雜誌》主編杜亞泉受東西文化論戰之累辭職即是一例。[65]其實不獨
杜亞泉如此，傲慢的舊派代表辜鴻銘、黃侃離開北大，其中原因與
反對派的邊緣化亦不無關係。

梁啟超、梁漱溟對新文化運動主潮所唱的反調，一時激起巨響，
滿足了守舊人士對新文化運動的怨恨情緒。而《學衡》的出現，才是
文化保守主義有組織、成系統地持續抗衡新文化運動主流的一個陣
地。《學衡》創刊於 1922 年 1 月，從時間上來說，這時已是新文化運
動的尾聲了。20 年代以後，《新青年》陣營分化，陳獨秀、李大釗投
身政治，北大派遂以胡適為中堅，《學衡》自然將矛頭集中對準胡適。
《學衡》雜誌涉及反對新文化運動的代表性文章有：梅光迪〈評提倡
新文化者〉（第 1 期）、〈評今人提倡學術之方法〉（第 2 期）、〈論今日
吾國學術界之需要〉（第 4 期），胡先驌〈評《嘗試集》〉（第 1、2 期）、
〈評胡適〈五十年來中國之文學〉〉（第 18 期）、〈論批評家之責任〉
（第 3 期）、〈文學之標準〉（第 31 期），吳宓〈論新文化運動〉（第 4
期）、〈論今日文學創造之正法〉（第 15 期）、〈我之人生觀〉（第 16
期），邵祖平〈論新舊道德與文藝〉（第 7 期），曹慕管〈論文學無新
舊之異〉（第 32 期），劉樸〈辟文學分貴族平民之訛〉（第 32 期），吳
芳吉〈吾人眼中之新舊文學觀〉（第 21、31、42 期），易峻〈評文學
革命與文學專制〉（第 79 期），李思純〈論文化〉（第 22 期），陳寅恪
〈馮友蘭《中國哲學史》上冊審查報告〉（第 74 期）。[66]從篇目可以看

[64] 有關新文化運動時期異議人士的情形，參見周策縱：《五四運動史》第三章〈運
動的萌芽階段：早期的文學和思想〉「五，反對派的批駁和答辯」，第十一章
《文學革命》「三，對文學改革的反對」，長沙：嶽麓書社，1999 年 8 月版。
[65] 有關杜亞泉在「五四」以後的情形，參見王元化：〈序：杜亞泉與東西文化問
題論戰〉，收入《杜亞泉文選》，上海：華東師範大學出版社，1993 年 10 月版。
[66] 筆者認為，陳寅恪這篇審查報告，名為審查馮書，實為批評前此胡適的《中

出，內容側重在文化通論、文學革命與學術研究方面，與政治可以說幾無關係。胡適的文學革命主張和他的主要著作，如《嘗試集》、〈五十年來中國之文學〉、《中國哲學史大綱》則是首當其衝的批評對象。

《學衡》對新文化運動的批評意見，主要為：（一）提倡重視傳統，重視歷史，主張對傳統持「同情的理解」態度，反對新文化運動鄙棄傳統，「以暴易暴」的態度；（二）反對新文學運動，反對以白話文替代文言文，認為文學無新舊之分、無貴族平民之分；（三）反對一味偏向西方文化，尤反對專取西方一家學說。《學衡》以白璧德（Irving Babbitt,1866-1933）的「新人文主義」為理論底色，在論證方式和理論說明上都表現了不容輕視的現代意義。[67]

新文化運動畢竟已經穩定地居有了主流地位。胡適、魯迅對《學衡》似不屑一顧，針對反對派的攻擊，胡適 1922 年 5 月寫作〈五十年來中國之文學〉時評論道：「今年（1922 年）南京出了一種《學衡》雜誌，登出幾個留學生的反對論，也只能謾罵一場，說不出什麼理由來。」「《學衡》的議論，大概是反對文學革命的尾聲了。我可以大膽說，文學革命已過了議論的時期，反對黨已破產了。」[68]魯迅在〈估《學衡》〉一文中寫道：

> 夫所謂《學衡》者，據我看來，實不過聚在「聚寶之門」左近的幾個假古董所放的假毫光；雖然自稱為「衡」，而本身的稱星尚且未曾釘好，更何論於他所衡的輕重的是非。……
> 總之，諸公掊擊新文化而張皇舊學問，倘不自相矛盾，倒也不失其為一種主張。可惜的是於舊學並無門徑，並主張也還不配。倘使字句未通的人也算是國粹的知己，則國粹更要慚惶煞人！[69]

國哲學史大綱》，《學衡》有意刊出陳文的用意亦在於此。

[67] 有關《學衡》的述評，參見林麗月：〈《學衡》與新文化運動〉，收入《中國現代史論集》第六輯〈五四運動〉，臺北：聯經出版公司，1990 年版，第 505-528 頁。沈衛威：《回眸「學衡派」》，北京：人民文學出版社 1999 年 4 月版。

[68] 〈五十年來中國之文學〉，《胡適文集》第 3 冊，第 261-262 頁。

[69] 魯迅：〈估《學衡》〉，原載 1922 年 2 月 9 日《晨報副刊》。《魯迅全集》第 1

對於《學衡》派的學術活動，胡適未予置辯，他只有〈評柳詒徵編著《中國文化史》〉[70]一文涉及《學衡》派成員的著述，但從這一篇書評中，也可看出他對《學衡》的輕蔑態度。

一波未平，一浪又起。1925 年 7 月，章士釗在北京創辦了另一個抗衡新文化運動的刊物──《甲寅》週刊。《學衡》的靶心是胡適，《甲寅》所針對的亦是「以適之為大帝，績溪為上京，遂乃一味於胡氏《文存》中求文章義法，於《嘗試集》中求詩歌律令。」[71]這一文化現象，可見當時反對派所忌恨的是在新文化運動中「暴得大名」的胡適，而為其所最切齒者乃是橫被天下的白話文。但梅光迪、吳宓等人所辦的《學衡》與章士釗所辦的《甲寅》稍有不同，《學衡》基本上聚集的是一批無權無勢的學者文人，他們傾向於一種文化精神上的守成，與新文化運動的區別不過是一種文化價值的取向不同而已。對此，1922 年 5 月 31 日梅光迪在一封致胡適的信中說得很明白：「《努力週報》所刊政治主張及其他言論，多合弟意。兄談政治，不趨極端，不涉妄想，大可有功社會，較之談白話文與實驗主義勝萬萬矣。」[72]因而《學衡》不過是文化保守主義在自身瀕臨邊緣化為挽救頹勢所作的一種努力。而主辦《甲寅》的章士釗時任北洋政府的司法總長兼教育總長，他操持著大權，他不僅想借助手中的職權挽回已經傾斜的大勢，且以勢壓人，免去魯迅教育部僉事一職，引發了他與魯迅的一場訴訟官司。[73]

章士釗批評新文化運動的主要理由是：（一）他特別強調文化的特殊性，提倡每個民族「善守其歷代相傳之特性，適應與接之環境，

冊，北京：人民文學出版社，1982 年版，第 377、379 頁。

[70] 胡適：〈評柳詒徵編著《中國文化史》〉，原載 1933 年 6 月《清華學報》第 8 卷第 2 期。又收入《胡適文集》第 10 冊，第 768-772 頁。

[71] 章士釗：〈評新文化運動〉，載 1923 年 8 月 21、22 日《新聞報》，後又載 1925 年 9 月《甲寅》第 1 卷第 9 號。

[72] 收入胡適：〈我的歧路〉，《胡適文集》第 3 冊，北京：北京大學出版社，1998 年 11 月版，第 361 頁。

[73] 參見陳漱渝：〈魯迅與章士釗的一場訴訟〉，收入陳漱渝編：《一個都不寬恕──魯迅和他的論敵》，北京：中國文聯出版公司，1996 年 11 月版，第 51-59 頁。

曲迎時代之精神」;(二)提出「新舊循環論」,認為新舊只是人們的主觀感受,其實質只是幾種既有的思想在不斷循環,而造成這種循環的是人類的厭舊與篤舊兩種秉性。文化無所謂新與舊,「新文化」一詞不能成立。(三)反對新文化運動的「運動」方式,認為求文化為一般民眾所共喻是不可能的,其結果只能是「欲進而反退,求文而得野」。(四)反對文學革命,反對以白話文取代文言文,捍衛文言文的正統地位。[74]章士釗不僅這樣主張,而且力圖實施自己的主張。他「整頓學風」,規復禮教,採取舉措獎勵大學教授使用文言文著述等,結果迅即招致各方面的強烈反對,「士釗之名,士林所不齒;士釗之文,君子以羞道。」[75]

從《學衡》、《甲寅》以後,中國現代意義上的文化保守主義逐漸確立了自己的基本取向。他們主要是在文化價值上關注傳統文化的保存,認為中國文化有其自存的獨特價值。他們並不再像康有為那樣力圖借助國家政權實施其文化守成主張,在政治上他們大都是自由主義者。他們對待傳統文化的態度也借助了西方思想如白璧德「新人文主義」的支持。這樣以來,雖然文化保守主義退居於邊緣,但它畢竟已構成一種真實的存在,一種有其獨特價值的文化選擇。對此,徐志摩的一段話頗值得人們嚼味:

> 前幾年的所謂新思潮只是在無抵抗性的空間裏流著;這不是「新人們」的幸運,這應該是他們的悲哀。……早年國內舊派的思想太沒有它的保護人了,太沒有戰鬥的準備退讓得太荒謬了;林琴南只比了一個手勢就叫敵營的叫罵嚇了回去。新派的拳頭始終不曾打著重實的對象;我個人一時間還猜想舊派竟許永遠不會有對壘的能耐。但是不,《甲寅週刊》出世了,它那勢力,至少就銷數論,似乎超過了現在任何同性

[74] 有關章士釗反對新文化運動的態度,參見鄒小站:《章士釗社會政治思想研究 1903～1927 年》,長沙:湖南教育出版社,2001 年 4 月版,第 259-274 頁。
[75] 錢基博:《現代中國文學史》,長沙:嶽麓書社,1986 年 5 月版,第 469 頁。

質的期刊物。我於孤桐一向就存十二分的敬意的，雖則明知
在思想上他與我──如其我配與他對稱這一次──完全是不
同道的。我敬仰他是因為他是個合格的敵人。在他身上，我
常常想，我們至少認識了一個不苟且，負責任的作者。在他
的文字裏，我們至少看著舊派思想的部分表現。有組織的根
據論辯的表現。[76]

可見，文化保守主義作為一種流派在不斷抵禦新文化的主流選擇中
已尋找到了自己的生存空間，逐漸形成自己的文化價值取向、自己
的思想個性，這就預設了新文化發展的另一種可能性。

四、五四傳統：民族主義、民主、革命

以上對於五四話語所作的「類」的陳述，只是一個粗略的概貌。
即使如此，我們亦可以看出，在所劃分的「類」中，各個思想流派及
其代表人物在不同時期對五四精神的闡釋並不一致。如在自由主義這
一流派中，胡適與殷海光的觀點就有差異。胡適喜用「中國的文藝復
興運動」一詞來形容五四新文化運動，而殷海光則不避諱用「啟蒙運
動」一詞來表述五四運動。在馬克思主義這一派中，新啟蒙運動的
發起者強調思想自由，表現出對啟蒙運動的基本特性一定程度的認
同和繼承；而毛澤東的五四觀則幾乎不提思想自由、個性主義這一
類詞眼了。在保守主義內部，與新文化運動意見相左的梅光迪、吳
宓等人主要是文化上的保守主義，政治上卻標榜自由、民主，而較
早的康有為、辜鴻銘等人對帝制抱有幻想，並為此曾做出自己的努
力。由此我們也不難看出：在五四以後的相當長一段時間，中國文
化因失去傳統的統整體系以後，顯得十分支離破碎，以至構建新的
思想流派也殊為難得，各個流派的思想個性的伸展有其內外的限制。

---

[76] 徐志摩：〈守舊與「玩」舊〉，收入《中國新文學大系文學論爭集》（影印本），
上海：上海文藝出版社，1981 年 10 月版，第 230-231 頁。

　　需要說明的是，各個流派之間的交鋒有時未必是真正瞭解對方的觀點。如以價值中立的立場來考察當年那些充滿火藥味的思想論戰，即可發現對立的雙方有時並不完全是思想之爭，還有其他的因素如師承關係、黨派關係、甚至私人恩怨在發生作用。胡適提出的「中國的文藝復興」與梅光迪對中國人文傳統的偏好，他們倆對於承繼中國人文傳統的真誠很難說有本質上的差別。各派之間都不否認民主制度的現代價值，但他們對於民主精神的貫徹又有賴於其對自己某些個性（如革命、保守甚至自我的固執）的抑制。

　　各個流派在評估五四運動時一方面顯露了各自的思想鋒芒，一方面也構成一種文化互補。保守主義執著的民族文化傳承意識，自由主義佔有的民主政治思想資源，馬克思主義的革命理念都構成各自的個性，這些個性有時掩蓋了它們的一些更具真實意義的思想，如胡適的「中國的文藝復興」即少為人們提及，人們比較普遍注意的是他的自由主義的政治思想或一度張揚的「全盤西化」的文化觀。今天看來，這些各自表述的思想不過是現代性內容的一個側面，它們的存在反映了現代性的多元狀態或多元選擇。

　　人們普遍認為，五四運動的主流派是自由主義與激進主義的聯盟，文化保守主義不過是一條非主流的支線。其實五四時期的流派之分並不成熟，當時的各種思想之爭還包含著其他種種因素，如人緣、地域、師承等因素。當時的自由主義與激進主義並不存一條明顯的界線，《新青年》同人對個人主義、個性解放幾乎有著一致的認同。自由主義的政治理念並不十分清晰，故這時期的自由主義很大程度上是存在於文化教育領域，與政治上的自由主義並無多大關涉，這種情形直到胡適等人辦《努力週報》時才開始改觀。各個流派對五四運動的闡釋是隨著思想個性的展開，才形成各自的思想定勢，其間的裂縫也逐漸深化。

　　在各大流派之爭的背後，隱含著對文化霸權的爭奪。而取勝的關鍵又看誰能最大限度的調動民族情緒，整合民族情緒。換句話說，與民族主義的結合是現代中國各思想流派能否取得主流地位之最後

關鍵因素。近代以來，中國諸種問題的論爭，從根本上可說是民族認同的危機所致。民族認同之所以出現危機，則由不同的價值觀和文化觀衝突所致。一個在文化上不能整合的民族、一個精神上分裂的民族，是不可能在政治上建構一個高度整合的現代民族國家。從傳統向現代轉型的近代中國在民族精神分裂與渴求國家統一、強大之間長久地徘徊和煎熬。謀求文化霸權的努力實際上是欲在整合民族精神的基礎上實現現代民族國家的重建。

很多論者在論及五四話語中的流派之分時，常常將民族主義與保守主義並聯在一起，彷彿其他流派與民族主義無涉。[77]其實民族主義是覆蓋近代思潮和流派的一種普遍傾向。胡適說：「只有自由可以解放我們民族的精神，只有民主政治可以團結全民族的力量來解決全民族的困難；只有自由民主可以給我們培養成一個有人味的文明社會。」[78]表達的就是一種典型的自由主義的民族主義訴求。至於陳伯達、艾思奇、張申府等人發動新啟蒙運動，其直接目的即是動員民眾投身抗戰。

吊詭的是，有著深厚傳統根基的保守主義，作為一種文化上的民族主義，並不為人們所喜好，它在知識界似是孤鴻哀鳴。之所以出現這樣一種情形，是因為文化保守主義過分強調民族文化的特殊性，在近代歷史條件下，西方文化掌控了世界文化的霸權，中國文化處於弱勢地位。提倡一種文化上的民族主義不僅無助於改變這一地位，而只能加深中西文化之間的隔閡，不利於中國文化自身的更新。儘管文化保守主義常常自稱要「返本開新」，但它們卻守成有餘，開新不足，這是它在社會轉型時代必然邊緣化的一個內在原因。

---

[77] 參見周策縱：《五四運動史》，長沙：嶽麓書社，1999 年 8 月出版，第 481-486 頁。汪暉：〈中國的「五四觀」〉，收入氏著《無地彷徨》，杭州：浙江文藝出版社，1994 年 10 月出版，第 177-229 頁。兩著均將民族主義與保守主義並聯，類似的提法在有關中國近代文化史、思想史的論著中甚多，有的甚至混用，其實就近代中國的思潮類型劃分來說，民族主義與保守主義二詞應有區別，不宜混為一談。

[78] 胡適：〈我們必須選擇我們的方向〉，收入《獨立時論一集》，北平：獨立出版社，1948 年 8 月版。

　　力倡自由、民主、人權的自由主義，以民主政治為感召，應有足夠的動員力，事實上也不然。民主政治的實施很大程度上取決於現有的各大政治集團能對國家政治有一開明的看法，相互達成妥協。這樣的機會在民國時期僅出現兩次，一次是在民國初年，如果袁世凱能與孫中山為代表的國民黨人合作，則不至在政治上演成變亂，而有可能將中國政治導入程式化的軌道。結果是袁世凱肆意妄為，推行帝制，踐踏民主政治，由此才引發了新文化運動，陳獨秀提出「民主」與「科學」兩大口號，即是對這一歷史挫折的反省。一次是在抗戰勝利後，如果國共兩黨能夠達成妥協，中國也許有走上憲政之可能，內戰的爆發很快使這一希望成為泡影。自由主義在這兩個時段之所以表現得特別活躍，也是看準了這兩次機會。

　　近代中國自由主義的勢力一直局限在知識界內部，對現實政治只有「軟」的影響，沒有「硬」的壓力，對廣大民眾亦未產生有效的動員力。對於自由與民族主義的矛盾，魯迅看得十分清楚：

　　　　知識和強有力是衝突的，不能並立的；強有力不許人民有自由思想，因為這能使能力分散，思想一自由，能力要減少，民族就站不住，他的自身也站不住了！現在思想自由和生存還有衝突，這是知識階級本身的缺點。[79]

這可以說是對自由主義在中國所遭遇的困境一語道破。自由主義在相當長一段時間回避討論其與民族主義的關係，致使兩者之間的關係處在一種緊張狀態，這也是自由主義困頓不前的重要原因。

　　3、40 年代以後，真正對中國青年產生感召力的是馬克思主義的革命思想。故其對五四運動的歷史闡釋也逐漸成為一套強勢話語。[80]現在的問題是，為什麼一種強調革命的民族主義在 3、40 年代

---

[79] 〈關於知識階級〉，收入《魯迅全集》第 8 冊，北京：人民文學出版社，1982年版，第 189-190 頁。

[80] 關於這一點，我在〈自由主義與五四傳統〉一文中對自由主義在 3、40 年代的話語語境有過分析。自由主義邊緣化的例證可從胡適一些書信中得到線索，如〈致蘇雪林〉〈1936 年 12 月 14 日，收入《胡適來往書信選》中冊，北

以後能夠上升為最具影響力的思潮？從根本上來說，近代中國是一個社會轉型的大時代，轉型的完成，當然有賴於破壞與建設兩方面。當訴諸和平的民主呼聲一再遭到當局的暴力鎮壓或其他強制手段壓迫，革命就成為一種不得已的選擇。革命是「逼上梁山」的結果，胡適曾用這一詞語形容「文學革命」，其實許多投身革命的人們也是如此。革命的邏輯的是由兩個前提造成：一是阻礙中國社會進步的舊勢力太強大，也太狠毒，因此和平之抗爭絕不可能；二是中國傳統文化的習性根深蒂固，不用大力衝擊，不足以動搖其根基。這一邏輯是在五四時期形成的。陳獨秀的「偶像破壞論」，[81]胡適的「反對調和論」，[82]其實都反映了一種對文化革新、思想革命的要求。因此，儘管新文化運動的主將們還沒有將身心投向政治革命，但他們的言論舉止及運動的成功經驗，確給他們提供了啟示——革命。其中有些人，如錢玄同、胡適等對此後來有所悔悟，但革命之蔚然成風已成為定勢。後來居上的革命者借助於蘇俄革命的榜樣，已不需五四這一根「過時」的拐杖了。革命成為歷史發展的邏輯，革命是已有堅實思想基礎的進化論的進一步推衍和深化，革命也得以成為獲取權力的合法性來源。蔣介石借著「國民革命」之力上臺，共產黨強調以「新民主主義」革命奪取國民黨政權。與革命相對立的是「反革命」，它不僅在意識形態上處於被排斥的地位，而且在法律上處在非法的地位。從南京國民政府成立以後，開始出現「懲治反革命分子條例」一類的立法，許多敵對者即被控以「反革命」的罪名而遭到處罰。這樣的情形在一個民主化的社會裏被視為「反常」，而在一個革命意識形態占上風的社會卻有不容挑戰的「正當性」。革命的正當性係從五四邏輯發展而出，其據有五四傳統的正統地位的內在根據亦在於此。

<hr>

京：中華書局，1979 年版，第 337-340 頁。

[81] 陳獨秀：〈偶像破壞論〉，原載 1918 年 8 月 15 日《新青年》第 5 卷第 2 號。收入《陳獨秀文章選編》上冊，第 276-278 頁。

[82] 胡適：〈新思潮的意義〉，原載 1919 年 12 月《新青年》第 7 卷第 1 號。收入《胡適文集》第 2 冊，第 557 頁。

　　與革命的意識形態相聯結，出現了對五四運動所作的反對封建主義、反對帝國主義的定性。封建主義或封建制度、封建社會，是西方學者研究中世紀所使用的詞彙。在古代中國，封建制有確定的指稱，即指周朝的封建制，五四時期，陳獨秀所說「孔子生長封建時代，所提倡之道德，封建時代之道德也；所垂示之禮教，即生活狀態，封建時代之禮教，封建時代之生活狀態也；所主張之政治，封建時代之政治也。」[83]這裏所說的「封建」，尚未脫古義。換句話說，五四運動有反對專制的思想，卻還並未具有反封建主義的口號或觀念。「封建主義」一詞的使用是在 20 年代末社會性質問題論戰以後才逐漸流行開來，以至於未介入這場論戰的胡適一直拒絕使用這個概念套裁中國歷史。[84]反對帝國主義的口號則與蘇俄傳入的有關殖民地、半殖民地民族解放運動理論有關，因而對西方民主政治制度素有好感的自由主義者也不太喜歡這樣一種說法。[85]因此，五四運動原有的反對專制，要求民主的特性和民族主義的訴求在其意義被轉化以後，個人主義作為五四時期個性解放運動的合理內核被排除了，新文化運動作為一場資產階級文化運動的負面意義反被突顯出來。這樣一來，五四運動本身反專制、反道統的要求被反對封建主義取代後，其應有的民主意義則被淡化或削弱。五四運動要求民族獨立的理念在轉化為反對帝國主義這一概念後，資本主義文明的光彩在國人的心目中也開始暗淡，甚至妖魔化了。

　　近代以來中國制度建設的一個根本問題是走上民主政治軌道，即通過民主政治整合民族的力量，建立一個新型的現代民族國家。辛亥革命是朝向這個方向邁出的最具關鍵意義的第一步，它的作用是推倒了帝制。然因帝制的崩潰帶來了政治結構的解體和失序，人

---

[83] 陳獨秀：〈孔子之道與現代生活〉，原載 1917 年 2 月《新青年》第 2 卷第 4 號。收入《陳獨秀文章選編》上冊，第 155 頁。

[84] 參見胡適：〈我們走那條路〉，收入《胡適文集》第 5 冊，第 353 頁。

[85] 參見胡適：〈請大家來照照鏡子〉，收入《胡適文集》第 4 冊，第 27 頁。〈我們走那條路〉，收入《胡適文集》第 5 冊，第 353 頁。《致孫長元》1933 年 12 月 13 日，收入《胡適書信集》上冊，北京：北京大學出版社，1996 年 9 月版，第 595 頁。在給孫長元的信中，胡適明確表達了對孫使用「封建勢力」、「國際帝國主義」、「民族資本」、「最後的原因」、「根本的解決」這些名詞的厭惡。

們重新在民主與開明專制（新式獨裁或一黨專權）的政制之間徘徊，五四新文化運動是為實現民主所作的一次新的努力，它在政治上的革命意義即在於此，這次努力不過是配合當時極為脆弱的政黨政治在思想觀念上的一次努力，並未在制度上留下任何痕跡。

五四運動在批判舊的專制制度時，幾乎毫無例外地將矛頭對準儒家的三綱五常，認為這樣一種倫理是專制制度的基石。很少見人觸及專制制度的另一個重要思想來源——法家，甚至對法家代表人物的思想評價甚高。「實際上儒家還有著民本主義思想和誅獨夫的革命思想，可是法家卻站在君主本位的立場上，實行徹底的專制主義。」[86]由此也不難看出，即在「五四」時期，新文化運動的主將們對中國歷史上的專制制度也未在理論上作一番系統的清理，以致毛澤東晚年還帶著這一歷史的錯覺，授意講「儒法鬥爭史」，抑儒揚法。現代中國難已邁上民主政治之路，與各種反對民主的勢力和觀念作祟有關，但支持民主的現實力量和思想醞釀準備不足亦是不可忽視的因素！

自由主義以承繼五四民主傳統為職志，欲求民主傳統之不墜，但他們的努力卻很難在制度層面加以落實。1912～1949 年民國的歷史可以說是一部沒有落實民主的歷史，一部非憲政的歷史，一部有政黨卻無現代文明意義的政黨政治的歷史。民國是一個空殼，對於這樣一個缺陷，自由主義者想要彌補它，而革命的馬克思主義者則要摧毀它。民主在「五四」以來所遭遇的困厄一再喚起人們對「五四」的記憶，成為激發他們思想活力的源泉，「五四」也就成了人們說不盡、道不完的恆在話題。

本文為作者 2000 年 6 月參加馬來西亞華社研究中心主辦的「傳統文化與社會變遷」國際學術研討會提交的論文，原載《現代中國》第一輯，武漢：湖北教育出版社，2001 年 10 月出版。

---

[86] 參見王元化：〈對五四的再認識答客問〉，收入《五四新論》，臺北：聯經出版公司，1999 年 5 月版，第 73 頁。

《新青年》編輯演變的歷史考辨

——以 1920 至 1921 年《新青年》
同人來往書信為中心的探討

　　《新青年》從 1915 年 9 月 15 日創刊，到 1926 年 7 月 25 日終刊，歷時十年十個月零十天。在這十年間，從編輯、作者隊伍和思想內容看，它經歷了四個階段：第一階段從第一卷至第三卷，是陳獨秀「主撰」的體制（1915 年第 9 月 15 日至 1917 年 8 月 1 日），作者主要是皖籍學人或陳獨秀引為同志的朋友。第二階段為第四、五、六卷（1918 年 1 月 15 日至 1919 年 11 月 1 日），是由同人輪流負責編輯，作者主要為北大教員和學生。第三階段為第七、八、九卷，它是過渡階段，從第七卷（1919 年 12 月 1 日）重新由陳獨秀主編，到第八、九卷（1920 年 9 月 1 日至 1922 年 7 月 1 日）為中國共產黨上海發起組所主控，《新青年》逐步從同人刊物向黨刊過渡，作者則是原來的北大同人和《新青年》上海、廣東編輯部同人共存。第四階段為 1923 年 6 月 15 日復刊以後的《新青年》（季刊），它是中共中央的純理論機關刊物，作者則主要為中共黨內年輕的理論家。[1]

---

[1]　有關《新青年》的分期可謂眾說紛紜，傅斯年將之分為三個時期：「《新青年》可以分做三個時期看，一是自民國 4 年 9 月創刊時至民國 6 年夏，這時候他獨力編著的。二是自民國 6 年夏至 9 年初，這是他與當時主張改革中國一切的幾個同志特別是在北京大學的幾個同志共辦的，不過他在這刊物中的貢獻比其他人都多，且他除甚短時期以外，永是這個刊物的編輯。三是自民國 10 年初算起，這個刊物變成了共產主義的正式宣傳物，北大的若干人如胡適之先生等便和這個刊物脫離了關係。」參見傅斯年：〈陳獨秀案〉，載《獨立評論》第 24 號，1932 年 10 月 30 日。〈五四時期期刊介紹〉編者認為，《新青年》的發展大體可以分為三個階段：第一階段由 1915 年到 1918 年，它是反對封建主義的前期新文化運動的中心。第二階段從五四運動前後到中國共產黨成立之初，它由一個民主主義的刊物逐漸轉變成為社會主義的刊物。第三階段在中國共產黨成立之後，它曾改組成為中共中央的理論性的機關刊物。參見中共中央編譯

四個階中段的第一、二、四階段編輯變更時並無波瀾，唯在第三階段《新青年》南北同人內部產生了分歧和爭議。《新青年》從一個同人刊物轉變為一個宣傳俄國革命和馬克思主義的中共中央機關刊物，這是「五四」時期出現的一個具有重要歷史象徵意義的事件。它不僅意味著《新青年》雜誌本身的辦刊宗旨及其內容的重大變化，而且反映新興的馬克思主義者成為《新青年》的主導者，這也預示著「五四」以後中國新思想的主流選擇有可能朝向馬克思主義方向發展。《新青年》同人內部在這一過程中通過書信往來交換他們對編輯辦法和辦刊方向的意見，反映了他們的思想演變和交誼變化，故這一過程一直是研究者們討論的對象。[2]本章以已公佈的書信和「新

局研究室編:〈五四時期期刊介紹〉第一集上冊，北京:三聯書店，1978 年 11 月版，第 36 頁。陳萬雄認為，《新青年》從創刊到終刊「大抵可分三個時期」，1915 年 9 月第一卷到 1918 年 6 月第四卷是第一個時期，是同人雜誌時期;從第五卷至第七卷（1918 年 7 月至 1920 年 5 月 1 日），是北京大學革新派的陣地;1920 年 9 月第八卷以後直至結束是第三個時期，《新青年》「明顯成為倡導唯物思想和社會主義運動的刊物」。參見氏著:《五四新文化的源流》，香港:三聯書店，1992 年版，第 18-19 頁。葉再生將之分為四個階段:第一階段從創刊到五四運動前，這一階段的特點是與北大結合，《新青年》同人刊物開始形成，「這一階段是《新青年》歷史中最為光輝的一頁」。第二階段是從五四運動到中國共產黨成立前後，「從同人刊物轉變到政黨的機關刊物」。第三階段是中國共產黨成立前夕至出至第九卷第六號後停刊（1921 年 5 月到 1922 年 7 月），「從以政治為主兼顧哲學文學的刊物逐步過渡到政治理論刊物」。第四階段是從 1923 年 6 月 15 日復刊到 1926 年 7 月 25 日終刊，作為中共的機關刊物。參見葉再生著:《中國近代現代出版通史》第 2 冊，北京:華文出版社，2002 年版，第 109、118、137、140 頁。陳平原則按編輯地點的變遷將之分為三期:「假如以『同人雜誌』來衡量，在正式出版的第九卷第五十四期《新青年》中，依其基本面貌，約略可分為三個階段，分別以主編陳獨秀1917 年春的北上與 1920 年春的南下為界標。」「大致而言，在上海編輯的最初兩卷，主要從事社會批評，已鋒芒畢露，聲名遠揚。最後兩卷著力宣傳社會主義，傾向於實際政治活動，與中國共產黨的創建頗有關聯。中間五卷在北京編輯，致力於思想改選與文學革命，更能代表北京大學諸同人的趣味與追求。」參見陳平原:《觸摸歷史與進入五四》，北京大學出版社，2005 年 9 月版，第 60 頁。由於劃分的標準不一，對《新青年》的分期（特別是前九卷）的歧異很大，我以為應以編輯（包括人員和辦法）、作者變化為劃分標準比較適宜。

2　有關《新青年》這一轉變過程的探討，代表性的論著參見中共中央馬恩列斯著作編譯局:〈五四時期期刊介紹〉第一集上冊《新青年》，北京:三聯書店，

發現的一組書信」為主要材料，與其他體裁的文獻材料（如日記、回憶文字等）相互印證，剔偽取真，力圖真實地重現這一歷史過程的全貌，對過去一些不夠確切或似是而非的提法加以訂正。

一、見證《新青年》轉折的歷史文獻：同人來往書信

　　有關《新青年》從一個同人刊物轉變為一個宣傳馬克思主義和俄羅斯革命的中國共產黨機關刊物這一歷史過程，現已先後公佈了三批文獻材料：

　　第一批為 1954 年 2 月北京中華書局出版的《中國現代出版史料》甲編，內收〈關於《新青年》問題的幾封信〉一文。這篇文章共收入 1920 年陳獨秀、胡適、魯迅、李大釗的六封信：（一）陳獨秀致胡適、高一涵（1920 年 12 月 16 日夜）。（二）胡適覆陳獨秀（未署時間，估約 1920 年 12 月下旬）。（三）胡適致李大釗、魯迅、錢玄同、陶孟和、張慰慈、周作人、王撫五、高一涵（1920 年 12 月 22 日）。此信有張慰慈、高一涵、陶孟和、李大釗、周作人、周樹人、錢玄同的簽注意見（1921 年 1 月 26 日）。（四）魯迅覆胡適（1921 年 1 月 3 日）。（五）李大釗覆胡適（未署時間，估在 1921 年 1 月 22 日以後）。（六）陳獨秀致胡適（1921 年 2 月 15 日）。這些信注明原件保存在北京大學。但從這六封信寫信、覆信的人員來看，均有胡適，我推測很可能係胡適保存。[3]因當時胡適私人檔案仍存留在北京

1978 年 11 月版，第 1-40 頁。丁守和：〈陳獨秀和《新青年》〉，載《歷史研究》1979 年第 5 期。陳萬雄：《五四新文化的源流》第一章〈《新青年》及其作者〉，香港：三聯書店，1992 年 5 月版，第 1-20 頁。耿雲志：〈胡適與《新青年》〉，收入氏著：《胡適新論》，長沙：湖南出版社，1996 年 5 月版，第 14-19 頁。葉再生著：《中國近代現代出版通史》第 2 冊，第 102-164 頁。

[3]　從北大檔案館保存的這些信的影印件可以證明這一點，在 1920 年 12 月 30 日胡適致陳獨秀信的後面有胡適留言：「附件（1）九、十二、三十，我給獨秀的信。（2）獨秀的回信。（3）獨秀給孟和的信（抄）。此二件（指（2）（3），引者按），尚未寄到。胡適。廿七，十二，九。」這段附加的留言說明直到 1938 年 12 月 9 日這些信仍保留在胡適手中，因此這些信無疑應為胡適保存。

大學，這些信可能是從胡適私人檔案流出或選出。這組材料成為 1979 年以前人們討論《新青年》轉折時期各位同人態度的主要依據。

　　第二批為 1979 年 5 月北京中華書局「內部出版」的《胡適來往書信選》上冊，內又增收了七封與《新青年》轉折時期相關的信：（一）陳獨秀致李大釗、胡適、張申府、錢玄同、顧孟餘、陶孟和、陳大齊、沈尹默、張慰慈、王星拱、朱希祖、周作人（1920 年 4 月 26 日）。（二）陳獨秀致胡適（殘，1920 年 8 月）。（三）陳獨秀致胡適（1920 年 9 月）。（四）陳獨秀致李大釗、錢玄同、胡適、陶孟和、高一涵、張慰慈、魯迅、周作人、王星拱（1920 年 12 月上旬）。（五）陶孟和致胡適（1920 年 12 月 14 日）。（六）胡適致陳獨秀（稿，未署時間，估約 1920 年 12 月底 1921 年初）。（七）錢玄同致胡適（殘，1921 年 1 月 29 日）。這七封信中，除第六封信「胡適致陳獨秀」系留稿或抄稿外，其他六封的收信人均為胡適或胡適等。這些信來源於保存在中國社科院近代史研究所的「胡適檔案」，毫無疑問係胡適保存。在「胡適檔案」中還保有陳望道致胡適（1921 年 1 月 15 日）一信，當時沒有公佈，後來收入《胡適遺稿及秘藏書信》第 35 冊（黃山書社 1994 年出版）。

　　第三批是魯迅博物館於 1979 年為紀念「五四」運動六十周年，在《歷史研究》（1979 年第 3 期）、《復旦學報》（社會科學版，1979 年第 3 期）發表了一批與《新青年》有關的信件。1980 年魯迅博物館為紀念「左聯」成立五十周年紀念，再次公佈其收藏的一批書信。這批書信係魯迅研究室手稿組輯注，以〈胡適、劉半農、陳獨秀、錢玄同、鄭振鐸、傅斯年、陳望道、吳虞、孫伏園書信選（1917 年 9 月～1923 年 8 月）〉為題發表在《中國現代文藝資料叢刊》第 5 輯（1980 年 12 月上海文藝出版社出版），內有劉半農致錢玄同（1917 年 10 月 16 日）、致周作人（1920 年 1 月 27 日），陳獨秀致周作人（1918 年 12 月 14 日、1920 年 3 月 11 日、7 月 9 日、8 月 22 日、9 月 4 日、9 月 28 日），陳獨秀致魯迅、周作人（1920 年 8 月 13 日、1921 年 2 月 15 日），[4]錢玄

4　1979 年第 5 期《歷史研究》刊登的魯迅博物館供稿、陸品晶注釋的〈陳獨秀

同致周作人（1920 年 12 月 16 日）、錢玄同致魯迅、周作人（1921 年 1 月 11 日），陳望道致周作人（1920 年 12 月 16 日、1921 年 1 月 28 日、2 月 11 日、2 月 13 日）[5]等信與本主題相關。此外，在《錢玄同文集》第六卷〈書信〉裏還收有一封李大釗致錢玄同（1921 年 1 月）。[6]

2002 年 4 月 6 日我前往華盛頓參加美國一年一度的亞洲學年會時，順途訪問了居住在華盛頓的胡適長子胡祖望先生一家。訪談之餘，胡先生出示了一包他保留的未刊書信，外面有一張舊報紙包裹，報上有胡適用紅毛筆題寫的「李守常、徐志摩、陳獨秀、梁任公遺札」字樣，內中書信，除了梁啟超、徐志摩致胡適信外，其他信與本文主題密切相聯，可以說彌足珍貴。這些信為：（一）陳獨秀致胡適、李大釗（1920 年 5 月 7 日）。（二）陳獨秀致胡適（1920 年 5 月 11 日）。（三）陳獨秀致胡適（1920 年 5 月 19 日）。（四）陳獨秀致胡適（1920 年 5 月 25 日）。（五）陳獨秀致高一涵（1920 年 7 月 2 日）。（六）陳獨秀致胡適（1920 年 9 月 5 日）。（七）陳獨秀致胡適（1920 年 12 月 21 日）。（八）陳獨秀致胡適等（1921 年 1 月 9 日。（九）李大釗致胡適。（十）錢玄同致胡適。（十一）錢玄同致胡適（1921 年 2 月 1 日）。（十二）周作人致李大釗（1921 年 2 月 25 日）。（十三）周作人致李大釗（1921 年 2 月 27 日）。（十四）陳獨秀致胡適（1925 年 2 月 5 日）。（十五）陳獨秀致胡適（1925 年 2 月 23 日）（以下冠以題名「新發現的一組書信」）。[7]有意思的是，這些信中有三封信，即陳獨秀致高

書信〉和〈讀新發表的陳獨秀四封書信手稿〉兩文，刊發了四封信。這四封信：第一至三封陳獨秀致周啟明（1920 年 3 月 11 日、8 月 22 日、9 月 28 日），第四封陳獨秀致周豫才、周啟明（1921 年 2 月 15 日）。《歷史研究》發表此文時，說明這四封書信為魯迅博物館收藏。

5　這四封信最早刊登於 1979 年第 3 期《復旦學報》發表的〈陳望道書信〉，編者說明這些書信手稿收藏在魯迅博物館。1979 年 10 月復旦大學出版社出版《陳望道文集》（第一卷）時又收入該文，改題為〈關於《新青年》雜誌的通信〉，並對注釋作了刪改。

6　收入劉思源編：《錢玄同文集》第 6 卷〈書信〉，北京：中國人民大學出版社，2000 年 8 月版，第 16 頁。

7　我在整理這批新發現的書信時，曾蒙耿雲志、沈寂、楊天石、陳漱渝諸位先生幫助辨認和指教，在此謹致謝忱。

一涵（1920 年 7 月 2 日）、周作人致李大釗（1921 年 2 月 25 日、2月 27 日），無論寫信人或收信人均無胡適，本應與胡適無關，然它們卻保留在胡適手中，顯然是胡適從高一涵、李大釗手中獲得。這些信何時由胡適交其長子保管，並帶往美國，我們暫不得而知。這批書信經上市拍賣後，現為中國人民大學博物館收藏。

從以上我們所知的在中國大陸（北京大學、中國社科院近代史所、魯迅博物館三處）已公佈的書信和我《新發現的一組書信》來看，這些書信主要來自於胡適和周氏兄弟。這些書信的收信者或覆信者主要亦為胡適和周作人，其中胡適尤多，不難看出胡適在《新青年》轉折這一過程中所扮演的重要角色。1920 年 2 月 19 日陳獨秀隻身南下後，《新青年》同人分為南北兩股，大部分同人仍留在北京，胡適實為他們的「召集人」，這也就是為什麼北京同人的書信絕大部分都與胡適有關的原因。胡適素有「歷史癖」，收藏這些信件顯然是其有心所為。當然，胡適如此重視這批書信，也反映了他本人對這一歷史過程的特別關注。可以說，由於胡適的「歷史癖」存心保留了這批書信，後來的歷史學者才有可能真正瞭解《新青年》轉折時期各位同人的真實態度及其內部糾葛。研讀這些《新青年》同人來往書信，充分挖掘內藏的隱秘資訊，對我們真實瞭解《新青年》的歷史轉變及其同人的態度確是一件頗有學術價值的事。

二、《新青年》前六卷之編輯、發行

在探討《新青年》轉折時期之前，我們有必要先回顧《新青年》前六卷的編輯情況。《新青年》之編輯，第一卷未具名，但主編或主撰為陳獨秀，則無可疑。第二、三卷具名「陳獨秀主撰」（並不是人們所常用的「主編」）。作為陳獨秀「主撰」或主編的最明顯特徵是第一至三卷的首篇文章均為陳獨秀，這顯然是陳獨秀突出個人的有意安排。有的論者認為：在章士釗等協助下，新青年開始招股，醞

釀合辦同人雜誌。其根據是 1917 年 1 月 13 日汪孟鄒覆胡適信。[8]至於《新青年》何時成為同人雜誌，確切的日子尚難斷定。估計在 1917 年 6、7 月間，最早的社員可能是高一涵等，錢玄同、胡適等加入肯定要在此後。1917 年 8 月 1 日《新青年》第三卷第六號刊登的陳獨秀覆錢玄同信，內有「待同發行部和其他社友商量同意，即可實行。」一語，證明此時《新青年》社已有社友，而錢玄同當時並不是。[9]1917 年 10 月 16 日劉半農致錢玄同信中提到：「先生試取《新青年》前後所登各稿比較參觀之，即可得其改變之軌轍。……譬如做戲，你、我、獨秀、適之，四人，當自認為『台柱』，另外再多請名角幫忙，方能『押得住座』；當仁不讓，是毀是譽，也不管他，」[10]這裏的四個「台柱」大概就是《新青年》「四大筆」說的由來。

第四卷改為同人刊物，陳獨秀個人角色明顯「淡化」。據編輯部公告：「本志自第四卷一號起，投稿章程業已取消，所有撰譯，係由編輯部同人公同擔任，不另購稿。其前此寄稿尚未錄載者，可否惠贈本志？尚希投稿諸君，賜函聲明，恕不一一奉詢，此後有以大作見賜者，概不酬資。」[11]這就改變了前三卷由陳獨秀主編或主撰的編輯體制。之所以作出這種調整，應與陳獨秀入主北大文科，《新青年》作者主要為北大教授，為調動這些名流作者的積極性，將《新青年》作者群凝結成為一個更加堅固的新文化陣營核心有關。

1922 年胡適撰寫〈五十年來中國之文學〉一文時，文中提到《新青年》第四卷編輯安排情況：「民國七年一月，《新青年》重新出版，歸北京大學教授陳獨秀、錢玄同、沈尹默、李大釗、劉復、胡適六人輪流編輯。」[12]胡適開列的這份名單，離 1918 年不過五年時間，列

8　該信收入耿雲志主編：《胡適遺稿及秘藏書信》第 27 冊，合肥：黃山書社，1994 年版，第 274-275 頁。

9　葉再生著：《中國近代現代出版通史》第 2 冊，第 110 頁。

10　〈劉半農致錢玄同〉，載《中國現代文藝資料叢刊》第 5 輯，上海文藝出版社，1980 年 12 月出版，第 303 頁。

11　〈本志編輯部啟事〉，載《新青年》第 4 卷第 3 號，1918 年 3 月 15 日。

12　〈五十年來中國之文學〉，收入《胡適文存》二集卷二。《胡適文集》第 3 冊，北京大學出版社，1998 年 11 月版，第 255 頁。這是原來的安排，沈尹默後改

入名單諸人當時均在，應無問題。《錢玄同日記》1918 年 1 月 2 日載：
「午後至獨秀處，檢得《新青年》存稿。因第四卷第二期歸我編輯，
本月五日須齊稿，十五日須寄出也。」[13]錢氏的記載坐實了胡適的這
一說法。只是當時雖為輪流編輯，實際執行時，相互之間仍有配合和
協助，如第四卷第三號原定沈尹默編輯，沈因眼疾請錢玄同、劉半農
代編，署名王敬軒（實為錢玄同化名）、記者（半農）的〈文學革命
之反響〉一文即刊於此期。第四卷第六號「易卜生號」為胡適編輯。
有的論者根據魯迅〈憶劉半農君〉一文「採取集議制度，每出一期，
就開一次編輯會，商定下一期的稿件」[14]一語，認為第四卷的編輯，
是「採取集議制度」，甚至「魯迅也應邀參加了了會議，在會上第一
次認識剛剛加入編輯的李大釗」。[15]這些說法均不確切，第四卷實已為
同人輪流編輯。

　　第五卷繼續採取輪流編輯辦法。周作人晚年據其 1919 年 10 月 5
日日記，回憶起由陳獨秀主編《新青年》第七卷之前的情況時說：「在
這以前，大約是第五、六卷吧，曾議決由幾個人輪流擔任編輯，記
得有陳獨秀、適之、守常、半農、玄同、和陶孟和這六個人，此外
有沒有沈尹默，那就記不得了，我特別記得是陶孟和主編的這一回。」
周還舉陶孟和為其譯作〈小的一個人〉標題加一「小」字為例，力證
陶孟和曾任編輯。並特別說明：「關於《新青年》的編輯會議，我一
直沒有參加過，《每週評論》的也是如此，因為我們只是客員，平常
寫點稿子，只是遇著興廢的關頭，才會被邀列席罷了。」[16]周作人所
舉陶孟和為其修改的譯作〈小小的一個人〉一文刊登於第五卷第六
號，如果確認陶孟和是這一期編輯的話，周作人開列的這份名單應該

　　由錢玄同、劉半農代。參見沈尹默：〈我和北大〉，收入《五四運動回憶錄》（續），
　　北京：中國社會科學出版社，1979 年 11 月出版，第 166 頁。

[13]　魯迅博物館編：《錢玄同日記》第 4 冊，福州：福建教育出版社，2002 年版，
　　第 1645 頁。

[14]　〈憶劉半農君〉，收入《魯迅全集》第 6 卷，北京：人民文學出版社，1981 年
　　版，第 71 頁。

[15]　參見唐寶林、林茂生：《陳獨秀年譜》，上海人民出版社，1988 年 12 月版，第
　　84 頁。

[16]　參見《周作人回憶錄》，長沙：湖南人民出版社，1982 年 1 月出版，第 338-339 頁。

就是第五卷的輪流編輯名單,只是排列次序可能需要更為確切的材料加以證明。據 1918 年 2 月下旬錢玄同致信胡適云:「《新青年》第五卷第二號,准明晨交仲甫去寄。第三號係半農編輯,你如其有大稿,請早日交給他(第三號極遲 9 月 15 日一定要寄出)。還有孟和的《國民之敵》以下續稿,在你那裏,也請你早日改妥了送交半農。」[17]可見,第五卷第二號為錢玄同編輯,第五卷第三號為劉半農編輯,而陳獨秀仍為最後定稿者。

第六卷輪流編輯的分工,據《新青年》第六卷第一號刊登的〈本雜誌第六卷分期編輯表〉所載第一至六號編輯名單依次為:陳獨秀、錢玄同、高一涵、胡適、李大釗、沈尹默。[18]第六卷第一號刊登的陳獨秀〈本志罪案之答辯書〉,表現了《新青年》同人追求民主(德先生)、科學(賽先生)的共同理想,認定「只有這兩位先生,可以救治中國政治上、道德上、學術上、思想上一切的黑暗。」儼然是同人的共同宣言,說明《新青年》同人已經結成堅強有力的戰鬥群體。該卷每期內容與編輯的個人思想傾向密切相關,如第六卷第四號由胡適負責編輯,刊首即為胡適的〈實驗主義〉一文。第六卷第五號由李大釗負責編輯,這一號就設有「馬克思研究」專欄,李大釗發表了長文〈我的馬克思主義觀〉。

沈尹默在他的回憶文字中提到《新青年》的編輯情況:「《新青年》搬到北京後,成立了新的編輯委員會,編委七人:陳獨秀、周樹人、周作人、錢玄同、胡適、劉半農、沈尹默。並規定由七個編委輪流編輯,每期一人,周而復始。我因為眼睛有病,且自忖非所長,因此輪到我的時候,我請玄同、半農代我編。我也寫過一些稿子在《新青年》發表,但編輯委員則僅負名義而已。」[19]內中除了說明自己「編輯委員則僅負名義」這一點實情外,將周氏兄弟列為編輯,這已為周作人所澄清。周作人的《知堂回想錄》對第五、六卷編

---

[17] 〈錢玄同致胡適〉,收入《胡適來往書信選》上冊,香港:中華書局,1983 年 11 月版,第 13 頁。

[18] 《本雜誌第六卷分期編輯表》,載《新青年》第 6 卷第 1 號,1918 年 1 月 15 日。

[19] 沈尹默:〈我和北大〉,收入《五四運動回憶錄》(續),第 166 頁。

輯的說明可能即是針對沈尹默開出的名單而發。至於沈尹默所憶胡適不同意錢玄同化名王敬軒與劉半農發表〈文學革命之反響〉一文，表演雙簧戲，以將反對「文學革命」者入罪的做法，這是事實。[20]「並且不許半農再編《新青年》，要由他一個人獨編。」的說法，則不可採信。

魯迅在〈憶劉半農君〉和〈《守常全集》題記〉兩文中關於《新青年》編輯會議的的回憶，有兩段常被人們引用的文字：

> 《新青年》每出一期，就開一次編輯會，商定下一期的稿件。其時最惹我注意的是陳獨秀和胡適之。假如將韜略比作一間倉庫罷。獨秀先生的外面豎一面大旗，大書道：「內皆武器，來者小心！」但那門卻開著的，裏面有幾枝槍，幾把刀，一目了然，用不著提防。適之先生的是緊緊關著門，門上粘一條小紙條道：「內無武器，請勿疑慮。」這自然可以說是真的，但有些人──至少是我這樣的人──有時總不免要側著頭想一想。半農卻是令人不覺其有「武庫」的一個人，所以我佩服陳胡，卻親近半農。[21]

> 我最初看見守常先生的時候，是在獨秀先生邀去商量怎樣進行《新青年》的集會上，這樣就算認識了。不知道他其時是否是共產主義者。總之，給我的印象是很好的：誠實、謙和、不多說話。《新青年》的同人中，雖然也很喜歡明爭暗鬥，扶植自己勢力的人，但他一直到後來，絕對的不是。[22]

它給人一種魯迅當時參加《新青年》編輯工作或編輯會議的錯覺。從魯迅1918～1919年這兩年日記，我們看不到他參加《新青年》編輯會議或編輯工作的任何紀錄，魯迅與《新青年》編輯的關係，主要是通過錢玄同、劉半農、沈尹默三人聯繫，特別是錢、劉兩人。

20 參見〈胡適致錢玄同〉（1918年2月20日），收入《胡適來往書信選》上冊，第11-12頁。
21 〈憶劉半農君〉，《魯迅全集》第6卷，第71-72頁。
22 〈《守常全集》題記〉，《魯迅全集》第4卷，第523頁。

所以，我們在這兩年的《魯迅日記》裏看到魯迅與錢、劉二位的往訪會面和書信往來的頻繁紀錄。從魯迅逝世時，陳獨秀、錢玄同所寫的紀念文字[23]和周作人晚年撰寫的回憶錄，我們也看不到提及魯迅參與編輯《新青年》的絲毫痕跡。魯迅在《新青年》中所處的地位應該與其弟周作人同列——客員。魯迅上面兩篇回憶文字，不過是他與《新青年》同人交往時留下的印象罷了，這種印象多少帶有演義的成份。1956 年沈尹默發表〈魯迅生活中的一節〉、和 1966 年撰寫的〈我和北大〉兩篇回憶文字，都提到魯迅擔任《新青年》編輯，[24]這是《新青年》同人中唯一提到魯迅擔任編輯的回憶文字，也是常被論者引用並被採信的證據。聯繫 1950、60 年代的政治背景，沈氏此說無疑帶有逢迎當時政治需要的成份。沈氏自曝陳獨秀當年評其書法「其俗入骨」，可謂知人之語。1958 年 1 月 20 日周作人致曹聚仁一信，評及曹著《魯迅評傳》時，已對魯迅的上述行文作了說明：「《魯迅評傳》也大旨看完了，很是佩服，個人意見覺得你看的更是全面，有幾點私見寫呈，只是完全『私』的，所以請勿公開使用。一、世無聖人，所以人總難免有缺點。魯迅寫文態度本是嚴肅、緊張，有時戲劇性的，所說不免有小說化之處，即是失實——多有歌德自傳《詩與真實》中之詩的成份。例如《新青年》會議好像是參加過的樣子（330 頁），其實只有某一年中由六個人分編，每人擔任一期，我們均不在內，會議可能是有的，我們是『客師』的地位向不參加的。」[25]以「客師」自居，委婉地道出魯迅並未參與《新青年》編輯的內情，將魯迅會晤《新青年》同人的描繪文字解釋為「詩的成份」，這種說法似可備一說。在 1950 年代，魯迅的聲譽正如日中

---

[23] 參見陳獨秀：〈我對於魯迅之認識〉，載上海《宇宙風》十日刊第 52 期，1937 年 11 月 21 日。錢玄同：〈我對周豫才（即魯迅）君之追憶與略評〉，載北平《世界日報》1936 年 10 月 26、27 日。

[24] 沈尹默：〈魯迅生活中的一節〉，原載《文藝月報》1956 年 10 月號。〈我和北大〉，系作於 1966 年 1 月，收入《五四運動回憶錄》（續），第 157-170 頁。兩文有關《新青年》編輯情況的文字描述基本一樣。

[25] 周作人、曹聚仁著：《周曹通信集》第一輯，香港：南天書業公司，1973 年版，第 44 頁。

天，周作人以戴罪之身，坦陳歷史，畢竟是對歷史的一個交待。有的論者根據劉半農在《新青年》第四卷第三號上發表的〈除夕〉一詩後附自注「余與周氏兄弟（豫才，啟明）均有在《新青年》增設此欄之意；唯一時恐有窒礙，未易實行耳。」一語，遂斷「魯迅本年（指 1918 年——作者按）已參與《新青年》的編輯工作。」[26]也顯有過度解釋之嫌。

關於《新青年》的編輯情形，周作人有一段回憶可供我們參考：「新青年同人相當不少，除二、三人時常見面之外，別的都不容易找，校長蔡子民很忙，文科學長陳獨秀也有他的公事……平常《新青年》的編輯，向由陳獨秀一人主持（有一年曾經分六個人，各人分編一期），不開什麼編輯會議，只有 1918 年底，定議發刊《每週評論》的時候，在學長室開會，那時我也參加，一個人除分任寫文章，每月捐助刊資數元，印了出來，便等於白送給人家的。……《每週評論》出了 36 期，我參與會議就只一次，可是這情景我至今沒有忘記。我最初認識守常的時候，他正參加『少年中國』學會，還沒有加入共產黨。」[27]周氏所說他參加《每週評論》的編輯會議，在其 1919 年 6 月 23 日日記中有紀錄：「六月廿三日，晴。下午七時至六味齋，適之招飲，同席十二人，共議《每週評論》善後事，十時散。」[28]胡適召開這次會議是在陳獨秀被捕之時，胡適接替陳獨秀主編《每週評論》，遇事不便自作主張，故請同人開會商量。周作人自居「客員」，並非謙詞。

《青年雜誌》創刊號登載的〈投稿簡章〉第一條規定：「來稿無論或撰或譯，皆所歡迎。一經選登，奉酬現金，每千字自二元至五元。」這一規定執行到第三卷結束。第四卷改為同人輪流編輯後，《新青年》同人撰稿，發表作品，則不支稿費。胡適 1918 年 3 月 17 日《致母親》信中特別說明了這一點，信曰：「昨天忙了一天，替《新

---

[26]　《魯迅年譜》（增訂本）第 1 卷，北京：人民文學出版社，2000 年 9 月版，第 373 頁。

[27]　《周作人回憶錄》第 443-444 頁。

[28]　《周作人日記》中冊，鄭州：大象出版社，1996 年版，第 34 頁。

青年》做了一篇一萬字的文章。這文是不賣錢的。不過因為這是我們自己辦的報，不能不做文。昨天一直做到半夜後三點半鐘方才做好。這篇文字將來一定很有勢力，所以我雖吃點小辛苦，也是情願的。」[29]胡適把《新青年》看成「這是我們自己辦的報」，《新青年》同人刊物的性質由此可見一斑。《新青年》第六卷第二號載〈新青年編輯部啟事〉告示：「近來外面的人往往把《新青年》和北京大學混為一談，因此發生種種無謂的謠言。現在我們特別聲明：《新青年》編輯和做文章的人雖然有幾個在大學做教員，但是這個雜誌完全是私人的組織，我們的議論完全歸我們自己負責，和北京大學毫不相干。此布。」明確界定了《新青年》的同人刊物性質。

　　《新青年》前七卷的發行、印刷均由群益書社承擔。該社 1902 年創設於湖南長沙，創辦人為陳子沛、陳子壽兄弟。1907 年設分社於上海福州路惠福里，1912 年遷至河南中路泗涇路口，並將總社遷至此。1935 年停業。[30]關於群益書社與《新青年》關係的由來，汪原放在《回憶亞東圖書館》一書中有所交待：「據我大叔回憶，民國二年（1913 年），仲甫亡命到上海來，『他沒有事，常要到我們店裏來。他想出一種雜誌，說只要十年、八年的功夫，一定會發生很大的影響，叫我認真想法。我實在沒有力量做，後來才介紹他給群益書社陳子沛、子壽兄弟。他們竟同意接受，議定每月的編輯費和稿費二百元，月出一本，就是《新青年》（先叫做《青年》雜誌，後來才改做《新青年》）。』《新青年》決定要標點、分段。標點符號的銅模，是陳子壽翁和太平洋印刷所張秉文先生商量，用外文的標點符號來做底子刻成的。子壽翁為排《新青年》而設法做標點符號銅模，大概在商務和中華之前。《新青年》愈出愈好，銷數也大了，最多一個

---

[29]　《胡適全集》第 23 冊，第 183-184 頁。《新青年》這種情形維持到後來，第八卷以後獨立經營時，仍不支稿費。參與第八、九卷編譯工作的茅盾對此有所說明：「當時我們給《新青年》寫稿都不取稿費。」參見茅盾：《我走過的道路》上冊，北京：人民文學出版社，1997 年 12 月版，第 197 頁。

[30]　有關群益書社的簡介，參見朱聯保編撰：《近現代上海出版業印象記》，上海：學林出版社，1993 年 2 月版，第 382-383 頁。

月可以印一萬五、六千本了（起初每期只印一千本）。」[31]平心而論，群益書社對《新青年》的創刊和以後的發展，確曾發揮過非常重要的作用，這一點不應抹煞。前六卷除第六卷第六號因陳獨秀被捕，停刊約較長時間才出版，其他各期運行大體正常，這與群益書社的財政支持當然分不開。1916 年群益書社、亞東圖書館、通俗圖書局三家曾合議成立一個「大書店」，後未果。隨著《新青年》的聲譽飆升，群益書社從中賺取的利潤自然也增大，但群益書社的老闆似未改其初時的心態，陳獨秀與之矛盾遂不斷加劇，以至對簿公堂，最終在《新青年》第七卷出版完結後與之脫離關係。

三、陳獨秀赴滬後《新青年》編輯辦法之初議

第七卷的情況開始發生微妙的變化。據 1919 年 10 月 5 日《錢玄同日記》載：「至胡適之處。因仲甫邀約《新青年》同人今日在適之家中商量第七卷以後之辦法，結果仍歸仲甫一人編輯，即在適之家中吃晚飯。」[32]周作人同日日記載：「下午二時至適之寓，議《新青年》事，自第七卷始，由仲甫一人編輯，六時散，適之贈《實驗主義》一冊。」[33]魯迅同日日記載：「星期休息。上午得沈尹默信並詩。午後往徐吉軒寓招之同往八道灣，收房九間，交泉四百。下午小雨。」[34]魯迅顯未參加當天的《新青年》會議，他正在忙於購買八道灣的房子。對這一次議決發生的情形，沈尹默有不同的回憶：由於《新青年》第六卷第五期的「馬克思研究專號」集中刊登了一批宣傳馬克思主義的文章，引起胡適的恐慌和不滿。胡在會前對沈尹默等人說：「《新青年》由我一個人來編」，反對大家輪流編輯，再度想獨攬編輯權。魯迅對沈尹默說：「你對適之講，『也不要你一人編。《新青年》

---

[31] 汪原放：《回憶亞東圖書館》，上海：學林出版社，1983 年 11 月版，第 31-32 頁。
[32] 《錢玄同日記》第 4 冊，第 1815 頁。
[33] 《周作人日記》中冊，第 52-53 頁。
[34] 《魯迅全集》第 14 卷，第 368 頁。

是仲甫帶來的，現在仍舊還給仲甫，讓仲甫一人去編吧！』」[35]這一說法與前述沈尹默的回憶文字似出一轍，明顯帶有演義的成分。從1920 年 4 月 26 日陳獨秀就《新青年》編輯事務更改事宜，致函李大釗、胡適等十二人徵詢意見者來看，魯迅並未在徵求意見者之列，沈氏的上述說法應不可徵信。

第七卷重新由陳獨秀負責主編，主要是與當時陳獨秀離開北大這一因素有關。[36]第七卷第一號刊登了一篇〈本志宣言〉，雖未具名，可認定為出自主編陳獨秀的手筆，宣言直陳《新青年》同人的共同理想，反映了陳獨秀無意改變《新青年》的同人刊物性質。整個《新青年》第七卷的版權頁註明編輯部設在北京東安門內箭竿胡同 9 號，實際上 1920 年 2 月 19 日陳獨秀離京到滬後，《新青年》編輯事務也隨之轉移到上海。編輯部設在陳獨秀的寓所——上海法租界環龍路漁陽里二號。[37]有的論者認為此時《新青年》分設北京、上海南北兩個編輯部，[38]此說還有待確切的材料加以證明。事實上，整個第七卷的約稿和編輯都是陳獨秀負責組織。從 1920 年 3 月 11 日陳獨秀給周作人的信來看，《新青年》第七卷前四號應已在北京編定，第五、六號在上海編輯。[39]1920 年 4 月 26 日陳獨秀致信李大釗、胡適、張

---

[35] 參見〈訪問沈尹默談話記錄〉（未刊稿），轉引自唐寶林、林茂生編：《陳獨秀年譜》，上海人民出版社，1988 年 12 月版，第 106 頁。此處也不排除為沈氏記憶錯誤或紀錄者誤記。

[36] 《胡適口述自傳》中提到：「他（指陳獨秀——作者按）在上海失業，我們乃請他專任《新青年》雜誌的編輯，這個『編輯』的職務，便是他唯一的職業了。在上海陳氏又碰到了一批搞政治的朋友——那一批後來中國共產黨的發起人。因而自第七卷以後，那個以鼓吹『文藝復興』和『文學革命』（為宗旨）的《新青年》雜誌，就逐漸變成個中國共產黨的機關報；我們在北大之內反而沒有個雜誌可以發表文章了。」收入《胡適文集》第 1 冊，第 355 頁。陳獨秀專任《新青年》主編，有一筆編輯費供其使用。

[37] 關於《新青年》上海編輯部的設立，參見茅盾：《我走過的道路》上冊，北京：人民文學出版社，1997 年 12 月版，第 189-191 頁。

[38] 參見葉再生著：《中國近代現代出版通史》第 2 冊，第 126-127 頁。

[39] 參見魯迅博物館供稿、陸晶晶注釋：〈陳獨秀書信〉之一，載《歷史研究》1979 年第 5 期。又收入〈中國現代文藝資料叢刊〉第 5 輯，第 307-308 頁。陳信中說到，收到魯迅譯稿〈一個青年的夢〉，此文在《新青年》七卷二號至五號連

申府、錢玄同、顧孟餘、陶孟和、陳大齊、沈尹默、張慰慈、王星拱、朱希祖、周作人十二人:「《新青年》第七卷第六號稿已齊(計四百面),上海方面 5 月 1 日可以出版。本卷已有結束,以後擬如何辦法,尚請公同討論賜復:(一)是否接續出版?(二)倘續出,對發行部初次所定合同已滿期,有無應與交涉的事?(三)編輯人問題:(1)由在京諸人輪流擔任;(2)由在京一人擔任;(3)由弟在滬擔任。為時已迫,以上各條,請速賜復。」[40]這是陳獨秀南下後,就《新青年》第八卷以後如何繼續辦刊之事第一次向北京同人徵詢良策,並具體提出三個問題和編輯人的三個選項,供同人思考。信中所提「對發行部初所定合同」係指〈《新青年》編輯部與上海發行部重訂條件〉。[41]第七卷繼續由群益書社承擔印刷、發行,且正常運行,沒有發生延期的情形,到第七卷第六號臨近出版之時,陳獨秀提出《新青年》編輯和與群益書社續簽合約的問題,事出有因。

　　北京同人並未迅速作出回應,故陳獨秀 1920 年 5 月 7 日致信胡適、李大釗,催促北京同人表態,全信如下(《新發現的一組書信》之一):

　　　　適之、守常二兄:

　　　　　　日前因《新青年》事有一公信寄京,[42]現在還沒有接到回信,不知大家意見如何?

　　　　　　現在因為《新青年》第六號定價及登告白的事,一日之間我和群益兩次衝突。這種商人既想發橫財,又怕風波,實在難與共事,《新青年》或停刊,或獨立改歸京辦,或在滬由我設法接辦(我打算招股辦一書局),兄等意見如何,請速速賜知。

載,說明陳獨秀到上海後還在編輯此文。
[40] 收入《胡適來往書信選》上冊,香港:中華書局,1983 年 11 月版,第 89 頁。
[41] 參見劉運峰編:《魯迅全集補遺》,天津:天津人民出版社,2006 年 6 月版,第 375 頁。該書編者將此合同當作魯迅佚文收入該集,應有誤。
[42] 整理者注:指 1920 年 4 月 26 日陳獨秀致李大釗、胡適等十二人信,此信收入《胡適來往書信選》上冊(北京:中華書局,1979 年 5 月版)。

羅素全集事，望告申甫、志希二兄仍接續進行，西南大學編譯處印不成，我也必須設法自行出版。

守常兄前和陳博生君所擬的社會問題叢書，不知道曾在進行中否？

我因為以上種種原因，非自己發起一個書局不可，章程我已擬好付印，印好即寄上，請兄等協力助其成。免得我們讀書人日後受資本家的壓制。此書局成立時，擬請洛聲兄南來任發行部經理，不知他的意見如何？請適之兄問他一聲。

弟仲白　五月七日

回信皆直寄弟寓，不可再由群益或亞東轉交。又白。

這是陳獨秀繼上信後，就如何繼續辦刊之事，再次致信北京同人徵詢意見，並且通報了剛剛發生的與群益書社的衝突。《新青年》第七卷第六號為「勞動節紀念號」，該號篇幅從原先的每期 130 至 200 頁不等猛增至 400 多頁，陳獨秀考慮到讀者對象應是下層的無產階級，故不希望加價。陳信中所言「現在因為《新青年》第六號之價及登告白的事，一日之間我和群益兩次衝突」一事，汪原放曾有所回憶：「只記得陳仲翁認為《新青年》第七卷第六號『勞動節紀念周』（1920 年 5 月 1 日出版）雖然比平時的頁數要多得多，群益也實在不應該加價。但群益方面說，本期又有鋅版，又有表格，排工貴得多，用紙也多得多，如果不加價，虧本太多。我的大叔兩邊跑，兩邊勸，無法調停，終於決裂，《新青年》獨立了。記得我的大叔說過：『仲甫的脾氣真大，一句不對，他竟大拍桌子，把我罵了一頓。我無論怎麼說，不行了，非獨立不可了。我看也好。我想來想去，實在無法再拉攏了。』」[43]雙方的矛盾激化，陳獨秀遂醞釀《新青年》與群益書社脫離關係、自辦發行之想法。

---

[43] 汪原放：《回憶亞東圖書館》，上海：學林出版社，1983 年 11 月版，第 54 頁。
汪原放在《亞東六十年》文稿中有類似回憶，《新青年》每號售價二角，每卷

　　由於陳信的催促，北京同人不得不有所計議。據5月11日周作人日記載，這天下午他去中央公園「赴適之約，共議《新青年》第八卷事，共十二人，七時散。」[44]證之於胡適這天的日記，在「預算」欄中也有簡略記載：下午五時「公園，議《新青年》事。」[45]參加這次會議的十二人應即為陳獨秀4月26日信中所指定的十二人，討論的詳細情形如何，不得而知。而同日陳獨秀致胡適信，再次催促道（《新發現的一組書信》之二）：

> 適之兄：
>
> 　　群益對於《新青年》的態度，我們自己不能辦，他便冷淡倨傲令人難堪；我們認真自己要辦，他又不肯放手，究竟應如何處置，請速速告我以方針。
> 　　附上《正報》罵你的文章，看了只有發笑；上海學生會受這種人的唆使，幹毫無意識的事，犧牲了數百萬學生寶貴時間，實在可惜之至。倘數處教會學校果然因此停辦，那更是可惜了。你可邀同教職員請蔡先生主持北大單獨開課，不上課的學生大可請他走路！因為這種無意識的學生，留校也沒有好結果。政府的強權我們固然應當反抗，社會群眾的無意識舉動，我們也應當反抗。
>
> 　　　　　　　　　　　　　　　　　弟仲白　五月十一日

道出在滬出版《新青年》之難處，實為群益書社之「冷淡倨傲」而「又不肯放手」之態度所致，陳獨秀已下定決心與群益書社脫離關係。

六號合訂本售價一元。第七卷第六號篇幅擴大一倍。且有照片、圖表，群益書社老闆未徵得陳獨秀同意提價至五角出售。陳獨秀很不滿意，雙方發生爭執。汪孟鄒試圖從中調解，無效，陳獨秀拍桌大罵。轉引自任建樹：《陳獨秀大傳》，上海：上海人民出版社，1999年5月版，第208頁。
[44] 《周作人日記》中冊，第123頁。
[45] 《胡適全集》第29冊，合肥：安徽教育出版社，2003年9月版，第164頁。

5 月 19 日陳獨秀致胡適一信，全信如下（《新發現的一組書信》之三）：

> 適之兄：
>
> 快信收到已覆。十四日的信也收到了。條覆如左：
>
> （1）「新青年社」簡直是一個報社的名字，不便招股。
>
> （2）《新青年》越短期越沒有辦法。單是第八卷第一號也非有發行所不可，墊付印刷紙張費，也非有八百元不可，試問此款從那裏來？
>
> （3）著作者只能出稿子，不招股集資本，印刷費從何處來？著作者協濟辦法，只好將稿費算入股本；此事我誓必一意孤行，成敗聽之。
>
> （4）若招不著股本，最大的失敗，不過我花費了印章程的九角小洋。其初若不招點股本開創起來，全靠我們窮書生協力，恐怕是望梅止渴。
>
> 我對於群益不滿意不是一天了。最近是因為第六號報定價，他主張至少非六角不可，經我爭持，才定了五角；同時因為怕風潮又要撤銷廣告，我自然大發窮氣。衝突後他便表示不能接辦的態度，我如何能去將就他，那是萬萬做不到的。群益欺負我們的事，十張紙也寫不盡。
>
> 弟仲白　五月十九日

陳獨秀在信中提到胡適給他的兩封回信，想現已不存，其具體內容我們不得而知。但從陳獨秀 5 月 19 日的信可知，他們是在商量《新青年》擺脫群益書社之辦法，胡適應是將他們 5 月 11 日在中央公園議決之方案向陳獨秀作一彙報，胡適可能提出了以作者提供文稿的方式作為籌措《新青年》的「股份」（經費）的辦法，幫助《新青年》度過難關，並沒有就陳獨秀在信中提出的「（一）由在京諸人輪流擔任；（二）由在京一人擔任」這兩種編輯方式與陳商量。也就是說，

胡適當時並不存乘陳獨秀之難，有奪取《新青年》編輯權之意。從胡適日記中獲知，5月30日下午四時他「預算」還有一次「《新青年》會」。[46]從陳獨秀致胡適這三封信的內容可知，陳獨秀、胡適之間繼續在編輯、撰稿、籌措經費諸方面保持密切的合作關係，陳對胡頗為倚重，胡適當時在《新青年》北京同人中實際扮演召集人的角色。

5月25日陳獨秀致胡適一信，全信如下（《新發現的一組書信》之四）：

> 適之兄：
>
> 　　群益不許我們將《新青年》給別人出版，勢非獨立不可。我打算興文社即成立，也和《新青年》社分立；惟發行所合租一處（初一、二號，只好不租發行所，就在弟寓發行），較為節省。如此第八卷第一號的稿子，請吾兄通知同人從速寄下，以便付印。此時打算少印一點（若印五千，只需四百餘元，不知北京方面能籌得否？倘不足此數，能有一半，我在此再設法），好在有紙版，隨時可以重印。
>
> 　　吾兄及孟和兄雖都有一篇文章在此，但都是演說稿，能再專做一篇否？因為初獨立自辦，材料只當加好，萬不可減壞。
>
> 　　（1）孟和兄的夫人續譯的《新聞記者》。
> 　　（2）守常兄做的李卜克奈西傳與「五一」節。
> 　　（3）申甫兄譯的羅素心理學。
> 　　（4）啟明兄弟的小說。
>
> 　　以上四種，請你分別催來。
>
> 　　　　　　　　　　　　　　弟獨秀白　　五月廿五日

陳再告其與群益書社之矛盾，並向北京同人通報與群益書社脫離關係以後《新青年》第八卷第一號的安排，催胡適等在京同人寄稿。從此信可知，由於經濟上的原因，《新青年》第八卷第一號的印

46　《胡適全集》第29冊，第179頁。

數只有五千，如果這個數目後來沒有變化的話，則比最高印數一萬五六千份少了整整一萬份。

7 月 2 日陳獨秀致高一涵信，全信如下（《新發現的一組書信》之五）：

> 一涵兄：
>
> 你回國時及北京來信都收到了。
>
> 《互助論》聽說李石曾先生已譯成，就快出版。如此便不必重複譯了，你可以就近托人問他一聲。
>
> 西南大學早已宣告死刑了。
>
> 你想做的《社會主義史》很好，我以為名稱可用《社會主義學說史》，似乎才可以和《社會主義運動史》分別開來。聽說李季君譯了一本 Kirkup 的《社會主義史》，似乎和你想做的有點重複。
>
> 《新青年》第八卷第一號，到下月一號非出版不可，請告適之、洛聲二兄，速將存款及文稿寄來。
>
> 興文社已收到的股款只有一千元，招股的事，請你特別出點力才好。
>
> 適之兄曾極力反對招外股，而今《新青年》編輯同人無一文寄來，可見我招股的辦法，未曾想錯。文稿除孟和夫人一篇外，都不曾寄來。長久如此，《新青年》便要無形取消了，奈何！
>
> 　　　　　　　　　　　　　　弟獨秀白　七月二日

此信一方面表現陳獨秀對評介社會主義思想的著譯工作的熱情，一方面反映了他對北京同人（主要是錢玄同、陶孟和、高一涵）不合作態度頗為不滿的情緒。為了籌款，陳獨秀似在試行胡適提出同人撰文以作為加入股份的辦法。這種以作者文稿作為刊物股份的辦法，胡適後來在《努力週報》、《獨立評論》中曾經試行，並行之有效。但陳獨秀感到到此法難以實行，主要問題在北京同人不肯提

供文稿，消極對待陳獨秀索稿的要求。高一涵將此信傳給胡適閱讀，並保存在胡適手裏，反映了高、胡兩人當時的密切關係。[47]

8月2日陳獨秀致胡適一信，目前僅存殘稿，信中告：「第八卷第一號文稿，我已張羅略齊；兄想必很忙，此期不做文章還可以，第二號報要強迫你做一篇有精采的文章才好。」「《新青年》以後應該對此病根下總攻擊。這攻擊老子學說及形而上學的司令，非請吾兄擔任不可。」「吾兄在南京的講義，務請懇切商之南京高師，特別通融，給新青年社出版。」[48]從9月1日正式出版的《新青年》第八卷第一號看，該號刊登了胡適的〈中學國文的教授〉一文，它應是陳獨秀補登了胡適這篇文章。至於陳獨秀在信中對胡適提出的其他約稿要求，始終未得到胡適的回應。

在與胡適密切協商的同時，陳獨秀為籌措經費事，還另闢途徑，數度向程演生發信請求資助。6月15日去信程演生，並隨信附上《新青年》招商章程：「日前寄上招股章程四張，諒已收到了。石寅生兄處的股款，不但大宗無望，並救濟眼前的一、二千元，也來信說無法可想了。此事果然不出吾兄所料，老夫言過其實，幾乎誤事！兄前函說頗有人能出一股二股者，倘能實行，請速匯來，以便《新青年》早日印出。」6月17日再次去信程氏仍為此事：「石寅生款已分文無望了，《新青年》又急於出版，由兄所接洽的股款，倘能實現，甚望速彙來（匯款事兄倘嫌麻煩，可托章洛聲兄辦理），以濟眉急。前後寄上章程十張，不知夠用否？家眷明日可到，暑假中甚望吾兄來申一遊。」8月2日第三次去信程氏，並告新青年社成立：「新青年發行所佈置停妥，日內可始營業了。第八卷第一號《新青年》9月1日出版。聞吾兄分家可得四千金，前請吾兄以半數付清新青年社股，即官費不成，以二千金赴法八年足用。如得官費，則請以三千金入

---

[47] 當時胡適與高一涵為鄰居，一說其住址為竹竿巷（今朝陽門內南小街竹竿胡同）。參見高一涵：〈從五四運動中看究竟誰領導革命？〉，收入中國社科院近代史研究所編：《五四運動回憶錄》上冊，北京：中國社會科學出版社，1979年版，第336頁。

[48] 收入《胡適來往書信選》上冊，第108頁。

股。分家倘成，即無官費亦望西遊，淹留都中，似覺乏味，尊兄以為如何？《白話文選》已編成否？新青年社初成立，甚空虛無貨賣，望兄趕快將此書上編稿寄下，以便付印。望代催撫五兄速速為新青年做一篇文章。」8 月 7 日第四次去信王星拱、程演生，仍是為了籌款：「新青年社日內即開始營業，第八卷第一號報准於 9 月 1 日出版，此時需款甚急，倘大學款發出，弟希望兄等各籌一百元，送守常或申府手收，以便撥用如何？乞覆。」[49]但通過這一途徑的努力，也未獲成功。儘管如此，陳獨秀還是成立了新青年社，開始了自己新的獨立運作。

從以上陳獨秀南下後與北京同人（主要是胡適）的通信可以看出，陳獨秀首先在 4 月 26 日信中提出新的編輯辦法三個選項供北京同人思考，但並未獲得胡適等北京同人的回應。而陳獨秀在上海撐持《新青年》的編輯工作，主要困難來自於他與群益書社合作的不快、經費困難和北京同人不積極交稿三項。為解決這些問題，陳獨秀不得不求助於北京同人的合作，這一段可以說是《新青年》最為困難的一段時期。

四、陳獨秀南下後與周氏兄弟的密切合作關係

魯迅與《新青年》的關係，系由錢玄同促成，魯迅在《吶喊・自序》中對此有明白的交待。錢玄同本人對此亦有明確說明：

> 我認為周氏兄弟的思想，是國內數一數二的，所以竭力慫恿他們給《新青年》寫文章。民國 7 年 1 月起，就有啟明的文章，那是《新青年》第四卷第一號，接著第二、三、四諸號都有啟明的文章。但豫才則尚無文章送來，我常常到紹興會館去催促，於是他的《狂人日記》小說居然做成而登在第四卷第五號裏了。自此以後豫才便常又有文章送來，有論

---

[49] 上引陳獨秀致程演生四信未刊，承蒙沈寂先生提供，特此致謝。

文、隨感錄、詩、譯稿等，直到《新青年》第九卷止（民國
十年下半年）。[50]

1933 年 3 月 5 日魯迅撰寫〈我怎樣做起小說來〉一文時，回憶
起自己如何走上小說創作道路時，還特別感念當時身陷囹圄的陳獨
秀，他說：

> 但我的來做小說，也並非自以為有做小說的才能，只因
> 為那時住在北京的會館裏的，要做論文罷，沒有參考書，要
> 翻譯罷，沒有底本，就只好做一點小說的東西塞責，這就是
> 《狂人日記》，大約所仰仗的全在先前看過的百來篇外國作品
> 和一點醫學上的知識，此外的準備，一點也沒有。
>
> 但是《新青年》的編輯者，卻一回一回的來催，催幾回，
> 我就做一篇，這裏我必得紀念陳獨秀先生，他是催促我做小
> 說最著力的一個。[51]

證之於陳獨秀給周作人的信函，魯迅所說的這段話確非虛飾之
詞。陳獨秀南下後，為《新青年》籌稿，曾一再給周作人去信，不斷
索稿催稿，應陳獨秀之約請，周作人、魯迅將其創作或翻譯的作品繼
續投遞《新青年》。檢索陳獨秀主編的《新青年》第七、八卷，周作
人發表的作品有：〈齒痛〉（第七卷第一號），〈新村的精神〉、〈愛與憎〉
（詩，第七卷第二號），〈誘惑〉、〈黃昏〉（第七卷第三號），〈晚間的
來客〉（第七卷第五號），〈瑪加爾的夢〉（第八卷第二號），〈幸福〉、〈深
夜的喇叭〉、〈少年的悲哀〉、〈兒歌〉、〈慈姑的盆〉、〈秋風〉（第八卷
第四號），〈文學上的俄國與中國〉、〈舊約與戀愛詩〉、〈野蠻民族的禮
法〉、〈個性的文學〉（第八卷第五號），〈願你有福了〉、〈世界的黴〉、
〈一滴的牛乳〉（第八卷第六號）。周作人仍是《新青年》的主要作者
之一。魯迅發表的作品相對較少，只有〈一個青年的夢〉（譯作，第

---

[50] 錢玄同：〈我對周豫才（即魯迅）君之追憶與略評〉，原載北平《世界日報》
1936 年 10 月 26、27 日。

[51] 〈南腔北調集・我怎樣做起小說來〉，收入《魯迅全集》第 4 卷，第 512 頁。

七卷第二至五號）、〈風波〉（第八卷第一號）、〈幸福〉（譯作，第八卷第四號）寥寥幾篇。此外，周建人在《新青年》上也開始發表作品。周氏三兄弟（特別是周作人）對《新青年》的積極投稿，反映了陳獨秀與周氏兄弟不同尋常的關係。這種關係由於錢玄同逐漸隱退，不願給《新青年》繼續供稿，在北京同人中顯得更加突出，因而陳獨秀與周氏兄弟之間的關係逐漸超越了他們原來的中介人——錢玄同，這從陳獨秀與周作人及後來陳望道與周作人的頻繁來往書信可以見出。

　　1920 年 3 月 11 日陳獨秀覆信周作人，告：「2 月 29 日來信收到了。《青年夢》也收到了，先生譯的小說還未收到。」「《新青年》第七卷第六號底出版日期是 5 月 1 日，正逢 May day 佳節，故決計做一本紀念號，請先生或譯或述一篇托爾斯泰的泛勞動主義，如何？」「我們很盼望豫才先生為《新青年》創作小說，請先生告訴他。」「前面有一信寄玄同兄，不知收到否，請你見面時問他一聲，我很盼望他的回信。」[52] 這是現存陳獨秀南下後向北京同人發出的第一封信。由此信可見，陳獨秀在 3 月 11 日即已決定出版「勞動節紀念號」，這是他個人的決定，當時還沒有成立上海馬克思主義研究會。從參加上海馬克思主義研究會的李達、陳望道等人的回憶錄，我們也未見這一組織有對這一工作的策劃。[53] 周作人可能是北京同人中最早與在滬的陳獨秀通信，並給《新青年》供稿的作者，反映了周、陳積極合作的一面。

　　7 月 9 日陳獨秀為《新青年》第八卷第一號約稿事致信周作人：「我現在盼望你的文章甚急，務必請你早點動手，望必在 20 號以前寄到上海才好；因為下月 1 號出版，最後的稿子至遲 20 號必須交付

---

[52] 魯迅博物館供稿、陸品晶注釋：〈陳獨秀書信〉之一，載《歷史研究》1979 年第 5 期。又收入《中國現代文藝資料叢刊》第 5 輯，第 307-308 頁。

[53] 參見李達：〈關於中國共產黨建立的幾個問題〉，陳望道：〈回憶黨成立時期的一些情況〉，收入『「一大」前後——中國共產黨第一次代表大會前後資料選編』，北京：人民出版社，1980 年 8 月版。寧樹藩、丁淦林整理：〈關於馬克思主義研究會活動的回憶——陳望道同志生前談話紀錄〉，載《復旦學報》（社會科學版）1980 年第 3 期。

印局才可排出。豫才先生有文章沒有，也請你問他一聲。玄同兄頂愛做隨感錄，現在怎麼樣？」[54]但《新青年》第八卷第一號並未如陳信所說在 8 月 1 日出版，而是推遲 1 月才出版，其中一個原因是《新青年》社獨立後經費短缺。

8 月 13 日陳獨秀致信魯迅、周作人：「兩先生的文章今天收到了。〈風波〉在這號報上印出，啟明先生譯的那篇，打算印在 2 號報上；一是因印刷來不及；二是因為節省一點，免得暑天要啟明先生多作文章。倘兩位先生高興要再做一篇在 2 號報上發表，不用說更是好極了。玄同兄總無信來，他何以如此無興致？『無興致』是我們不應該取的態度；我無論如何挫折，總覺得很有興致。」[55]此信對錢玄同的「無興致」表示不滿，錢、陳之間應有半年未通信了。

8 月 22 日陳獨秀致信周作人，告：「〈風波〉在一號報上登出，9 月 1 號准能出版。兄譯的一篇長的小說，請即寄下，以便同前稿都在 2 號線上登出。」「魯迅兄做的小說，我實在五體投地的佩服。」[56]陳獨秀向周氏兄弟約稿之殷、之急，此信可見一斑。

9 月 4 日陳獨秀致信周作人時，除了告知周「漁陽里是編輯部，大自鳴鐘是發行部，寄稿仍以漁陽里二號為宜」。再次表示「玄同兄何以如此無興致，我真不解。請先生要時常鼓動他的興致才好。請先生代我問候他。」[57]對錢玄同的「無興致」情緒表示熱切的關注。

9 月 28 日陳獨秀致信周作人，告：「二號報准可如期出版。你尚有一篇小說在這裏，大概另外沒有文章了，不曉得豫才兄怎麼樣？隨感錄本是一個很有生氣的東西，現在我一個人獨佔了，不好不好，我希望你和豫才、玄同二位有功夫都寫點來。豫才兄做的小說實在有集攏來重印的價值，請你問他倘若以為然，可就《新潮》、《新青

---

[54] 〈陳獨秀致周作人〉，收入《中國現代文藝資料叢刊》第 5 輯，第 308 頁。

[55] 〈陳獨秀致魯迅、周作人〉，收入《中國現代文藝資料叢刊》第 5 輯，第 308、309 頁。

[56] 魯迅博物館供稿、陸品晶注釋：〈陳獨秀書信〉之二，載《歷史研究》1979 年第 5 期。又收入《中國現代文藝資料叢刊》第 5 輯，第 309 頁。

[57] 〈陳獨秀致周作人〉，收入《中國現代文藝資料叢刊》第 5 輯，第 310 頁。

年》剪下處自加訂正，寄來付印。」[58]從此信看得出來，陳獨秀極為欣賞魯迅的隨感錄、小說，他不僅是周氏兄弟的約稿者、作品愛好者，而且是幫助他們出版作品的策劃者，陳獨秀與周氏兄弟之情誼非同尋常，魯迅後來對陳獨秀的感念由此可見大半。與陳獨秀對周氏兄弟的這種殷切態度形成強烈反差，劉半農明顯有被冷落的感覺，1921 年 9 月 16 日他致信周作人抱怨：「仲甫可惡，寄他許多詩，他都不登，偏把一首頂壞的《倫敦》登出。」[59]陳、劉之嫌隙由此可以窺見。在《新青年》同人圈中，劉半農是第一個「出走」的人。

陳獨秀離滬赴粵後，接續《新青年》編輯工作的是陳望道，陳離滬的當日 12 月 16 日他即致信周作人：「尊譯《少年的悲哀》，已經收到，並已付印了。獨秀先生明天動身往廣東去，這裏收稿的事，暫由我課餘兼任。」[60]從此以後，陳望道代替陳獨秀，繼續扮演約稿、催稿的角色。

從陳獨秀、陳望道與周作人的來往書信可以看出，他們與周作人通信的主要內容均是圍繞約稿、催稿和發稿展開。這與同時期陳獨秀、胡適之間圍繞編輯工作和辦刊辦法的討論有一定區別。也就是說，陳、胡之間主要是編輯同人關係，而陳、周之間主要是編輯與作者的關係。由於這兩組關係雙方態度的區別，後來出現了戲劇性的變化，陳、胡之間因為矛盾，而逐漸分道揚鑣，而陳、周之間因為積極配合，則關係越來越密切。在周氏兄弟中，陳獨秀為什麼主要選擇與周作人通信，而不與其兄周樹人通信呢？顯然，周作人與陳獨秀有著更為密切、更為親近的交誼。周作人與《新青年》的關係比其兄要早，在《新青年》上登載的文章亦多，且周作人是北京大學的專職教授。陳獨秀與之既是《新青年》的同人，又曾是北京大學上下級的同事，這兩重關係使他倆更容易接近。

---

[58] 魯迅博物館供稿、陸品晶注釋：〈陳獨秀書信〉之三，載《歷史研究》1979年第 5 期。收入《中國現代文藝資料叢刊》第 5 輯，第 310 頁。
[59] 《劉半農致周作人》，收入《中國現代文藝資料叢刊》第 5 輯，第 306 頁。
[60] 〈關於《新青年》雜誌的通信〉（一），收入《陳望道文集》第一卷，上海：復旦大學出版社，1979 年 10 月版，第 555 頁。

　　魯迅與《新青年》的另一位同人——李大釗，似有比較親近的關係，魯迅與這位「誠實、謙和、不多說話」的君子保持書信往來。1933 年 5 月魯迅撰寫〈《守常全集》題記〉更是證明了他倆友情的存在。李大釗的名字最早出現在《魯迅日記》中是在 1919 年 4 月 8 日：「下午寄李守常信」。4 月 16 日又載：「上午得錢玄同信，附李守常信。」[61]1921 年有多處記載，1 月 20 日「上午寄李守常信」，2 月 24 日「夜得李守常信」，4 月 19 日「午後寄李守常信」，5 月 19 日「寄李守常信」，5 月 25 日「得李守常信」。[62]遺憾的是，這些書信因已遺失，其內容已不得其詳。魯迅與陳獨秀的來信往來較少，陳獨秀的名字見諸於 1920 年《魯迅日記》只有兩次：一次是在 1920 年 8 月 7 日：「上午寄陳仲甫說一篇。」這裏的「說」，是指他剛創作完成的的短篇小說〈風波〉。一次是在 11 月 9 日，「下午理髮。寄仲甫說一篇。」[63]這裏的「說」是指其譯作〈幸福〉。兩次都是為寄稿事。而陳獨秀之兩次將魯迅、周作人並列回覆，其中一次也是對魯迅寄稿的答覆。

　　魯迅與《新青年》之間的關係，前有錢玄同屢次約稿促成，後有陳獨秀不斷索稿相逼，這對魯迅「五四」時期的創作衝動有極大的促進作用。魯迅與錢玄同因為同為章太炎的弟子，其密切關係為人們所熟知。魯迅與陳獨秀的關係，不太為人們所重視，閱讀了上述陳獨秀給周作人的信，我們即可看出陳獨秀對魯迅創作的鼓勵和重視。魯迅逝世後，陳獨秀撰寫的紀念文字〈我對於魯迅之認識〉，其中的蘊含頗值得我們嚼味：

> 世之毀譽過當者，莫如對於魯迅先生。
> 　　魯迅先生和他的弟弟啟明先生，都是《新青年》作者之一人，雖然不是最主要的作者，發表的文字也很不少，尤其

---

[61]　《魯迅全集》第 14 卷，第 352、353 頁。
[62]　參見《魯迅全集》第 14 卷，第 408、411、415、418、418 頁。
[63]　《魯迅全集》第 14 卷，第 393、399 頁。

是啟明先生；然而他們倆位，都有自己獨立的思想，不是因為附和《新青年》作者哪一個人而參加的，所以他們的作品在《新青年》中特別有價值，這是我個人的私見。[64]

據統計，在《新青年》前九卷發表作品數量位居第一、二位的作者為陳獨秀、胡適，他倆的作品數量遠遠高於隨後的高一涵、錢玄同、周作人、劉半農、魯迅、李大釗、陶孟和、劉叔雅諸人。魯迅的確不是《新青年》的「最主要作者」。但魯迅的作品誠如陳獨秀所說「在《新青年》中特別有價值」，魯迅是一個「有文學天才的人」，他之走上文學道路是從《新青年》開始，錢玄同、陳獨秀的大力發掘實在功不可沒！

五、《新青年》從第八卷第一號開始為中共上海發起組所主控

在經歷了四個月的停刊後，1920 年 9 月 1 日《新青年》第八卷第一號出刊。9 月 5 日陳獨秀致信胡適，全信如下（《新發現的一組書信》之六）：

適之兄：

《新青年》已寄編輯諸君百本到守常兄處轉交（他那裏使用人多些，便於分送），除我開單贈送的七十本外，尚餘卅本，兄可與守常兄商量處置。

皖教廳事，非你和叔永不會得全體贊成，即陶知行也有許多人反對，何況王伯秋。

弟獨秀　九月五日

---

[64] 陳獨秀：〈我對於魯迅之認識〉，原載上海《宇宙風》1937 年 11 月 21 日十日刊第 52 期。

此信前面所談《新青年》第八卷第一號寄刊之事，在前一天陳獨秀致周作人信中亦提及，[65]說明《新青年》第八卷第一號已於 9 月 1 日出版。後面談推薦胡適出任安徽省教育廳長之事。同月，陳獨秀致胡適信告：「我對於孟和兄來信的事，無可無不可。『新青年社』股款，你能否籌百元寄來？第八卷第二號報准於 10 月 1 日出版，你在南京的演講，倘 10 月 1 日以前不能出版，講稿要寄來，先在《新青年》上登出。」[66]陳獨秀對胡適有兩項要求：一是籌款，二是約稿。至於所提陶孟和信應是指 8 月 17 日陶孟和致陳獨秀、胡適信，陶提議辦一日報，以《新青年》的「重要分子」為主體。[67]

從第八卷開始，《新青年》成為中共上海發起組控制的刊物，之所以這麼說，主要基於五個理由：一是在編輯方面，《新青年》雖仍由陳獨秀繼續主編，但陳氏已經成為中共上海發起組的負責人。中共上海發起組成員李漢俊、陳望道、沈雁冰、袁振英等先後加入《新青年》編輯部，並成為編撰骨幹。這樣，《新青年》的編輯權實際掌握在中共上海發起組手中。二是印刷、發行，解除原與上海群益書社的關係，成立新青年社，獨立自辦印刷發行，從而在經濟上切斷了與群益書社的關係。郭沫若在《創造十年‧發端》中說到：「新青年社由群益書局獨立時，書局的老闆提起過訴訟，這是人眾皆知的事體。」[68]陳獨秀為《新青年》獨立事與群益書社的衝突，我們不得其詳，從前此陳獨秀致北京同人的書信、汪原放的回憶和郭沫若的提示，我們可見其頗費周折。而從陳獨秀 8 月 2 日致程演生一信來看，新青年社在此前剛成立。三是編排形式，從第八卷第一號起，《新青年》的封面正中繪製了一幅地球圖案，從東西兩半球上伸出兩隻強勁有力的手緊緊相握。據沈雁冰回憶，這一設計「暗示中國革命人民與十月革命後的蘇維埃俄羅斯必須緊緊團結，也暗示全世界無產階級團結起來的

65 參見〈陳獨秀致周作人〉，收入《中國現代文藝資料叢刊》第 5 輯，第 310 頁。
66 收入《胡適來往書信選》上冊，第 114 頁。
67 《陶孟和致陳獨秀、胡適》，收入耿雲志主編：《胡適遺稿及秘藏書信》第 36 冊，合肥：黃山書社，1994 年版，第 344-346 頁。
68 郭沫若：《創造十年》，上海：現代書局，1932 年 9 月版，第 17 頁。

意思」。[69]這是早期共產黨的象徵性圖案，這實際上等於宣告《新青年》是共產黨宣傳共產主義的一份刊物。日本學者石川禎浩考證，這個圖案出自美國社會黨（Socialist Party of America）的黨徽。[70]除了第八卷第二號因為是羅素專號，封面刊登的是羅素頭像外，第八卷第三號至第九卷結束，封面一直使用的是這個圖案。四是在內容方面，開闢了「俄羅斯研究」專欄，直至第九卷第六號止，共發表38 篇文章，[71]這些文章多數譯自美國紐約 Soviet Russia 週報、美國《國民》雜誌，另有少數出自俄、英、法、日等報刊所載介紹蘇俄的報導、有關列寧生平及其著作的評介。[72]之所以主要從英語類報刊、書籍取材有關蘇俄的介紹，是因中國共產黨創始黨員中懂俄語的人才幾乎沒有，故只好採取這種轉譯的辦法。「俄羅斯研究」專欄的設置，成為當時中國讀者瞭解馬克思主義和俄國革命的主要視窗。五是在思想傾向上，刷新論說、通信、隨感錄等欄目，用社會主義、馬克思主義的思想言論引導讀者。陳獨秀在第八卷第一號沒有援引第七卷第一號的先例，發表一篇表明《新青年》同人共同理想的〈本志宣言〉，而是發表了一篇〈談政治〉，針對胡適等北京同人和社會上其他勢力表明了自己「談政治」的抉擇，表明他個人新的政治信仰——馬克思主義，表明了他「用革命的手段建設勞動階級（即生產階級）的國家」的新的政治理想，這也就給以後的《新青年》指出了方向。

產生這些變化的主要推動力，是共產國際當時已與中國共產黨（或共產主義小組）建立了聯繫，並在經費上給予支持。1920 年 2 月 19 日陳獨秀到滬後，積極開展活動，與接受馬克思主義思想的學

---

[69] 茅盾：《我走過的道路》上冊，北京：人民文學出版社，1997 年 12 月版，第 191 頁。

[70] 參見（日）石川禎浩著、袁廣泉譯：《中國共產黨成立史》，北京：中國社會科學出版社，2006 年 2 月版，第 43 頁。

[71] 「俄羅斯研究」專欄刊登有 35 篇文章，另外，第八卷第三號《我們要從那裏做起》、第八卷第五號《蘇維埃底保存藝術》、第九卷第六號《俄國新經濟政策》等 3 篇譯文亦計入其內，故共計 38 篇。

[72] 日本學者石川禎浩對 Soviet Russia 一刊作了介紹，參見（日）石川禎浩著、袁廣泉譯：《中國共產黨成立史》，第 40-41 頁。

人聯繫，5 月成立了上海「馬克思主義研究會」，據參與其中的陳望道回憶：「這是一個秘密的組織，沒有綱領，會員入會也沒有成文的手續，參加者有：陳獨秀、沈雁冰、李達、李漢俊、陳望道、邵力子等，先由陳獨秀負責（當時就稱負責人為『書記』）。」[73]7月成立上海共產主義小組，發起人是陳獨秀、李漢俊、李達、陳望道、沈玄廬、俞秀松、施存統。[74]與此同時，共產國際東方局派代表維經斯基到北京與李大釗聯繫，經李介紹，維氏南下到上海與陳獨秀諸人會面並交換意見，共產國際開始與中共上海發起組建立聯繫，並提供經費資助。[75]這對處在困境中的《新青年》無疑注入了新的血液，從而使陳獨秀和他領導的中共上海發起組能根據自己新的信仰和意志編輯《新青年》，重塑《新青年》的形象。

在《新青年》第七卷編輯結束時，陳獨秀曾遭遇了三大困難：與群益書社合作不快、籌措經費困難和北京同人不積極交稿。現在，隨著對《新青年》的這一改組，這些問題均迎刃而解。與群益書社解除關係，也就擺脫了群益書社對《新青年》發行、印刷的壟斷權。經費上獲得共產國際的支持，自然不必再提以作者供稿作為股份的辦法或吸收「外股」，更不必向北京同人伸手要錢。有了一批新興的共產主義者作為供稿來源和作者隊伍，原來北京同人的地位和作用自然大大削弱，他們被一批新面孔的作者所取代。[76]

---

[73] 陳望道：〈回憶黨成立時期的一些情況〉，收入《「一大」前後──中國共產黨第一次代表大會前後資料選編》（二），北京：人民出版社，1980 年 8 月版，第 20 頁。

[74] 參見茅盾：《我走過的道路》，上冊，第 195-196 頁。李達：〈中國共產黨的發起和第一次、第二次代表大會經過的回憶〉，收入《「一大」前後──中國共產黨第一次代表大會前後資料選編》（二），第 7-8 頁。

[75] 關於維經斯基在上海與陳獨秀等人接觸情況，參見〈維經斯基給某人的信〉（1920 年 6 月）、〈維經斯基給俄共（布）中央西伯利亞局東方民族處的信〉（1920 年 8 月 17 日），收入《聯共（布）、共產國際與中國革命運動（1920-1925）》，北京：北京圖書館出版社，1971 年 1 月版，第 28-35 頁。關於共產國際資助早期中國共產黨的情形，參見楊奎松：〈共產國際為中共提供財政援助情況之考察〉，載《社會科學論壇》2004 年第 9 期。共產國際對中共早期的援助及其具體開支情況，因資料缺乏，現仍不得其詳。

[76] 茅盾在回憶錄中談及此時《新青年》作者的變化：「陳獨秀離滬時把《新青年》

不過，改組後的《新青年》雖在編輯方針上作了重大調整，但也暫時無法完全切斷與原來同人的關係。一方面是由於除李大釗外，其他絕大部分北京同人並不知悉《新青年》已經醞釀這些變化的真正內幕，他們在思想上自然與《新青年》上海編輯部陳獨秀、陳望道等共產主義者有很大的距離。一方面《新青年》也不便於、甚至也不可能暫時徹底改變其原有的形象，這對它的生存、對它在讀者中的影響未必有利。陳望道對此有所說明：「《新青年》既然已經是馬克思主義研究會的刊物了，為什麼內容還是那樣龐雜？為什麼還刊登不同思想傾向的文章？這是因為《新青年》原有的作者隊伍本來就是龐雜的，要照顧他們，來稿照用。改組後，我們的做法，不是內容完全改，不是把舊的都排出去，而是把新的放進來，把馬克思主義的東西放進來，先打出馬克思主義的旗幟。這樣原來寫稿的人也可以跟過來，色彩也不被人家注意。我們搞點翻譯文章，開闢「俄羅斯研究」專欄，就是帶有樹旗幟的作用。」[77]改組後的《新青年》需要一個過渡。事實上，當時上海中共發起組內部有一分工，茅盾對此亦有說明：「《共產黨》是上海共產主義小組成立後出版的第一個秘密發行的黨刊，它與《新青年》的分工是，它專門宣傳和介紹共產黨的理論和實踐，以及第三國際、蘇聯和各國工人運動的消息。寫稿人都是共產主義小組的成員。」[78]也就是說，《共產黨人》是早期中國共產黨的內部機關刊物，在編輯《新青年》第八卷時，共產黨仍視《新青年》為一個週邊的陣地，因而需要與原來的同人保持聯繫和合作，繼續發揮他們的作用。

《新青年》宣傳馬克思主義和俄羅斯革命經歷了一個過程。從李大釗在第五卷第五號首先發表〈Bolshvism 的勝利〉、〈庶民的勝利〉

編輯事務交給陳望道。那時候，主張《新青年》不談政治的北京大學的教授們都不給《新青年》寫稿，所以寫稿的責任便落在李漢俊、陳望道、李達等人身上，他們也拉我寫稿。」茅盾：《我走過的道路》上冊，第 197 頁。

[77] 寧樹藩、丁淦林整理：〈關於上海馬克思主義研究會活動的回憶——陳望道同志生前談話紀錄〉，載《復旦學報》（社會科學版）1980 年第 3 期。

[78] 茅盾：《我走過的道路》上冊，第 196 頁。

兩文，到李大釗在第六卷第五號編輯「馬克思研究專號」，這都是屬於個人行為，是個人的「私見」，因而並不能改變《新青年》同人刊物的性質。陳獨秀決定在第七卷第六號編輯「勞動節紀念號」時，當時還未成立上海馬克思主義研究會和上海中國共產黨發起組，故這一期擁有國民黨名流，如孫中山、蔡元培、吳稚暉等和眾多社會知名人士加盟，無論是從其文章內容看，還是從作者隊伍看，顯然也說不上是宣傳馬克思主義的刊物。第八卷以後，中國共產黨上海發起組已經實際掌控了《新青年》的編輯權、發行權，並在編排形式、欄目設置和作者組織上做了很大調整，但在形式上並未與原來的同人刊物徹底決裂，《新青年》上海編輯部繼續向北京同人約稿，並徵求其對《新青年》的意見。北京同人雖然對《新青年》上海編輯部的做法持保留意見，仍自認為對《新青年》具有決策權、編輯權和發稿權（實際上此時他們的這些權力只能在配合《新青年》上海編輯部時才能得到有限的發揮），北京同人發表的作品仍佔有相當篇幅，從這個意義上說，第八卷的確還是一個過渡。

　　《新青年》第八卷前五期運行正常，沒有出現延期情形，這說明獨立的《新青年》社已獲得新的經濟資助。前蘇聯方面的《中國共產黨成立史》披露：「《新青年》雜誌從 1920 年秋天開始接受共產國際的資助並逐步轉變為共產主義刊物。」[79]但資助的具體情形不詳。1921年 2 月《新青年》第八卷第六號付排時，稿件被租界巡捕房包探所搜。據 1921 年 5 月 1 日出版的《新青年》第九卷第一號《編輯室雜記》記載：「本志第八卷第六號排印將完的時候，所有稿件盡被辣手抓去，而且不准在上海印刷；本社既須找尋原稿重編一道，又須將印刷地點改在廣東，所以出版便不能如期了。」第八卷第六號延至 1921 年 4 月1 日出版。不過，聲言移粵出版，據茅盾回憶：「此為故意放煙幕，迷惑法捕房。其實仍在上海印刷，不過換了承印商而已。」[80]《新青年》

---

[79]　（蘇）K.B.舍維廖夫著、彭宏偉、潘榮譯：〈中國共產黨成立史〉，收入《「一大」前後——中國共產黨第一次代表大會前後資料選編》（三），北京：人民出版社，1984 年 6 月版，第 159 頁。

[80]　茅盾：《我走過的道路》上冊，第 201 頁。

第八卷第六號所載〈本社特別啟事〉：「本社以特種原因已遷移廣州城內惠愛中約昌興馬路第二十六號三樓，一切信件，均請寄至此處，所有書報往來辦法，仍與在上海時無異，特此奉聞。」負責《新青年》「俄羅斯研究」專欄編輯的袁振英（震寰）提供了對此時《新青年》的回憶：「陳獨秀到廣州後，廣東地區的馬克思主義宣傳有了進一步的發展。《新青年》雜誌社也在 1920 年底由上海遷到廣州，編輯部設在廣州市泰康路回龍橋一座大樓下（也即看雲樓），陳獨秀仍任主編，他和李季、潘贊化及我都曾住在這裏。《新青年》第八卷第五號仍由上海『群益書局』於 1921 年 1 月 1 日出版，第六號起才移到廣州昌興街二十六號於 1921 年 4 月 1 日出版，但編輯部還在回龍橋看雲樓。」[81] 袁振英有關《新青年》編輯部從第八卷第六號以後已遷往廣州的回憶文字，可備一說。而從 1921 年 2 月 23 日陳望道致周作人的信中所雲「潘君作品，我已在編輯部中搜尋過一番，找不到。當寫信去問仲甫先生，如果時間所許，定當編入第九卷第一號。」和「所謂『周氏兄弟』是我們上海、廣東同人與一般讀者所共同感謝的」[82] 兩語來看，當時則可能實際存在上海、廣州兩個編輯部並存的情形。

六、過渡中的矛盾爆發：陳獨秀離滬後《新青年》編輯之再議

1920 年 12 月 12 日廣東省省長陳炯明擬廢教育廳，設大學委員，主辦全省教育，電促陳獨秀來粵主持，保證決以全省歲入十分之一以上為教育經費，無論如何，決不短發[83]。陳獨秀赴粵之前，致信李大釗、錢玄同、胡適、陶孟和、高一涵、張慰慈、魯迅、周作人、王撫五，告：「弟日內須赴廣州，此間編輯事務已請陳望道先生辦理，另外新加入編輯者，為沈雁冰、李達、李漢俊三人。弟在此月用編

[81] 袁振英：〈袁振英的回憶〉（1964 年 2 月-4 月，收入《「一大」前後——中國共產黨第一次代表大會前後資料選編》（二），北京：人民出版社，1980 年 8 月版，第 473 頁。

[82] 〈陳望道致周作人〉，收入《中國現代文藝資料叢刊》第 5 輯，第 361-362 頁。

[83] 參見唐寶林、林茂生編著：《陳獨秀年譜》，第 134 頁。

輯部薪水百元，到粵後如有收入，此款即歸望道先生用，因為編輯事很多，望道境遇又不佳，不支薪水似乎不好。」「第四號報已出版，第五號報收稿在即，甚盼一涵、孟和、玄同諸兄能有文章寄來（因為你們三位久無文章來了）。」[84]由此信可以看出，《新青年》第八卷第五號以後編輯工作已交陳望道、沈雁冰、李達、李漢俊，陳望道的編輯費用係從《新青年》原來積累的資金中開支，否則陳獨秀無需向北京同人報告，三位新加入者亦為共產黨人，編輯人員的「共產主義」色彩或傾向明顯加重。不過，陳獨秀仍希望《新青年》的北京同人（特別是久未寄稿的高一涵、陶孟和、錢玄同）寄稿。胡適在此信後附言：「請閱後在自己名字上打一個圈子，並轉寄給沒有圈子的人。適。昨日知《新青年》已不准郵寄。適。」從陳獨秀此信內容看，他並未就編輯辦法問題要求北京同人商量，而只是報告自己離滬赴粵，編輯部新增人員，希望北京同人繼續寄稿支持。

離滬赴粵當晚（12 月 16 日夜），陳獨秀再次致信胡適、高一涵，表示：「《新青年》編輯部有陳望道君可負責，發行部事有蘇新甫君可負責。《新青年》色彩過於鮮明，弟近亦不以為然，陳望道君亦主張稍改內容，以後仍以趨重哲學文學為是，但如此辦法，非北京同

---

[84] 〈陳獨秀致李大釗、錢玄同、胡適等〉，收入《胡適來往書信選》上冊，第 117 頁。編者將此信系於 1920 年 12 月上半月。陳望道憶及這一段他與李漢俊、沈雁冰、李達的生活收入來源，主要是靠教書、翻譯（賣譯稿給商務印書館），收入不錯，未提領取編輯費一事。參見寧樹藩、丁淦林整理：〈關於上海馬克思主義研究會活動的回憶——陳望道同志生前談話紀錄〉，載《復旦學報》（社會科學版）1980 年第 3 期。李達在回憶中談及此時的黨費和《新青年》編輯費問題：「《新青年》社在法租界大馬路開了一家『新青年書社』。生意很好，李漢俊向陳獨秀寫信提議由『新青年書社』按月支二百元做黨的經費，陳獨秀沒有答應。還有陳獨秀去廣州時，曾對李漢俊約定，《新青年》每編出一期，即付編輯費一百元，後來李漢俊未能按月編出，該社即不給編輯費，因此李漢俊認定陳獨秀私有欲太重，大不滿意，這是他兩人之間的衝突的起源，這時候黨的經費是在上海的黨員賣文章維持的，往後因為經費困難，《共產黨》月刊出至第二期就中止了。」李達：〈中國共產黨的發起第一次、第二次代表大會經過的回憶〉，收入《「一大」前後——中國共產黨第一次代表大會前後資料選編》（二），第 473 頁。可見，陳獨秀去廣州後，《新青年》的編輯費是一筆糊塗賬。

人多做文章不可。近幾冊內容稍稍與前不同,京中同人來文不多,也是一個重大的原因,請二兄切實向京中同人催寄文章。」[85]陳獨秀似有意將《新青年》內容變化的一大原因歸究為北京同人來稿減少,以此壓迫北京同人寄稿。這似為倒因為果的解釋,而北京同人不願寄稿的諸人(即陳獨秀點名的陶、錢兩位)正是因為對《新青年》的新的「特別色彩」過於濃厚不滿,才消極對待陳獨秀的約稿。縱覽八卷,縱覽《新青年》第八卷,錢玄同未刊一文,李大釗只在第四期刊出一文,高一涵直到第六期才刊出一篇譯文,胡適在第一期登載一篇〈中學國文的教授〉、第二、三、五期登載詩歌九首,陶孟和在第一、二期各載一文,魯迅小說一篇、譯作一篇,周作人發表的作品相對較多,總體來說,來自北京同人的文稿數量明顯下降。在將編輯事務交給陳望道等人時,陳獨秀作出這種姿態,可能與他覺察到北京同人對第八卷第一號以後增設的「俄羅斯研究」專欄和馬克思主義宣傳不滿,故想緩和北京同人的情緒,希望獲得北京同人的繼續合作。

陶孟和閱陳信後,首先於 12 月 14 日致信胡適,提出:「《新青年》既然不准郵寄,就此停版何如?最好日內開會討論一番,再定如何進行。」[86]陶孟和要求《新青年》停辦說浮出水面。

錢玄同閱信後,12 月 16 日致信周作人表示:「我現在對於陳望道編輯《新青年》,要看他編輯的出了一期,再定撰文與否。如他不將他人底稿改用彼等——『哪』、『佢』……——字樣,那就不說什麼;否則簡直非提出抗議不可了。」[87]錢玄同久未給《新青年》稿件,除了「懶」這一層原因,現在又多了一重因人事變更產生的原因。

陳獨秀到達廣州後,未等北京同人回信,12 月 21 致信胡適(《新發現的一組書信》之七),全信如下:

---

[85] 〈關於《新青年》問題的幾封信〉之一,收入張靜廬輯注:《中國現代出版史料》甲編,北京:中華書局,1954 年版,第 7 頁。

[86] 收入《胡適來往書信選》上冊,第 117 頁。

[87] 趙麗霞、夏曉靜編:《錢玄同文集》第 6 卷〈書信〉,北京:中國人民大學出版社,2000 年 8 月版,第 41 頁。

一涵、適之兄：

　　十七日由上海動身，昨日到廣州，今天休息一天，一切
朋友，都尚未見面。

　　此間倘能辦事，需人才極多，請二兄早為留意，一涵兄
能南來否？弟頗希望孟和兄能來此辦師範，孟餘兄能來此辦
工科大學，請適之與顧、陶二君一商。師範必附屬小學及幼
稚園，我十分盼望杜威先生能派一人來實驗他的新教育法，
此事也請適之兄商之杜威先生。

　　　　　　　　　　　　弟獨秀　十二月廿一日

　　剛剛到粵的陳獨秀希望借重北京同人的力量，甚至還有美國學者杜
威的聲望，為南方的革命政府做點實事、大幹一場的心情躍然紙上。

　　在北京同人看完陳獨秀從滬上寄來的信後，胡適收集了北京同人
的意見，隨後復信給在粵的陳獨秀：「《新青年》『色彩過於鮮明』，兄
言『近亦不以為然』，但此是已成之事實，今雖有意抹淡，似亦非易
事。北京同人抹淡的工夫決趕不上上海同人染濃的手段之神速。現
在想來，只有三個辦法：一、聽《新青年》流為一種有特別色彩之雜
誌，而另創一個哲學文學的雜誌，篇幅不求多，而材料必求精。我秋
間久有此意，因病不能作計畫，故不曾對朋友說。二、若要《新青年》
『改變內容』，非恢復我們『不談政治』的戒約，不能做到。但此時
上海同人似不便做此一著，兄似更不便，因為不願示人以弱。但北京
同人正不妨如此宣言。故我主張趁兄離滬的機會，將《新青年》編輯
的事，自第九卷第一號移到北京來。由北京同人於第九卷第一號內
發表一個新宣言，略根據第七卷第一號的宣言，而注重學術思想藝文
的改造，聲明不談政治。孟和說，《新青年》既被郵局停寄，何不暫
時停辦，此是第三辦法。但此法與新青年社的營業似有妨礙，故不如
前兩法。總之，此問題現在確有解決之必要。望兄質直答我，並望原
諒我的質直說話。此信一涵、慰慈見過。守常、孟和、玄同三人知道

220

此信的內容。他們對於前兩條辦法，都贊成，以為都可行。余人我明天通知。撫五看過。說『深表贊同』。適。此信我另抄一份，寄給上海編輯部看。適。」[88]向陳獨秀明確要求將第九卷第一號移回到北京編輯。

顯然，《新青年》編輯問題的再起，是與包括胡適在內的北京同人對《新青年》第八卷「色彩過於鮮明」的不同看法有關。乘陳獨秀離滬赴粵之際，他們想解決這一問題。胡適此處所提「三個辦法」，第三個辦法除陶孟和提出，王星拱附和外，其他人（包括胡適在內）都不認同，故不可行；第二個辦法胡適已看出陳獨秀的為難之處，實際上他本人也很快放棄了「不談政治」，1922 年他創辦《努力》週報，即是其「談政治」的新舉動；故實際可行的只有第一個辦法，即「聽《新青年》流為一種有特別色彩之雜誌，而另創一個哲學文學的雜誌」。信前「十六夜你給一涵的信，不知何故，到廿七夜始到。」一語，胡適似在暗示陳獨秀與他們之間的通信往來有可疑的障礙，可能已被警方監控。

周氏兄弟最先表態。魯迅 1921 年 1 月 3 日復信胡適表示：「寄給獨秀的信，啟孟以為照第二個辦法最好。他現在生病，醫生不許他寫字，所以由我代為聲明。我的意見以為三個都可以。但如北京同仁一定要辦，便可以用上兩辦法，而第二個辦法更為順當。至於發表新宣言，說明不談政治，我卻以為不必。這固然小半在『不願示人以弱』，其實則凡《新青年》同仁所作的作品，無論如何宣言，官場總是頭痛，不會優容的。此後只要學術思想藝文的氣息濃厚起來，——我所知道的幾個讀者極希望《新青年》如此——就好了。」[89]因周作人當時生病，魯迅代筆表態，這是魯迅就《新青年》編輯事宜給同人留下的唯一一封信。

---

[88] 〈關於《新青年》問題的幾封信〉之二，收入張靜廬輯注：《中國現代出版史料》甲編，第 9-10 頁。

[89] 收入〈關於《新青年》問題的幾封信〉之四，收入張靜廬輯注：《中國現代出版史料》甲編，第 12 頁。

　　1月9日陳獨秀致胡適等北京同人回信中，對胡適提出的三個辦法作了明確表態，堅決不同意胡適所提第二、三條辦法《新發現的一組書信》之八）：

> 適之、一涵、慰慈、守常、孟和、豫才、啟明、撫五、玄同諸君：
> 　　適之先生來信所說關於《新青年》辦法，茲答覆如下：
> 　　第三條辦法，孟和先生言之甚易，此次《新青年》續出，弟為之甚難；且官廳禁寄，吾輩仍有他法寄出與之奮鬥（銷數並不減少），自己停刊，不知孟和先生主張如此辦法的理由何在？閱適之先生的信，北京同人主張停刊的並沒有多少人，此層可不成問題。
> 　　第二條辦法，弟雖在滬，卻不是死了，弟在世一日，絕對不贊成第二條辦法，因為我們不是無政府的人，便沒有理由宣言可以不談政治。
> 　　第一條辦法，諸君盡可為之，此事於《新青年》無關，更不必商之於弟。若以為別辦一雜誌便無力再為《新青年》做文章，此層亦請諸君自決。弟甚希望諸君中仍有幾位能繼續為《新青年》做點文章，因為反對弟個人，便牽連到《新青年》雜誌，似乎不太好。
>
> 　　　　　　　　　　　弟獨秀白　一月九日
>
> 　　再啟者前擬用同人名義發起《新青年》社，此時官廳對《新青年》頗嫉惡，諸君都在北京，似不便出名，此層如何辦法，乞示知。又白。

陳獨秀與胡適有關《新青年》內容和編輯分歧在南北《新青年》同人圈中迅速傳開。據1月李大釗給錢玄同的信稱：「仲甫由粵寄來信三件，送上看過即轉交豫才、啟明兩先生。他們看過，仍還我，以便再交別人。」[90]陳獨秀從廣東致李大釗的這三封信，我們現僅見1

---

[90] 收入《錢玄同文集》第6卷〈書信〉，第16頁。

月 9 日這封信，其他兩封信內容不得而知，但如此頻繁、超乎尋常地通信，可見陳獨秀內心之焦慮，以及南北同人之間互動的加劇。無論如何，陳獨秀和《新青年》上海編輯部的同人當然不願放棄利用《新青年》這塊金字招牌宣傳馬克思主義，因而也不可能接受北京同人的「停辦說」或「移回北京編輯說」。在北京同人熱議《新青年》如何編輯的問題時，他們將問題轉化為北京同人如何處理與《新青年》編輯部的關係問題：要麼繼續合作，要麼各奔前程。1 月 11 日錢玄同致信魯迅、周作人，告：「頃得李守常來信，附來信箋三件，茲寄上，閱後，請直接寄還守常為荷。初不料陳、胡二公已到短兵相接的時候！照此看來，恐怕事勢上不能不走到老洛伯所主張的地位。我對於此事，絕不能為左右袒。若問我的良心，則以為適之所主張者較為近是（但是適之反對談『寶雪維兒』，這層我不以為然）。」[91]面對陳獨秀與胡適的分歧和對決的態勢，錢玄同表示了一種形似「騎牆」而實偏於胡適的態度，並以為陳獨秀的思想變化可能受邵力子、葉楚傖、陳望道的影響。

在滬負責編輯《新青年》的陳望道 1921 年 1 月 15 日致信胡適表示：「大作已載在《新青年》第八卷第五號了。《新青年》內容問題，我不願意多說話，因為第八卷第四號以前我純粹是一個讀者，第五卷（號）以後我也只依照多數意思進行。因病遲覆請原諒。」[92]北京同人對《新青年》內容改變的異議在南方同人中傳開，陳望道感到「難辭其咎」的壓力，故特別作出這一解釋。無論如何，陳獨秀和《新青年》上海編輯部的同人主意已定，他們當然不願放棄利用《新青年》這塊金字招牌宣傳馬克思主義，因而也不可能接受北京同人的「停辦說」或「移回北京編輯說」。[93]在北京同人熱議《新

[91] 收入《錢玄同文集》第 6 卷〈書信〉，第 14-16 頁。

[92] 〈陳望道致胡適〉，收入耿雲志主編《胡適遺稿及秘藏書信》第 35 冊，合肥：黃山書社，1994 年版，第 419 頁。

[93] 參見〈關於《新青年》問題的幾封信〉之六，收入張靜廬輯注：《中國現代出版史料》甲編，第 13 頁。從 1921 年 2 月 15 日陳獨秀致胡適信可知，陳獨秀此前已表明他「不贊成《新青年》移北京」的態度，這一態度應在陳獨秀從

青年》如何編輯的問題時，他們將問題轉化為北京同人如何處理與
《新青年》編輯部的關係問題：要麼繼續合作，要麼各奔前程。

　　1921年1月22日胡適致李大釗、魯迅、錢玄同、陶孟和、張慰
慈、周作人、王撫五、高一涵，對前此的意見又有所修正：「第一：
原函的第三條『停辦』辦法，我本已聲明不用了，可不必談。第二：
第二條辦法，豫才兄與啟明兄皆主張，必聲明不談政治，孟和兄亦
有此意。我於第二次與獨秀信中曾補敘入。此條含兩層：一、移回
北京，二、移回北京而宣言不談政治。獨秀對於後者似太生氣，我
很願意取消『宣言不談政治』之說，單提出『移回北京編輯』一法。
理由是：《新青年》在北京編輯或可以多逼迫北京同人做點文章。否
則獨秀在上海時尚不易催稿，何況此時在素不相識的人的手裏呢？
豈非與獨秀臨行時的希望──『非北京同人多做文章不可』──相
背呢？第三：獨秀對於第一辦法──另辦一雜誌──也有一層大誤
解。他以為這個提議是反對他個人。我並不反對他個人，亦不反對
《新青年》。不過我認為今日有一個文學哲學的雜誌的必要，今《新
青年》差不多成了 Soviet Russia 的漢譯本，故我想另創一個專關學
術藝文的雜誌。今獨秀既如此生氣，並且認為反對他個人的表示，
我很願意取消此議，專提出『移回北京編輯』一個辦法。」「諸位意
見如何？千萬請老實批評我的意見，並請對於此議下一個表決。」
此信後附有張慰慈、高一涵、陶孟和、李大釗、周作人、周樹人、
錢玄同1921年1月26日閱後的簽注意見。北京同人表決的結果：
贊成移回北京編輯者：張慰慈、高一涵、李守常；贊成北京編輯，
但不必強求，可任他分裂成兩個雜誌，也不必爭《新青年》這個名
目者：周豫才、周啟明、錢玄同；贊成移回北京，如實不能則停辦，
萬不可分為兩個雜誌，致破壞《新青年》精神之團結者：王星拱、
陶孟和。[94]從北京同人的表態看，明顯傾向於「移回北京編輯」一說。

粵致李大釗的三封信中有所吐露。

[94] 收入〈關於《新青年》問題的幾封信〉之三，收入張靜廬輯注：《中國現代出
版史料》甲編，第9-11頁。

這樣一種表態，似多少帶有給胡適面子的成份，也與他們試圖保持《新青年》原有同人刊物性質的想法有關。

《新青年》北京同人在回覆胡適信函時，有的對自己的立場還致信胡適詳加說明。現將李大釗致胡適一信照錄如下（《新發現的一組書信》之九）：

> 適之：
>
> 我對於《新青年》事，總不贊成分裂，商議好了出兩種亦可，同出一種亦可。若是分裂而搶一個名稱，若是與《新青年》有關的人都爭起來，豈不同時出十幾個《新青年》，豈不是一場大笑話！
>
> 我覺得你和仲甫都不是一定要搶《新青年》這個名稱，還是主義及主張有點不同的緣故。如果主張相同，在那裏辦，那一個人辦，成不了什麼問題。但是我覺得你們兩人都有點固執，仲甫一定要拿去廣東，你一定要拿來北京，都覺得太拘了一點。總之，我的意思不拘《新青年》在那裏辦，或是停辦，總該和和氣氣商量才是，而且兄和仲甫的朋友交情豈可因此而大傷，《新青年》如演起南北對峙的劇來，豈不是要惹起旁人的笑死，此點願兄細想一想，我不是說仲甫應該主張在粵辦，你不應該主張在京辦，不過仲甫的性情我們都該諒解他的——他的性情很固執——總之我很願意你等他的回信再決定辦法。如果你們還是各立於兩極端，我想我們只有兩個辦法：一個辦法就是大家公決勸你們二位（恐怕勸也無效）都犧牲了《新青年》三個字吧！停辦了吧！一個辦法就是聽你們兩位一南一北分立《新青年》，我們都不好加入那一方，這種結果都是宣告了《新青年》破產，我個人的主張雖與仲甫的主張相近，但我決不贊成你們這樣爭《新青年》，因為《新青年》如果是你的或是他的，我們都可以不管，如果大家都與他有點關係，我們也不應該坐視你們傷了感情，我

想先把你給我的信交給玄同、豫才、起明、一涵、慰慈、孟和、撫五諸兄看過，看我們還有調停的方法沒有。

守常

李大釗既不希望《新青年》南北同人分裂，也不願看到胡適與陳獨秀爭搶《新青年》的編輯權或名稱，所以他想居中調和，「看我們還有調停的方法沒有」。但他已看出胡、陳之間「還是主義及主張有點不同的緣故」，「我個人的主張與仲甫的主張相近」，這也表示了他個人的思想立場。

錢玄同和致胡適信表示：「那第三個辦法，照你所說的做去，我也很贊成。」（《新發現的一組書信》之十）李大釗還覆信胡適，說明錢玄同和周氏兄弟的態度：「前天見了玄同，他說此事只好照你那第一條辦法，……起明、豫才的意見，也大致贊成第一辦法，但希望減少點特別色彩。」[95]北京同人雖態度不一，但都不希望這場爭議損壞他們與陳獨秀之間已經建立起來的交情，也不願意讓這場爭議露布天下，讓外界看他們爭奪《新青年》的笑話，這是他們面對這場爭議的底線。

《新青年》南北同人就編輯方式問題在緊張地相互磋商。1921年1月28日陳望道致信周作人，向北京同人表明《新青年》編輯部的態度：「大著小說三篇已登第八卷第六期；第九卷第一期稿，請設法搜羅一點來。詩稿也很缺乏，也請先生盡力。胡適先生口說不談政治，卻自己爭過自由：我們頗不大敢請教他了。但稿頗為難，在京一方面，只有希望先生與豫才、守常、玄同諸先生努力維持了。先生病好點嗎？很記念著。」[96]一方面對胡適的政治傾向表示不滿，將《新青年》上海編輯部同人與胡適的思想分歧在同人圈內公開化，並將撰稿的希望寄託在周氏兄弟、李大釗、錢玄同身上，有意孤立

[95] 〈關於《新青年》問題的幾封信〉之五，收入張靜廬輯注：《中國現代出版史料》甲編，第 12 頁。
[96] 〈關於《新青年》雜誌的通信〉（二），收入《陳望道文集》第一卷，上海：復旦大學出版社，1979 年 10 月版，第 555-556 頁。

胡適;一方面則示意北京同人,上海編輯部不會交出《新青年》的編輯權。

錢玄同已看出與南方的《新青年》同人分裂之趨勢不可避免,故其 1 月 29 日致信胡適(殘)表示:「與其彼此隱忍遷就的合併,還是分裂的好。要是移到北京來,大家感動(情)都不傷,自然不移;要是比分裂更傷,還是不停而另辦為宜。至於孟和兄停辦之說,我無論如何,是絕對不贊成的;而且以為是我們不應該說的。因為《新青年》的結合,完全是彼此思想投契的結合,不是辦公司的結合。所以思想不投契了,盡可宣告退席,不可要求別人不辦。換言之,即《新青年》若全體變為《蘇維埃俄羅斯》的漢譯本,甚至於說這是陳獨秀、陳望道、李漢俊、袁振英等幾個人的私產,我們也只可說陳獨秀等辦了一個『勞農化』的雜誌,叫做《新青年》,我們和他全不相干而已,斷斷不能要求他們停辦。這是玄同個人對於今後《新青年》的意見。」[97]向胡適示意與《新青年》上海編部同人脫離干係,聽憑《新青年》變成「『勞農化』的雜誌。」

2 月 1 日錢玄同再次致信胡適(《新發現的一組書信》之十一),全信如下:

> 適之兄:
>
> 　　昨晚我接到你請人吃茶的帖子,我今天因為兒子患白喉未愈,亟須延醫買藥,下午四時恐不能來。
>
> 　　《新青年》事,我的意見已詳簽注來函之末尾,又前星期六別有一信致足下。即使下午能來,意見亦是如此。至於決議之結果,我自然服從多數。(若「移京」和「別組」兩說,各占半數之時,則我仍站在「別組」一方面。)
>
> 　　還有要聲明者:我對於《新青年》,兩年以來未撰一文。我去年對羅志希說,「假如我這個人還有一線之希望,亦非在五年之後不發言。」這就是我對於《新青年》不做文章的意

---

[97] 收入《胡適來往書信選》上冊,第 122-123 頁。

> 　　見。所以此次之事，無論別組或移京，總而言之，我總不做
> 　　文章的。（無論陳獨秀、陳望道、胡適之……辦，我是一概不
> 　　做文章的。絕非反對誰某，實在是自己覺得淺陋。）

> 　　　　　　　　　　　　　　　　　　　　玄同　　二月一日

　　話說到這一步，無異是聲明自己與此後的《新青年》完全脫離關係。實際上，從第七卷第四號（1920 年 3 月 1 日）以後，錢玄同就未在《新青年》上發表文章。錢玄同成為繼劉半農、陶孟和之後，表態退出《新青年》同人圈的又一位代表性人物。周作人致信陳望道云：「自從錢劉噤口以後，早已分裂，不能彌縫。」[98]如是之謂也。劉半農、錢玄同與陳獨秀關係疏遠的情形似有區別，劉半農因為沒有「博士」帽被同人擠走，而錢玄同退出則為對《新青年》日漸濃厚的政治化色彩不滿。

七、一個插曲：懷疑胡適與研究系的關係

　　在南北《新青年》新老同人熱議編輯辦法的同時，另一個問題也牽涉其中，這就是陳獨秀和陳望道諸人懷疑胡適與研究系之間存有密切關係。這種懷疑出自 1920 年 12 月 16 日陳獨秀致胡適、高一涵的信和大概在此後陳獨秀致陶孟和的信。在前一信尾，陳說：「南方頗傳適之與孟和兄與研究系接近，且有惡評，此次高師事，南方對孟和頗冷淡，也就是這個原因，我盼望諸君注意此事。」[99]陳致陶的信現已未見，但從胡適回覆陳獨秀信所保留的底稿看，陳致陶信的觀點有兩點極為清楚：一是信中流露出與陶的關係極為緊張的一面，這一點可能對陶孟和的情緒有一定刺激，陶孟和在《新青年》

---

[98] 周作人此語轉引自〈關於《新青年》雜誌的通信〉（三）〈陳望道致周作人〉一信，收入《陳望道文集》第一卷，第 558 頁。
[99] 〈關於《新青年》問題的幾封信〉之一，收入張靜盧輯注：《中國現代出版史料》甲編，第 7 頁。

發表的最後一篇文章是刊登在第八卷第二號（1920 年 10 月 1 日）上的〈六時間之勞動〉，從此我們就再也看不到他的文章了。二是懷疑胡適與研究系存有密切關係。胡適在信中對此辯駁說：

> 你給孟和的信與給北京同人（答我）的信，我都見了。你真是一個魯莽的人，我實在有點怪你。你在北京的日子也很久了，何以竟深信外間那種絕對無聊的謠言！何以竟寫出那封給孟和的決絕信（你信上有『言盡於此』的話！）；你難道不知我們在北京也時時刻刻在敵人包圍之中？你難道不知他們辦共學社是在《世界叢書》之後，他們改造《改造》是有意的？他們拉出他們的領袖來『講學』──講中國哲學史──是專對我們的？……你難道不知延聘羅素、倭伊鏗等人的歷史？（我曾宣言，若倭伊鏗來，他每有一次演說，我們當有一次駁論。）但是我究竟不深怪你，因為你是一個心直口快的好朋友。不過我要你知道，北京也有「徐樹錚陸軍總長，陳獨秀教育總長」的話，但我們決不會寫信來勸你「一失足成千古恨……」！這事，我以後不再辯了。[100]

陳獨秀懷疑胡適與研究系的關係一事，在北京同人圈中很快傳開，胡適的辯白信內容似也為同人所知。錢玄同致信李大釗表示：「至於仲甫疑心適之受了賢人系的運動，甚至謂北大已入賢掌之中，這是他神經過敏之謂，可以存而不論。（所謂長江流域及珠江流域的議論，大概就是邵力子、葉楚傖、陳望道等人的議論。）」[101]李大釗覆信胡適安撫道：「關於研究系謠言問題，我們要共同給仲甫寫一信，去辯明此事。現在我們大學一班人，好像一個處女的地位，交通、研究、政學各系都想勾引我們，勾引不動就給我們造謠；還有那國民系看見我們為這些系所垂涎，便不免引起點醋意，真正討嫌！」[102]錢

---

[100] 《胡適致陳獨秀》（稿），收入《胡適來往書信選》上冊，第 120-121 頁。
[101] 收入《錢玄同文集》第 6 卷〈書信〉，第 14-16 頁。
[102] 〈關於《新青年》問題的幾封信〉之五，收入張靜廬輯注：《中國現代出版史

玄同和致信胡適表態：「仲甫本是一個魯莽的人，他所說那什麼研究系底話，我以為可以不必介意。我很希望你們兩人別為了這誤會而傷了幾年來朋友的感情。你以為然否？」「廣東、上海本來是一班浮浪淺薄的滑頭世界，國民黨和研究系，都是『一丘之貉』。我想，仲父本是老同盟會出身，自然容易和國民黨人接近，一和他們接近，則冤枉別人為研究系的論調，就不知不覺地出口了。」（《新發現的一組書信》之九）北京同人對陳獨秀懷疑胡適與研究系的關係並不以為然。

梁啟超是胡適少年時期崇拜的新思想家，這種情感長存於胡適心中。留學歸國後，胡適曾於1918年11月20日就墨學並道求見之意致信梁任公，惜因當時梁任公離開天津，故未曾得見。[103]胡適與梁啟超初識是在1920年3月21日，他在當日日記中有明確記載，「宗孟宅飯。初見梁任公。談。」[104]據胡適晚年回憶此事道：「我認識在君和徐新六是由於陶孟和的介紹。他們都是留學英國的。孟和是北京大學的教授，又是《新青年》雜誌的社員，新青年社是一個小團體，其中只有孟和和我是曾在英美留學的，在許多問題上我們兩人的看法比較最接近。」「我認識在君和新六好像是在他們從歐洲回來之後，我認識任公先生大概也在那個時期。任公先生是前輩，比我大十八歲，他雖然是十分和易近人，我們把他當作一位老輩看待。在君和孟和都是丁亥（1887）生的，比我只大四歲；新六比我只大一歲。所以我們不久都成了好朋友。」[105]梁任公及研究系這幫人通過丁文江對胡適這位新的明星級朋友極盡拉攏之能事，與胡適頻繁約會，請胡適為其得意之作《墨經校釋》作序（1921年2月26日），邀請胡適出席迎接英國著名哲學家羅素的講學活動。對於胡適與研

料》甲編，第12頁。

[103] 丁文江主編：《梁任公先生年譜長編初稿》將胡、梁初識之會系於1918年11月20日，有誤。參見歐陽哲生主編：《丁文江文集》第6卷，長沙：湖南教育出版社，2008年7月版，第681頁。

[104] 《胡適全集》第29冊，合肥：安徽教育出版社，2003年9月版，第121頁。

[105] 《胡適文集》第6冊，北京大學出版社，1998年11月版，第439-440頁。

究系的這些交往活動，身在南方的陳獨秀和他周圍的新的共產黨人朋友極為敏感，他們自然將胡適對他們的不滿言論與此聯繫起來，這就加劇了雙方的矛盾。

1921 年 2 月 13 日陳望道致周作人一信，將《新青年》南方同人對胡適的不滿情緒和盤托出，簡直有一吐為快之感：

> 我是一個北京同人「素不相識的人」（適之給仲甫信中的話），在有「歷史的觀念」的人，自然將格外覺得有所謂「歷史的關係」。我也並不想要在《新青年》上占一段時間的歷史，並且我是一個不信實驗主義的人，對於招牌，無意留戀。不過適之先生底態度，我卻敢斷定說，不能信任。但這也是個人意見，團體進行自然聽團體底意志。先生們在北方，或不很知道南方情形。其實南方人們，問《新青年》目錄已不問起他了。這便因為他底態度使人懷疑。懷疑的重要資料：《改造》上梁先生某序文、《中學國文教授》、《少談主義》、《爭自由》。胡先生總說內容不對，其實何嘗將他們文章撤下不登。他們不做文章，自然覺得別人的文章多；別人的文章多，自然他有些看不入眼了。[106]

陳望道信中所云他們懷疑胡適的政治態度及其與研究系關係的證據：（一）梁啟超在《改造》所刊〈前清一代中國思想界之蛻變〉（載《改造》第三卷第三、四、五號）。此文系為蔣百里《歐洲文藝復興史》作序，開首即曰：「舊曆中秋節前十日在京師省胡適之病，適之曰：『晚清今文學運動，於思想界影響極大；吾子實躬與其役者，宜有以記之。』適蔣百里著《歐洲文藝復興史》新成，來索序，吾受而讀之，……吾泛泛為一序，無以益其善美，計不如取吾史中類

---

[106] 〈關於《新青年》雜誌的通信〉（四），收入《陳望道文集》第一卷，第 557 頁。該書編者在編注〈爭自由〉一文時，認為〈爭自由〉是指胡適所作《易卜生主義》一文，此處有誤，應為〈爭自由的宣言〉一文，該文載《晨報》1920 年 8 月 1 日，胡適、蔣夢麟、陶履恭、王徵、張祖訓、李大釗、高一涵簽名。

似之時代相印證焉，庶可以校彼我之短長而思所以自淬厲也。」將
其序文之深意與胡適的建議聯繫起來。文中對胡適考證學成就大加獎
勵：「績溪諸胡而後有胡適者，頗能守清儒治學之方法，儼然正統派
之碩果焉。」[107]（二）胡適在《每週評論》發表的〈多研究些問題，
少談些「主義」〉（第31號）一文。隨後研究系成員藍志先發表〈問
題與主義〉（第 33 號），李大釗發表〈再論問題與主義〉，辯駁胡適
的觀點，胡適與馬克思主義者之間的思想分歧初露端倪。（三）1920
年 8 月 1 日胡適領銜與蔣夢麟、陶履恭、王徵、張祖訓、李大釗、
高一涵聯名在《晨報》發表〈爭自由的宣言〉，它表現胡適對政治的
新覺悟：「我們本不願意談實際的政治，但是實際的政治卻沒有一時
一刻不來妨害我們。」「政治逼迫我們到這樣無路可走的時候，我們
便不得不起一種徹底覺悟，認定政治如果不由人民發動，不會有真
共和實現。」該宣言表現了胡適等對西方式民主共和制的理想追求。
對這三例的不同看法，足見《新青年》南方同人對胡適已抱有成見。
但〈中學國文的教授〉一文，也被指稱為懷疑的證據，這顯是以語
文教育和研究見長的陳望道的過敏之處，陳氏後來在《新青年》發
表〈文章底美質〉（第九卷第一號），隱然有與胡適較勁之意。陳信
中所語「團體進行自然聽團體底意志」，顯示出他所歸屬的共產黨有
「團體底意志」，從而將《新青年》上海編輯部的底牌向周作人交底，
從周作人 2 月 25、27 日致李大釗信，他似已明白此時陳獨秀辦《新
青年》有「宣傳機關」的用處。

　　1920 年 7 月中國共產黨上海發起組成立之初，共產國際代表維
經斯基「首先計畫把團結在當時上海辦的進步刊物《新青年》雜誌、
《星期評論》週刊和《時事新報》等刊物周圍的力量聯合起來，當
時估計這些刊物的領導人陳獨秀、戴季陶、沈玄廬、李漢俊和張東
蓀作為建立中國共產主義政黨或社會主義政黨的發起人。但是明確

---

[107] 梁啟超：〈前清一代中國思想界之蛻變〉，載《改造》第三卷第三號，1920 年
11 月 15 日，第 1、6 頁。此文後經修改擴充，獨立成書──《清代學術概論》，
上引第一句被刪節，其他文字亦有修改。

地提出這個想法之後,《時事新報》的編輯張東蓀就與小組脫離了關係。」[108]可見,共產國際原是有意推動共產黨、研究系和國民黨在上海實現小聯合,構建一個以共產主義為理想的革命統一戰線。當時加入中共上海發起組的李達、茅盾在回憶中都提到張東蓀退出該組織一事。與張東蓀熟悉的李達說,張東蓀是個政客,「當時也想鑽到共產主義者的隊伍中來,想撈一把。陳獨秀、李漢俊都不要他。」[109]茅盾說:「據說張東蓀所持的理由是:他原以為這個組織是學術研究性質,現在說這就是共產黨,那他不能參加,因為他是研究系,他還不打算脫離研究系。」[110]一個說「不要」,一個說「退出」,那一說更為真實,現已無從考證。但張東蓀確為退出中共上海發起組,隨後研究系雜誌《改選》刊登了張東蓀的〈現在與將來〉(第三卷第四號)、梁啟超的〈覆張東蓀書論社會主義〉(第三卷第六號)等文,主張中國發展實業,反對在中國建立社會主義政黨。尚處在發起過程中的共產黨將張、梁的這些論調視為對自己的挑戰,雙方構怨甚深。1921 年以後共產黨人開展了對梁啟超為首的研究系及其宣傳的基爾特社會主義的批判,《新青年》發表了李達的〈討論社會主義並質梁任公〉(第九卷第一號)、陳獨秀的〈社會主義批評〉(第九卷第三號)等文。國民黨人的報刊也展開對自己的宿敵研究系的攻擊。置身事外的胡適並不明瞭這些事情的內幕。胡適與梁啟超等人的交往止於學術層面,尚未發生政治關係,固然與其欲自立門戶,不看好梁啟超的政治前途有關,而南方革命人士的政治動向對阻止他與梁啟超為首的研究系發生更為密切的關係,並不致倒向研究系,亦具有一定的警示作用。

[108] (蘇) K.B.舍維廖夫著、彭宏偉、潘榮譯:〈中國共產黨成立史〉,收入《「一大」前後——中國共產黨第一次代表大會前後資料選編》(三),第155-156頁。
[109] 李達:〈中國共產黨成立時期的思想鬥爭情況〉,收入《「一大」前後——中國共產黨第一次代表大會前後資料選編》(二),第51頁。
[110] 茅盾:《我走過的道路》上冊,第196頁。

八、《新青年》的歸宿：成為中共的純理論機關刊物

　　1921年2月，《新青年》編輯部在法租界被搜查，並被勒令停辦。
2月11日陳望道致信周作人，迅即通報此事：「新青年社在陰曆年關
被法捕房沒收去許多書籍，又罰洋五十元，並且勒令遷移。這事究從
何方推動，於今還未分明。但事業仍是要進行的。你以為怎樣？」[111]
接著，2月13日陳望道致信周作人，表示：「所謂『周氏兄弟』是我
們上海廣東同人與一般讀者所共同感謝的。多如先生們病中也替《新
青年》做文章，《新青年》也許看起來，像是『非個人主義』,『歷史
主義』,卻不是純粹赤色主義或『漢譯本的 S 了！』」[112]以刊登周氏
兄弟的作品，說明《新青年》並「不是純粹赤色主義或漢譯本的 S
了！」,對胡適的觀點作了反駁。藉以說明《新青年》上海編輯部有
意實行陳獨秀1920年12月16日定下的基調：「稍改內容」、「趨重
於文學哲學」、爭取「北京同人多做文章」。

　　2月15日陳獨秀分別致信胡適，周氏兄弟，通報《新青年》將
移粵出版。對胡適表示：「六日來信收到了。我當時不贊成《新青年》
移北京，老實說是因為近來大學空氣不大好；現在《新青年》已被
封禁，非移粵不能出版，移京已不成問題了。你們另外辦一個報，
我十分贊成，因為中國好報太少，你們做出來的東西總不差，但我
卻沒有工夫幫助文章。而且在北京出版，我也不宜做文章。我是一
時不能回上海了。你勸我對於朋友不要太多疑，我承認是我應該時
常不可忘卻的忠告，但我總是時時提心吊膽恐怕我的好朋友書呆子
為政客所利用。我仍希望你非候病十分好了，不可上課、做文章，
而且很想你來廣東一遊。」[113]一方面對前此《新青年》南北同人的討
論作出最後的決斷，明確表態「不贊成《新青年》移北京」；一方面

[111] 〈關於《新青年》雜誌的通信〉（三），收入《陳望道文集》第一卷，第556頁。
[112] 〈關於《新青年》雜誌的通信〉（三），收入《陳望道文集》第一卷，第557頁。
[113] 〈關於《新青年》問題的幾封信〉之六，收入張靜廬輯注：《中國現代出版史
　　料》甲編，第13頁。

在政治上忠告胡適不要被北京的「政客所利用」，話中之意仍是希望胡適與研究系和北洋政府劃清界限，並表示自己不能給胡適新辦的報刊投稿。而同日致周豫才、周啟明的信，陳獨秀則另有一番表示：「《新青年》風波想必先生已經知道了，此時除移粵出版無他法，北京同人料無人肯做文章了，惟有求助於你兩位，如何，乞賜覆。」[114]將與北京同人合作的希望完全寄託在周氏兄弟身上。《新青年》後來並未移粵出版，仍是在上海印刷，只是換了承印商而已。[115]

對於陳獨秀拋出的繡球，病情好轉的周作人 2 月 25 日（《新發現的一組書信》之十二）、2 月 27 日（《新發現的一組書信》之十三）兩次致信李大釗，作了積極回應，現照錄如下：

> 守常兄：
>
> 　　來信敬悉。《新青年》我看只有任其分裂，仲甫移到廣東去辦，適之另發起乙種雜誌，此外實在沒有法子了。仲甫如仍擬略加改革，加重文藝哲學，我以力之所及，自然仍當寄稿。適之的雜誌，我也很是贊成，但可以不必用《新青年》之名。《新青年》的分裂雖然已是不可掩的事實，但如發表出去（即正式的分成廣東、北京兩個《新青年》），未免為舊派所笑。請便中轉告適之。
>
> 　　　　　　　　　　　　　　　　　　弟作人　1921 年 2 月 25 日

> 守常兄：
>
> 　　來信敬悉。關於《新青年》的事，我贊成所說第二種辦法，寄稿一事，我當以力量所及，兩邊同樣的幫忙。我本贊

---

[114] 魯迅博物館供稿、陸品晶注釋：〈陳獨秀書信〉之四，載《歷史研究》1979年第 5 期，第 93 頁。收入《中國現代文藝資料叢刊》第 5 輯，第 311 頁。

[115] 參見寧樹藩、丁淦林整理：《關於上海馬克思主義研究會活動的回憶》附記，載《復旦學報》（社會科學版）1980 年第 3 期。茅盾：《我走過的道路》上冊，第 201 頁。

成適之另辦一種注重哲學文學的雜誌，但名稱大可不必用《新青年》，因為：

（1）如說因內容不同，所以分為京粵兩個，但著作的人如仍是大多數相同，內容便未必十分不同，別人看了當然覺得這分辦沒有必要。（如仲甫將來專用《新青年》去做宣傳機關，那時我們的文章他也用不著了；但他現在仍要北京同人幫他，那其內容仍然還不必限於宣傳可做了。）

（2）仲甫說過《新青年》絕對為「洋大人」所不容，在京也未必見容於「華大人」，這實才是至理名言。我看「華大人」對於《新青年》的惡感，已經深極了。無論內容如何改變，他未必能辨別，見了這個名稱當然不肯輕易放過，這並不是我神經過敏的話，前年的《每週評論》便是一個實例。

所以我希望適之能夠改變意見，採用第二種辦法。但北京同人如多數主張用《新青年》的名稱，我也不反對。以上所說，只是個人的意見，以備發揮而已。豫才沒有什麼別的意見。

弟作人　1921 年 2 月 27 日

周作人致李大釗的這兩封信，都保存在胡適手中，應是李大釗轉交給胡適，說明當時李大釗有意讓胡適知道周氏兄弟的態度，並希望胡適與《新青年》上海編輯部繼續保持同樣的合作關係，即為《新青年》撰寫文藝哲學一類的文字。

在陳獨秀及《新青年》上海編輯部積極爭取周氏兄弟的稿件的同時，胡適對周氏兄弟亦傾力相助。胡適以力薦周作人擔任燕京大學國文門主任，拉近他與周氏兄弟的距離。1921 年 2 月 14 日胡適致信周作人專談此事，並開出燕京大學方面的優厚條件：（一）薪俸，不論多少，都肯出。（二）全不受干涉。[116]第二年周作人接受了燕京大學方面的聘任。同年 8 月胡適還為介紹周建人到商務印書館編譯

---

[116]〈致周作人〉，收入耿雲志、歐陽哲生編：《胡適書信集》上冊，北京大學出版社，1996 年 9 月版，第 274-275 頁。

所工作而奔走,向高夢旦、錢經宇打招呼,[117]解決了周建人的工作問題。周氏兄弟一時炙手可熱,成為《新青年》南北同人爭取的對象。

《新青年》從第八卷第五號(1921 年 1 月 1 日)以後,直至第九卷第六號(1922 年 7 月 1 日)止,陳望道是《新青年》上海編輯部的主要成員。有一種流行的說法,陳望道是《新青年》這一時期的「主編」,陳望道本人垂暮之際在回憶中亦作此說,[118]以至被相關的論著所廣泛採納,此說能否成立,值得商榷。不管是從陳本人當時的資望、學力,還是從《新青年》這一段作者(特別是北京同人)的聚集,陳望道當時都難以負主編之望。《新青年》此前的慣例只有陳獨秀被稱為「主編」,陳獨秀這一主編是與「主撰」聯結在一起,後來擔任《新青年》主編的瞿秋白也是如此。《新青年》實行同人輪流編輯制時,擔負每期編輯者亦不僅承擔約稿、編稿任務,而且常常為本期內容的主要策劃者和重頭文章的炮製者。即使如此,他們也不負「主編」之名。陳望道在《新青年》上只發表過譯作〈勞農俄國底勞動結合〉(日本山川均著,第八卷第五號)、隨感錄〈性美〉、〈女人壓迫男人的運動〉、〈從政治的運動向社會的運動〉(第八卷第六號)、演講〈文章底美質〉(第九卷第一號)這樣幾篇並不起眼的文字。顯然,陳氏既難負「主編」之名,且未行「主編」(主撰)之實,陳望道實際負責的應只是上海編輯部的工作而已,從袁振英的回憶文字看,陳獨秀當時仍負主編之名,且有廣州編輯部之設。[119]1950 年代,陳望道本人的〈回憶黨成立時期的一些情況〉(1956 年 6 月 17 日)、茅盾的〈回憶上海共產主義小組〉(1957 年 4 月)、李達的〈關於中國共產黨建立的幾個問題〉(1954 年 2 月 23 日)等文都沒有這樣的記載和說法,[120]陳望道擔任《新青年》主編這一提法似不宜沿用。

---

[117] 參見〈致周作人〉,收入耿雲志、歐陽哲生編:《胡適書信集》上冊,第 294 頁。

[118] 參見寧樹藩、丁淦林整理:〈關於上海馬克思主義研究會活動的回憶——陳望道同志生前談話紀錄〉,載《復旦學報》(社會科學版)1980 年第 3 期。

[119] 參見袁振英:〈袁振英的回憶〉(1964 年 2 月 4 月,收入《「一大」前後——中國共產黨第一次代表大會前後資料選編》(二),第 473 頁。《新青年》第八卷第六號《本社特別啟事》亦謂「本社以特種原因已遷移廣州城內惠愛中約昌興馬路第二十六號三樓」。

[120] 這三篇回憶文字,均收入《「一大」前後——中國共產黨第一次代表大會前後

　　《新青年》第九卷第一號沒有發表新的宣言，也沒有顯示新的變更的跡象。整個第九卷仍大力宣傳馬克思主義，但削減了原有的「俄羅斯研究」專欄的篇幅。總覽第八卷第五號直至第九卷結束這八期《新青年》，大體是按照陳獨秀 1920 年 12 月 16 日離滬赴粵時定下的方針「稍改內容」、「趨重於文學哲學」、爭取「北京同人多做文章」行事。這樣在《新青年》第九卷上，我們仍看到魯迅發表的散文〈故鄉〉、譯作〈三浦右衛門的最後〉（日本菊池寬）、〈狹的籠〉（俄國埃羅先珂）；周作人發表的作品更多，雜文三則，文藝論文一篇，翻譯小說五篇，雜譯日本詩三十首。胡適也發表了〈四烈士塚上的沒字碑歌〉、〈死者〉（第九卷第二號）、〈國語文法的研究法〉（第九卷第三、四號）、〈平民學校校歌〉、〈希望〉（第九卷第六號），其詩作格調明顯傾向進步、革命，發表在《新青年》上頗為協調，這表明胡適接受了李大釗的意見，採取了類似周氏兄弟的態度和做法。北京同人李大釗、高一涵、王星拱、張慰慈繼續有詩文發表，遠在法國的劉半農也刊發了〈倫敦〉、〈奶娘〉等詩作。這樣以來，在《新青年》第八卷以後出現的馬克思主義宣傳、社會主義討論、「俄羅斯研究」、社會問題和隨感錄這一類欄目，幾乎都由新加入的共產黨人或共產主義知識份子所包攬，它們在《新青年》上佔有主導地位；而詩歌、小說、戲劇、文學評論這類文藝創作的作品，則主要為胡適、周氏兄弟等北京作者所提供，它們此時在《新青年》處於相對邊緣的地位，這種南北同人共存的格局維持到第九卷結束。

　　1921 年 9 月 1 日《新青年》出版了第九卷第五號後，停刊近十個月，直到 1922 年 7 月 1 日補齊了第六號後休刊。停刊的原因是《新青年》上海編輯部發生了一次重大事故，時在《新青年》編輯部的茅盾對此事回憶道：「這年殘冬，漁陽里二號被法捕房查抄，陳獨秀和夫人高君梅，以及當時適在陳寓的包惠僧、楊明齋、柯怪君（慶施）也被帶到法捕房拘押。第二天上午九時初審，陳夫人當堂開釋。當天黃昏，陳獨秀取保釋放，包惠僧等三人於五天後才保釋。第三國

資料選編》（二）一書。

際代表馬林對此事出了力的。他請一個外國律師為陳獨秀辯護。結案的罪名是：《新青年》有過激言論，妨害租界治安，姑念初犯，罰款五千元以示警戒。陳獨秀何來五千元？這筆錢也是馬林出的。」[121]當時被捕的包惠僧對此事的前前後後亦有類似的詳細回憶，特別提到馬林在營救他們的過程中所發揮的主要作用：

> 陳獨秀是個有影響的人物，被捕後上海鬧得滿城風雨。第三天褚輔成和張繼等就將他保釋出去了。馬林為營救我們做了不少工作，花了許多錢請律師（律師名巴和，是法國人或英國人）、買鋪保。陳獨秀只關了兩天，我們關了五天後也被保釋出來，人放出來，但要隨傳隨到。二十天以後又會審，說陳獨秀宣傳赤化，最後定案是《新青年》有過激言論，經過馬林的種種活動，結果罰款五千元了事。[122]

這次事故對剛成立的共產黨和《新青年》來說，簡直是一場劫難。《新青年》因此停刊達十個月之久，這是自創刊以來停刊時間最長的一次。《新青年》社獨立以來，連遭三折，先是北京政府要求查禁「停版」，繼遭法捕房查禁罰款，再遭此次勒索，其境遇可想而知。陳獨秀說《新青年》在上海「絕對為『洋大人』所不容」，周作人稱在北京「也未必見容於『華大人』」。陳獨秀在北京因遭受「華大人」的壓迫，出走上海，藏身十里洋場；沒想到在租界裏又遭受「洋大人」更為嚴重的壓榨，最後只能求助於共產國際代表馬林的幫助而脫險。成立共產黨之初，面對共產國際代表馬林居高臨下的氣勢，陳獨秀頗有獨立不羈的作派，認為中共沒有必要靠共產國際。[123]經此「劫難」以後，陳獨秀和《新青年》的命運與共產國際更為緊密的聯繫在一起。

　　1923 年 6 月 15 日停刊近一年的《新青年》復刊，在〈本志啟事〉中痛陳：「本志自與讀者諸君相見以來，與種種魔難戰，死而復甦者

---

[121] 茅盾：《我走過的道路》上冊，第 200-201 頁。
[122] 《包惠僧回憶錄》，北京：人民出版社，1983 年 6 月版，第 372 頁。
[123] 參見〈我所知道的陳獨秀〉，收入《包惠僧回憶錄》，第 370 頁。

數次；去年以來又以政治的經濟的兩重壓迫，未能繼續出版，同人對於愛讀諸君，極為抱歉。」「政治的壓迫」可想而知，「經濟的壓迫」則說明此時《新青年》或經費不足，或銷路不暢，《新青年》的黃金時代已經過去。從此以後，不僅胡適、周作人、魯迅、劉半農、高一涵、張慰慈在內的絕大部分原來《新青年》同人因為非共產黨員的身份與《新青年》絕緣，而且陳望道、李漢俊、沈玄廬、李達、沈雁冰、陳公博、袁振英（震瀛）這些中共創始黨員因為很快脫黨也離開了《新青年》這個舞臺，就連當時身任中共北京區執行委員會主要負責人的李大釗也未再出現在《新青年》的作者名單裏了。代之而起的是瞿秋白、彭述之、鄭超麟、蔣光赤、任卓宣、任弼時這些從莫斯科歸來、具有「俄羅斯經驗」且與共產國際關係密切的年輕共產黨理論家唱主角。陳獨秀因為擔任中共總書記的職務，繼續在《新青年》發表具有政治指導意見的文章，直到終刊。

　　《新青年》復刊後，完全成為共產黨的純理論機關刊物，由瞿秋白主編。初定季刊，以後常常延期，實為一不定期刊。第一期為「共產國際號」，瞿秋白親自題寫刊名，設計封面，撰寫〈《新青年》之新宣言〉。封面的中心是監獄的鐵窗，一隻有力的手從中間伸出，手中握著鮮紅的綢帶。鐵窗下寫著一句話：「革命黨自獄中慶祝革命之聲」。該期十五篇著譯文章中，有六篇出自瞿秋白的手筆。第一、二期由廣州平民書社編輯、印刷和發行。第三期、第四期（國民革命號）改為陳獨秀、彭述之主編，編輯和發行從此也改為廣州新青年社。1925 年 4 月 22 日出版的《新青年》改為月刊，實仍為不定期刊，瞿秋白重新任主編，第一號為「列寧號」，1926 年 7 月 25 日出至第五號「世界革命號」後終刊。解析這九期《新青年》內容，我們隱然可見中共黨內兩種思想取向的微妙差別：一種以瞿秋白為代表，緊跟共產國際的步伐，注重宣傳列寧主義和蘇俄的世界革命理論；一種以陳獨秀為代表，注重中國國民革命理論的闡釋，強調將列寧主義與中國民族解放運動相結合。受到共產國際強烈支持的瞿秋白已有後來居上的趨勢。《新青年》終刊僅一年時間，作為大革命失敗的主要責任承擔者，陳獨秀在中共中央的領導職務即被瞿秋白所取代。

　　《新青年》之能成為一個宣傳馬克思主義的刊物，陳獨秀個人的取向和意志發揮了決定性的作用。他從新成立的中國共產黨的利益需要出發，利用《新青年》已經形成的影響，為社會主義和馬克思主義的傳播創造條件。同時，由於新興的馬克思主義者和共產主義分子在理論上、組織上準備不足，在經費上頗為拮据，故他仍想借助《新青年》北京同人的力量，幫助他擺渡這一難關，因而他特別希望保持與北京同人，特別是胡適、周氏兄弟之間的關係，在這一點上，陳獨秀可以說也達到了目的。《新青年》從被中共上海發起組控制，發展到成為中共中央的機關刊物，這對早期中國共產主義事業有著極大的助益。1920 年代中期以後，中國沒有再出現一份類似《新青年》，或能與《新青年》比肩的期刊。

九、結語

　　陳獨秀是《新青年》的靈魂人物。從在創刊號上發表〈敬告青年〉一文，到最後一期刊出〈世界革命與中國民族解放運動〉一文，在《新青年》數百位作者中，他是唯一一位與《新青年》相始終的作者，也是文章數量最多的一位作者。他辦刊的基本思想是：「凡是一種雜誌，必須是一個人一團體有一種主張不得不發表，才有發行必要；若是沒有一定的個人或團體負責任，東拉人做文章，西請人投稿，像這種『百衲』雜誌，實在是沒有辦的必要，不知拿這人力財力辦別的急著要辦的事。」[124]按照這樣一種對刊物的設想，他從創刊《青年雜誌》，對雜誌工作作出明確定位，前三卷吸收皖籍作者；到第四至六卷交給同人輪渡編輯，轉為同人刊物，把《新青年》變成北大教員和學生宣傳新思潮的核心陣地；再到第七至九卷，辦「勞動節紀念號」，設「俄羅斯研究」專欄，開展社會主義討論，將上海馬克思主義研究會和共產黨發起組的成員安排進入《新青年》編輯

---

[124] 獨秀：〈隨感錄七十五・新出版物〉，載《新青年》第七卷第二號，1920 年 1 月 1 日。

部；最後把《新青年》變為中共中央的純理論機關刊物，培養一批年輕的共產黨理論家。在《新青年》這場大劇中，陳獨秀集編劇、導演、演員為一身。根據劇目的要求，他不斷尋找演員、選擇演員、更換演員。他始終主導《新青年》的劇情發展，將《新青年》步步推進，導演出一幕又一幕壯觀的戲劇。陳獨秀與《新青年》這種既長且深的特殊關係，使他在《新青年》的各個階段，都扮演了他人不能替代的重要角色。陳獨秀的個人意志對《新青年》編輯的演變和取向起有關鍵性的作用，這一點在《新青年》從同人刊物轉變為中共機關刊物時尤為明顯，過去人們對此似估計不足。

在《新青年》從同人刊物向中共機關刊物的的轉變過程中，陳獨秀與胡適的分歧不僅是是思想的分歧，即馬克思主義與實驗主義（自由主義）的區別，這一點為李大釗、陳望道的書信所點明，而且是對《新青年》辦刊方向意見不一，他倆對《新青年》控制權的爭奪淵源於此。在如何看待《新青年》第八卷以後顯現的「特別色彩」，《新青年》在北京的同人，甚至包括李大釗在內都不同程度地傾向胡適的意見，並不希望《新青年》完全變成一個宣傳俄羅斯和蘇維埃「特別色彩」的刊物，這些人有的並不是出於反對馬克思主義（如周氏兄弟），而是基於對《新青年》辦刊定位的要求，即希望保持《新青年》原有作為文藝思想刊物的特性；有的則是對馬克思主義和蘇俄革命持不同意見（如胡適、陶孟和、錢玄同），他們希望《新青年》減少或完全沒有蘇維埃色彩。這兩類人在《新青年》轉變為宣傳社會主義和俄羅斯革命為主的刊物後，其表現稍有不同：周氏兄弟與陳獨秀、陳望道頻繁書信往來，繼續給《新青年》供稿，保持他們與《新青年》的關係，使《新青年》得以存留「思想文藝」的色彩。錢玄同、陶孟和則基本上沒有再給《新青年》發稿，胡適雖然在《新青年》上繼續發表作品，但份量則相對減少。陳獨秀、李大釗、陳望道之所以同意減少「特別色彩」，給北京同人保留發表文藝作品的空間，則可能與其對《新青年》的生存和銷路的顧慮有關，畢竟胡適、周氏兄弟的文藝作品能夠吸引一批讀者，持續《新青年》原有的影響力。

　　《新青年》同人在面臨編輯確定和辦刊方向分歧時，大家採取書信往來這樣一種方式互相交換意見，這顯然是一種比較理性、也比較和緩、穩妥的方式。書信畢竟是一種具有私密性的交流方式，將分歧範圍限定在同人圈子裏，絕不同於公諸報端、撕破臉皮的公開論爭或相互攻訐，這說明《新青年》同人對已經結成的情誼仍存一份溫馨的記憶，大家不願因為思想分歧而傷害彼此的感情。《新青年》同人對勢必發生的分裂採取這種好說好散的解決方式，顯示了他們的君子風度和做人雅量，這樣的情形在近代中國的思想鬥爭中實為罕見。因此，我們對於這場思想分歧，不宜作過高的政治化的估價。沒有永遠的敵人，也沒有永遠的朋友，這是政治層面的判斷和運行規則。但在個人交誼上，人們卻會根據其他一些原則作出超越政治層面的選擇。當《新青年》北京同人看到各自的思想分歧無法彌隙時，他們或要求停辦（陶孟和語），或選擇「宣告退席」（錢玄同語），或「以力之所及，自然仍當寄稿」（周作人語）。

　　胡適與陳獨秀面對思想分歧並沒有進行過多的辯論，而是選擇分道揚鑣、各奔前程。在以後的路程中，他們對各自所抱持的思想主張和政治信仰，互存一種「容忍」的態度。在同文化保守主義的鬥爭中，如在「科學與人生觀」論戰中對玄學派的鬥爭，在歷次東西文化論戰中對東方文化派、本位文化論者的的鬥爭，他們雖各持己見，但還維持了同盟關係和統一戰線。在《努力週報》創刊時發表的由胡適起草〈我們的政治主張〉，內中還有李大釗、高一涵的簽名。胡適對一些落難的共產黨員及其家屬，如李大釗、瞿秋白、蔡和森等伸出援助之手給予幫助，這些史實已為學界所知，在此不再贅述。

　　有意思的是，胡適與陳獨秀、李大釗在思想上分道揚鑣後，他的思想傾向仍受到陳獨秀、李大釗相當的制約。這表現在胡適創辦《努力週報》時，胡適對陳炯明與孫中山的離心傾向的評判，由於李大釗來信的忠告，[125]其態度有一定的調整。在善後會議上，由於

---

[125] 〈李大釗致胡適〉，收入《胡適的日記》，香港：中華書局，1985 年 9 月版，第 442 頁。

陳獨秀和共產黨人的批評，胡適不得不與北京政府保持一定距離。這裏我們不妨引用 1925 年 2 月 5 日、2 月 23 日陳獨秀為胡適參加善後會議事，兩次對胡適去信殷殷相勸，敦促胡適續辦《努力》的一封信（《新發現的一組書信》之十四、十五）：

> 適之兄：
>
> 久不通信了，聽孟翁說你問我果如北上否，我現在回答你，我如果到京，無論怎樣秘密，焉有不去看適之的道理，我近來本想以內亂犯的資格到北京去見章總長，但因瑣事羈身，不能作此遊戲。
>
> 現在有出席善後會議資格的人，消極鳴高，自然比同流合污者稍勝，然終以加入奮鬥為上乘（弟曾反子民先生不合作主義以此）。因此，兄毅然出席善後會議去嘗試一下，社會上頗有人反對，弟卻以兄出席為然。但這裏有一個重要問題，就是兄在此會議席上，必須卓然自立，不至失去中國近代大著作家胡適的身份才好。
>
> 近聞你和政府黨合辦一日報，如果是事實，卻不大妥。在理論上現政府和國家人民的的利益如何，在事實上現政府將來的運命如何，吾兄都應細心考慮一下，慎勿為一二急於攫取眼前的權與利者（所）所鼓惑所利用；極彼輩之所為尚可攫得眼下的權與利，兄將何所得？彼輩固安心為楊度、孫毓筠，兄不必為劉申叔！
>
> 弟明知吾兄未必肯納此逆耳之言，然以朋友之誼應該說出才安心。行嚴為生計所迫，不得不跳入火坑，吾兄大不必如此。弟前以逆耳之言觸孫毓筠之怒，此時或又要觸兄之怒，然弟不願計及此也。此祝
>
> 著安！
>
> 弟仲孚白　二月五日

適之兄：

　　頃讀你十日夜回信，十分喜慰。前函措詞冒昧，特此謝罪。惟此次來函說「一時的不愉快」，此語雖然不能完全做逆耳解，或不免有點逆耳的嫌疑罷，一笑。我並不反對你參加善後會議，也不疑心你有什麼私利私圖，所以這些話都不必說及，惟有兩層意思，還要向你再說一下。（一）你在會議中總要有幾次為國家為人民說話，無論可能與否，終要嘗試一下，才能夠表示你參加會議的確和別人不同，只準備「看出會議式的解決何以失敗的內幕來」，還太不夠。（二）接近政府黨一層，我們並不是說你有「知而為之」的危險，是恐怕你有「為而不知」的危險，林、湯及行嚴都是了不得的人物，我輩書生，那是他們的對手！你和他們三位先生合辦一日報之說，是孟鄒兄看了《申報》通信告訴我的，既無此事，我們真喜不可言。又《申報》《新聞報》北京通信都說你和湯、林為段做留聲機器，分析善後會議派別中且把你列在准安福系，我們固然不能相信這是事實，然而適之兄！你的老朋友見了此等新聞，怎不難受！

　　我說了這一大篇，然而有何方法解決這問題呢？我以為只有繼續辦《努力週報》，以公佈你的政治態度，以解釋外面的懷疑。

　　《努力》續出，當然也不能盡情發揮，但在可能的範圍內說幾句必需要說的話，現在在你的環境還可以做得到，似不可放過此機會，因為此機會勢不能長久存在也。

　　匆匆，不盡所欲言。

弟仲甫上　二月廿三日

　　在一些重要政治關頭，陳獨秀、李大釗都會向胡適通報共產黨的政治態度，對胡適施加他們的政治影響力，這對胡適的政治態度自然構成一種約束。南京國民政府成立之初，胡適在「人權論戰」

中不僅稱讚殺身成仁的共產青年，而且發表〈新文化運動與國民黨〉，明確指出「國民黨裏面有許多思想在我們新文化運動者的眼裏是很反動的」。[126]凡此種種，都說明在「五四」以後相當長一段時間，胡適在政治上並不與陳獨秀、李大釗這些共產黨老朋友為敵，而是與之保持了一定程度的友情關係。

　　1935 年 12 月 23 日胡適致湯爾和信中說：「前所欲查的一個日子，乃是三月廿六夜，先生記在次日（廿七）。此夜之會，先生記之甚略，然獨秀因此離去北大，以後中國共產黨的創立及後來國中思想的左傾，《新青年》的分化，北大自由主義者的變弱，皆起於此夜之會。獨秀在北大，頗受我和孟和（英美派）的影響，故不致十分左傾。獨秀離開北大之後，漸漸脫離自由主義者的立場，就更左傾了。此夜之會，雖有尹默、夷初在後面搗鬼，然子民先生最敬重先生，是夜先生之議論風生，不但決定北大的命運，實開後來十餘年的政治與思想的分野。此會之重要，也許不是這十六年的短歷史所能論定。」[127]這裏的「三月廿六夜」會議，是指 1919 年 3 月 26 日蔡元培與湯爾和、沈尹默、馬敘倫等開會議決「辭去陳獨秀問題」，胡適把這看成是陳獨秀向「左傾」轉變的一個起點，他很不諒解湯爾和、沈尹默、馬敘倫借陳獨秀「私德」問題，背後「操盤」逼迫蔡元培「辭去陳獨秀」。如果說，陳獨秀在北大期間的確受到胡適、陶孟和這些英美派自由主義者的影響，崇信西方（特別是法國式）民主政治。他離開北大，迅速走上共產主義道路後，與胡適仍保持私誼、繼續往來，內心深處存留民主政治思想的因素，對蘇俄模式有所保留甚至後來還出現反省，這也構成他與新一代完全陷身「蘇聯經驗」的左傾教條主義理論家們之間的區隔。至於胡適，由於與陳獨秀、李大釗繼續往來，1920、30 年代這一段發表了一些同情共產黨和「左傾」思想的言論，政治上與當政者保持距離，基本上保

---

[126] 胡適：〈新文化運動與國民黨〉，載《新月》第二卷第六、七號，1929 年 9 月 10 日。
[127] 〈胡適致湯爾和〉（稿），收入《胡適來往書信選》中冊，香港：中華書局，1983 年 11 月版，第 281-282 頁。

持了一個知識份子的獨立人格。從這個意義上說,《新青年》同人之間的情誼和互動對他們各自以後的人生道路仍是一個不應被忽略的積極、正面因素。

　　《新青年》同人非常重視他們在「五四」時期的人生經歷和交誼關係,這種情感常常在他們遭受重大變故時表現尤為突出。1927年李大釗遇害後,1930 年 9 月亞東圖書館出版《胡適文存三集》時,胡適在扉頁上特別題寫「紀念四位最近失掉的朋友」,李大釗被置於首位,時值國民黨統治之時,胡適絲毫不畏懼公開自己與這位共產黨亡友的密切關係。1933 年 5 月魯迅為《守常全集》出版撰寫題記,表達自己對這位《新青年》同人的敬重之情。1930 年代陳獨秀被捕下獄期間,胡適在北大公開演講《陳獨秀與文學革命》(1932 年 10 月 29 日),大力表彰這位老朋友對「文學革命」的「三個大貢獻」。魯迅則在〈我怎樣做起小說來〉一文中,特別感念陳獨秀對自己文學創作的提攜之功。1934 年 7 月 14 日劉半農去世,魯迅特作〈憶劉半農君〉,沉痛悼念這位《新青年》的戰友。胡適輓曰:「守常慘死,獨秀幽囚,《新青年》舊日同夥又少一個。拼命精神,打油風趣,老朋友當中無人不念半農。」周作人輓曰:「十七年爾汝舊交,追憶還從卯字型大小。廿餘日馳驅大漠,歸來竟作丁令威。」錢玄同輓曰:「當編輯新青年時,全仗帶著感情的筆鋒,推翻那陳腐文章,昏亂思想;曾仿江陰四句頭山歌,創作活潑清新的揚鞭瓦鑒。回溯在文學革命旗下,勳績弘多,更於世道有功,是痛詆乩壇,嚴斥臉譜。」陶孟和輓曰:「訓詁字別著新書,乘世應諧無韻譜。教育界共推名宿,問天何奪出群才。」[128]大家記憶最為深刻的還是《新青年》這一段交誼。1936 年 10 月 19 日魯迅逝世,錢玄同發表〈我對周豫才(即魯迅)君之追憶與略評〉,陳獨秀發表〈我對於魯迅之認識〉,還原魯迅在《新青年》中的歷史形象,高度肯定魯迅的文學創作成就。而當蘇雪林致信胡適,借此機會謾罵魯迅,沒料到胡適的回覆竟是:

---

[128] 輓聯參見徐瑞岳:《劉半農評傳》,上海:上海文藝出版社,1990 年 10 月版,第 316-323 頁。

「凡論一人，總須持平。愛而知其惡，惡而知其美，方是持平。魯迅自有他的長處。如他的早年文學作品，如他的小說史研究，皆是上等工作。」[129]勸阻蘇雪林的不當行為。這些紀念、悼念文字，見證《新青年》同人之間耐以存在的情誼，編撰《新青年》這一人生經歷已成為他們難以割捨的群體記憶。

1935 年《新青年》創刊二十周年之際，《新青年》由亞東圖書館、求益書社重印，蔡元培、胡適分別在卷首題詞：

> 《新青年》雜誌為五四運動時代之急先鋒，現傳本漸稀，得此重印本，使研討吾國人最近思想變遷者有所根據，甚可喜也。
>
> 《新青年》是中國文學史和思想史上劃分一個時代的刊物，最近二十年中的文學運動和思想改革，差不多都是從這個刊物出發的。我們當日編輯作文的一班朋友，往往也不容易收存全份，所以我們歡迎這回《新青年》的重印。[130]

停刊不到十年，《新青年》即獲如此殊榮和高度肯定，當年為此刊編輯、撰稿的同人功德無量，他們的英名永彪史冊。

本文為作者 2009 年 5 月參加中國社會科學院近代史所主辦的紀念五四運動九十周年國際學術研討會提交的論文，載《歷史研究》2009 年第 3 期。

---

[129] 〈胡適致蘇雪林〉（稿），收入《胡適來往書信選》中冊，第 339 頁。
[130] 汪原放：《回憶亞東圖書館》，上海：亞東圖書館，1983 年 11 月版，第 184 頁。

北京大學與五四運動

今年（2009）是五四運動九十周年，講到五四運動，我們就會自然而然地、自豪地聯想到我們的母校——北京大學，因為是北京大學的學生，在九十年前的這一天帶領北京其他高校的學生聚集天安門廣場，開始了一場震驚中外、被後人稱之為「五四」愛國運動的偉大事件。講到「五四」新文化運動，我們也會首先提到當時北京大學校長蔡元培先生和一批著名教授，如陳獨秀、胡適、李大釗、錢玄同、高一涵、陶孟和、周作人、劉半農、魯迅等，他們是我們的「校寶」，也是中國的「國寶」級的人物。當然，回憶北大的歷史，我們就不能不寫到五四運動或「五四」新文化運動，這是北大校史上非常重要、光彩奪目的一章，北大之成為北大，是與五四運動不可分割地聯繫在一起。今天我講這個題目，就是對五四運動九十周年的一個紀念。

關於五四運動，一般有兩種理解，一是從狹義上來說，它是指1919年5月4日的「五四」事件和隨之而起的、風起雲湧的愛國救亡運動，它的時間範圍相對短，一般是指1919年5、6月這段時間。人們最初主要是從這一個角度來命名和理解這一運動。一是從廣義上來說，它是指《新青年》創刊或1917年「文學革命」以來種種革新運動，包括新思潮、文學革命、學生運動、工商界的罷工、罷市、抵制日貨運動，以及新知識份子所提倡的各種政治和社會改革。它的時間範圍比較寬泛，或指從1915年至1921年中共成立，或到1923年12月科學與玄學論戰止。這裏的五四運動實際上也就涵蓋了前此和當時還在進行的新文化運動。現在我們看到的周策縱先生的《五四運動史》、彭明先生的《五四運動史》這兩部專著都是從這個角度來把握和撰著五四運動史。

　　不管是從狹義的角度，還是從廣義的角度去理解「五四」運動，或者「五四」新文化運動，都與北京大學有著密切的關係。北京大學是新文化運動的中心，也是五四運動的策源地，將北京大學與這兩個運動聯繫在一起，從歷史的觀點看，是一件當然的事。北京大學因為在這兩大運動中所扮演的特殊角色，確立了它在近代中國知識界的特殊地位。而「五四」新文化運動、五四運動因為有了北大這個角色的領導，因此產生登高一呼、「一呼百應」、時代風氣為之轉移的效應。

　　今天我想借這次演講的機會，與大家一起討論三個問題：為什麼北京大學的歷史是從 1898 年戊戌變法運動開始講起？為什麼說是蔡元培先生在北京大學的改革奠定了北大作為現代中國大學的範型？為什麼「五四」運動在中國近現代史上如此重要，以至被看成是一個具有里程碑意義的重要標誌？

一、北京大學的歷史是從戊戌變法這一年開始

　　關於北京大學的歷史有不同看法，一種看法認為北京大學的前身是京師大學堂，京師大學堂於 1898 年創辦，北京大學的歷史自然應從戊戌變法這一年算起。這是民國以後新派的意見，也是一種主流的意見，蔡元培、胡適這些人就是持這種觀點。民國以來北京大學就是沿用這種觀點來辦理自己的校慶活動，如民國 6 年（1917）的二十周年校慶、民國 11 年（1922）的二十五周年校慶、民國 18 年（1929）的三十一周年紀念、民國 37 年（1948）的五十周年校慶，都是以此為根據舉辦校慶紀念活動，出版校慶紀念刊。1998 年北京大學舉辦了舉世矚目、空前盛大的百年校慶活動，掀起了中國大學校慶的的高潮，也是沿用民國時期的慣例。

　　按照這一說法，北京大學的歷史的並不長，至今不過 110 周年。在世界大學中，不要說與歐洲那些古老的名牌大學，如英國的牛津、劍橋大學，法國的索邦大學、巴黎大學，德國的柏林大學，俄羅斯的莫斯科大學，義大利的薩勞諾大學、波羅利亞大學，奧地利的維

也納大學相比，北大的歷史要短，就是與美國的哈佛大學、耶魯大學等長春藤大學，日本的東京大學相比，我們北大的歷史也要短。真是相形見絀！用胡適當年的話說，北大在世界大學中，只是一個小兄弟。1936 年 9 月，哈佛大學舉行三百周年紀念活動，盛情邀請世界上各大學派代表參加這一校慶活動，結果有五百多所大學派代表前往道賀。胡適代表北大參加這一活動，各校代表按校齡排座，北大排在第 419 號。作為中國高校龍頭老大的北大排在這個位置，胡適感到很慚愧，他經常向國人談及這個故事。1948 年 12 月北京大學舉辦五十周年校慶，胡適感慨地說：「在世界大學的發達史上，剛滿五十歲的北京大學真是一個小兄弟，怎麼配發帖子做生日，驚動朋友趕來道喜呢！」[1]

有一些先生不同意上面的意見，他們認為中國是千年文明古國，作為中國大學的老大——北京大學，只有不到百年的歷史，這實在說不過去。早在西漢漢武帝元溯五年（西元前 124 年）中國就創辦了古代的大學——太學，晉朝晉武帝建武五年（西元 276 年）設立了國子監，也可以說是那時的高等教育機構，北京大學的歷史可以追溯到古代的太學或國子監，這樣自然可以將北大的歷史拉長。如依這種說法，北大的歷史就有兩千年歷史，至少也有一千七、八百年的歷史。已故的哲學家馮友蘭先生、健在的季羨林先生就持這種意見。馮友蘭在〈我在北京大學當學生的時候〉一文中認為：「北京大學的校史應該從漢朝的太學算起。」「我所以認為北京大學校史，應該從漢朝的太學算起，因為我看見西方有名的大學都有幾百年的歷史，而北京大學只有幾十年的歷史，這同中國的文明古國似乎不相稱。」[2]季先生在為郝平的《北京大學創辦史實考源》一書作序中也明確表示「北大的校史應當上溯到漢朝的太學。」[3]如果這樣

---

[1]　胡適：〈北京大學五十周年〉，收入《胡適文集》第 11 冊，北京大學出版社，1998 年 11 月，第 811 頁。

[2]　收入《文史資料選輯》第 83 輯。

[3]　參見郝平：《北京大學創辦史實考源》序言，北京大學出版社，1998 年 3 月版，第 3 頁。

算的話，北大就比英國的牛津、劍橋，德國的柏林這些歐洲大學歷史要長了，美國的哈佛大學就更不在話下了。北大不僅是中國的老大，而且在世界大學中也位居前列。

也有學者認為應該將北大的歷史追溯到晚清的同文館。同文館設立於 1862 年，最初只是一個語言學校，經過四十多年的發展，逐漸發展成為一所多種學科的、綜合性的高等學堂。京師大學堂創辦時，同文館還存在，1902 年併入京師大學堂。我以為京師大學堂與同文館的主要區別在：同文館是以西學為主，而京師大學堂是以中西並用、或中西並舉，這也是北大的一個傳統。當然同文館併入京師大學堂，對其學風有潛移默化的影響，京師大學堂對西方語言文化的教學高度重視，與此有一定關係。但京師同文館是洋務運動的產物，帶有一定的殖民色彩，北大人不認同它作為自己的源頭。

我本人傾向於現在通行的意見。《詩經‧大雅‧文王》曰：「周雖舊邦，其命維新。」中國是一個古老的文明古國，作為中國文明精華承載體的北大，她的歷史使命是在創新，北大精神貴在革新，北大的生命力正在於此。將北大的生日定在戊戌維新這一年，表達了對北大精神的這樣一種理解。

大家知道，1898 年這一年是戊戌維新。在康有為、梁啟超等維新派的推動下，光緒皇帝在短暫的「百日維新」裏就下達了上百條變法令，其中一條就是 7 月 4 日下令設立京師大學堂。京師大學堂按照梁啟超所擬定的章程，有兩個不同於中國傳統學校和書院的重要特點：一是中西並用，不得偏廢，表達了溝通中西文化的意向。二是講究實事求是，不像過去的書院虛應故事。京師大學堂尚在議定醞釀之中，變法就因慈禧太后的政變而中止了。在這不幸之中包含一個萬幸，就是慈禧廢除了新政，但唯獨保留了京師大學堂。所以，胡適稱北大是戊戌維新的遺腹子。1898 年 11 月，京師大學堂正式開學。初辦的京師大學堂分普通學科和專門學科兩類，以經學、理學、掌故學、諸子學和初等的算學、格致學、地理學、文學、體操為普通學科，以高等的算學、格致學、政治學、地理學、農學、

礦學、工程學、商學、兵學、衛生學為專門學科。初創時還帶有一定的舊學氣息，但一所綜合性的大學畢竟初具雛形。以後，北大又歷經磨難，八國聯軍侵華時曾一度停辦。

1912 年中華民國成立，5 月將京師大學堂改名為北京大學，嚴復任校長。嚴復是中國近代的啟蒙思想家，也是傳播西方學術、思想最力的第一人。嚴復在北大任期很短，他為北大爭取經費，不致使北大停辦，做出了特殊貢獻。民國初年，由於北京處於袁世凱的嚴密控制之下，北大雖有所發展，但校內的守舊氣息濃厚。直到袁世凱復辟帝制失敗，北京政府的人事發生新的更動，范源廉就任教育總長，蔡元培才被起用擔任北大校長，北大才出現新的可能改觀的契機。

二、蔡元培的整頓使北大真正成為一所現代意義的大學

1916 年 9 月，正在法國流亡的蔡元培接到新任教育總長范源廉的來電，促其回國擔任北大校長。蔡於 12 月中到達上海，他在滬徵求友人的意見，有人主張他不要去北大，因為北京也好，北大也罷，都是腐敗不堪的地方。也有人認為，腐敗的地方總要有人去整頓，不妨試一試。當時孫中山先生就認為蔡元培應該去，說這有利於向北方傳播革命思想。可見，蔡元培的上任，有秉承革命黨人意旨的一面。1919 年五四運動爆發時，孫中山先生更是致電北大的同志，呼請「率三千子弟，助我革命。」這是後話，暫且不表。

蔡元培走馬上任後，採取了一系列措施，對北大進行改革和整頓。包括：

（一）闡明大學教育的宗旨在於培養學術人才，而非變成升官發財之門梯，培養學生以鑽研學術為指向的學習志趣。

京師大學堂的官僚習氣很重，學生都把大學堂當作做官的敲門磚，無心治學。學生們都願意做官品較高的老師的門生，因為這樣可以在畢業後有好的出路。蔡先生在〈就任北京大學校長之演說〉

中提出改造北大的三項要求：「一曰抱定宗旨」、「二曰砥礪德行」、「三曰敬愛師友」。揭破「大學學生，當以研究學術為天職，不當以大學為升官發財之階梯」的旨意。[4]他說：「外人每指摘本校之腐敗，以求學於此者，皆有做官發財思想，故畢業預科者，多入法科，入文科者甚少，入理科者尤少，蓋以法科為干祿之終南捷徑也。」而「大學者，研究高深學問者也。」「若徒志在做官發財，宗旨既乖，趨向自異。」

提高教學質量的重要舉措包括實行選科制，培養學生對所學專業和課程的興趣。創辦各種刊物，諸如《北京大學日刊》、《北京大學月刊》、《國學季刊》等，傅斯年等新潮社成員創辦《新潮》雜誌，蔡先生從北大年度4萬元的經費中撥出2千元資助，為師生發表學術研究成果提供園地。鼓勵創辦社團，開展健康有益的活動。創建研究所，為師生提供進一步研修的學術機構。通過這些舉措，校園的學術空氣逐漸濃厚起來。

（二）教師聘用視其才學為原則，聘請學有專長的人來校任教，這是對京師大學堂所積官僚舊習的一次重大改革。

為培養校內的學術空氣，蔡元培在教員聘請方面，延聘學有專長者來校任教，辭退舊教員中濫竽充數者。蔡元培最先請到的是陳獨秀，他當時正辦《新青年》雜誌，影響很大，是思想界的一顆明星。但陳獨秀沒有教過大學，又忙於辦雜誌，不願意來北大。蔡元培就親自登門拜訪，他的誠懇約請打動了陳獨秀。蔡元培為表示邀約的誠意，他說：你來北大，雜誌也可拿到北大來辦。陳獨秀來北大任文科學長，《新青年》雜誌也跟著他由上海搬到了北大。所以，蔡請陳，等於是將新思想的重心由上海轉移到了北京，這真正是高明的一步旗。

蔡元培還聘請了李大釗、周作人、劉半農、胡適等人來校任教，這樣在北大文科就形成了一個新派陣營。其中胡適、陶孟和兩人作為美國、英國留學生的代表，又向蔡校長推薦了一些在美、英留學且品

學兼優的「海歸」學生。蔡元培請人，主要是看其是否有一技之長。有一些舊派人物，如他確有專長，蔡也請他。這方面最典型的兩例就是辜鴻銘、劉師培。辜氏以清朝遺老自居，到了民國，仍在腦後保留一根辮子，加上他是一個混血兒，他的出現是校園內的一道風景。但他的英文堪稱一流，所以蔡先生仍然請他作英文教授。劉師培則因名列籌安會，支持袁世凱復辟帝制而被國人詬罵，遭到通緝後躲在天津閒居，劉的中古文學修養甚深，所以蔡先生請他來北大教國文。有些外國教員不學無術，濫竽充數，蔡元培頂住壓力，把他們給裁掉了。有位被裁掉的英國教習與英國公使朱爾典有關係，朱出面干預，威嚇蔡元培說：「蔡元培是不要再做校長了。」蔡先生不予理會，一笑置之。

為保證教學質量和改善教員的結構，蔡元培做出了六條特別規定：「（一）本校專任教員，不得兼他校教科；（二）本校教員授課以二十小時為度；（三）教員中有為官吏者，不得為本校專任教員；（四）本校兼任教員，如在他校兼任教員，如在他校兼任教科者，須將擔任鐘點報告本校；（五）兼任教員，如在本校任課十二小時者，兼任他校教科鐘點，不得逾八小時以上。（六）教員請假過多，本校得扣其薪金或辭退。」[5]這六條中，特別是第三條，即「教員中有為官吏者，不得為本校專任教員」對舊的官僚習氣是致命的一擊。按照這一成規，如在教育部任職的魯迅先生，在北京政府擔任財政總長的羅文幹，因在政府部門任職，故均只被聘為北大的兼任講師。

（三）為發展學術，給學術研究提供廣闊的空間，特別提出「兼容並包，思想自由」的原則。

「大學者，『囊括大典，網羅眾家』之學府也。《禮記‧中庸》曰：『萬物並育而不相害，道並行而不相悖。』足以形容之。如人身然，官體之有左右也，呼吸之有出入也，骨肉之有剛柔也，若相反而實相成。各國大學，哲學之唯心論與唯物論，文學、美術之理想

5　高平叔《蔡元培年譜長編》中冊，北京：人民教育出版社，1996 年 11 月出版，第 8 頁。

派與寫實派，計學之干涉論與放任論，倫理學之動機論與功利論，宇宙論之樂天派與厭世觀，常樊然並峙於其中，此思想自由之通則，而大學之所以為大也。」[6]這是蔡元培的一段名言，也是他治理北大的指導思想。正是本著這樣一種精神，蔡先生對各種思想、各種主義、各種見解都取一種包容的態度，使北大成為新思想的生長地和外來思潮的主要輸入者。蔡元培在北大的這一舉措有力地推動了新文化運動的發展，使北大成為新文化運動的搖籃，使北大成為各種新思潮的活頭源水。因此，人們把蔡先生看作是新文化運動的保護人。

（四）在校內實施「教授治校」的民主管理體制。

北大原有管理體制是師法日本，如設立學長，各學科稱「門」。近代大學制度起源於德國，蔡元培曾在德國大學訪學，對德國近代大學的精神有深入的體驗。他主張學習德國，兼收美國、法國大學的優長。在管理方面，設立評議會、行政會議，其精神實質是教授治校。在教務方面，實行選科制，設立研究所，為學生進一步深造提供渠道。招收女生，實行男女同校，這在中國大學是開創性的。還有廢門設系，調整學科結構，以利管理。這些都使北大真正從舊的官僚體制中擺脫出來，脫胎換骨，北大的整個管理面貌煥然一新。

（五）調整北大學科，確立以文、理兩科為重點的發展方向。

關於大學的學科設置，蔡元培有一基本看法：「學與術雖關係至為密切，而習之者旨趣不同。文、理，學也。雖亦有間接之應用，而治此者以研究真理為的，終身以之。所兼營者，不過教授著述之業，不出學理範圍。法、商、醫、工，術也。直接應用，治此者雖亦可有永久研究之興趣，而及一程度，不可不服務於社會；轉以服務時之所經驗，促其術之進步。與治學者之極深研幾，不相侔也。鄙人初意以學為基本，術為支幹，不可不求其相應。」[7]故蔡先生強

[6] 〈《北京大學月刊》發刊詞〉，高平叔編：《蔡元培全集》第三卷，北京：中華書局，1984 年 9 月版，第 211-212 頁。
[7] 〈讀周春岳君《大學改制之商榷》〉，高平叔編：《蔡元培全集》第三卷，第 149-

調大學，特別是像北京這樣的大學應該以基礎學科建設為主，民國初年他擔任教育總長時制訂的《大學令》第三條規定「大學以文、理二科為主」，也是基於這樣一種認識。北大原有文、理、法、商、工五科並立，學生為謀求仕途，都願選擇法科，文理科門庭冷落。馮友蘭先生述及他報考北大時，當時大家都願意報考法科，而馮先生則選擇了哲學門，當時的招考官頗為奇怪馮友蘭的這一志願，但馮友蘭義無反顧地堅持要入哲學門。這樣，中國少了一位法官、一位律師，但多了一位大哲學家。馮先生在自己的回憶錄中詳細談及這一故事[8]。蔡元培原來設想：（一）擴充文、理兩科，（二）法科預備獨立，（三）商科歸併法科，（四）截止辦工科，（五）改革預科。實際推行者有（一）、（三）、（四）、（五）項。蔡先生這種以文、理科為主，重視基礎學科研究的構想對北大以後的學科建設影響深遠，北大學科的發展基本上沿承了蔡先生指定的這一方向。

純正的學術志趣、濃厚的學術空氣、自由的思想氛圍、民主管理制度、重視文理科建設，這些是近代大學的基本要件，也是蔡元培整頓北大所追求的目標。蔡元培先生的上述改革，主要是受到了西方教育思想（特別是德國大學制度）的影響。蔡先生在北大的改革，從根本上說是為了確立現代大學教育制度。京師大學堂「自開辦至民元，十數年中經過好多波折。這個時期，學校的制度大概是模仿日本的。」[9]開辦之初，學校方針取「中學為體，西學為用」，所教所學偏於舊學。民元以後，將經科併入文科，學長全用西洋留學生，「大有完全棄舊之概」，然舊之官僚習氣依然濃厚。蔡先生全面整頓北大，不僅是洗蕩了學校的舊習氣，而且取法歐美的大學辦學方法，建立了具有現代意義的大學體制，成為中國大學的一個範型。正因為如此，蔡元培雖然不是京師大學堂的創辦人，也不是北大的

---

150 頁。

[8] 有關當時北大文科冷落情況，參見馮友蘭：〈三松堂自序〉第四章，《三松堂全集》第 1 冊，鄭州：河南人民出版社，1985 年一版，第 185-186 頁。

[9] 〈北大成立二十五同年紀念會開會詞〉，高平叔編：《蔡元培全集》第 4 卷，北京：中華書局，1984 年 9 月版，第 298 頁。

第一任校長，但是他為北大所進行的改革，使北大真正成為一所現代意義的大學，所以我們北大人習慣上稱他為「北大之父」。

三、五四運動是中國近現代史上的一座里程碑

在 20 世紀上半期中，五四運動與辛亥革命、抗日戰爭並列，是三個重要的偉大歷史事件。辛亥革命創建了中華民國，從政治制度上改變了中國的面貌。抗日戰爭打敗了日本帝國主義，它是近代中國第一次取得對外戰爭勝利。夾在這兩大事件中間的五四運動，其意義何在？她為什麼也被人們不斷追懷、紀念？這是值得我們探討和解答的一個問題。

第一、「五四」新文化運動將中國現代化事業推進到精神、倫理的層面，標誌著中國現代化發展到一個新的階段。

中國近代史是從 1840 年開始，中國早期現代化運動遲至 1860 年洋務運動興起以後才起步。由於兩次鴉片戰爭的慘重失敗，清朝統治集團認識到西方的「船堅炮利」，主張學習、引進西方的軍事技術，從而起動了洋務運動。洋務運動在苒三十餘年，先搞軍事工業，後逐步發展到民用工業，為中國建立了第一批近代企業，中國現代化邁上了第一個臺階。1894～95 年中日甲午戰爭，李鴻章苦心經營的北洋水師毀於一旦，洋務運動宣告破產。康有為、梁啟超、嚴復等維新派認為，中國僅僅停留於技術層面學習西方是不夠的，還要在教育、官制等方面模仿日本的明治維新，學習西方的政制，受維新派感動的光緒帝決心進行「變法」，「百日維新」下達了上百道變法法令，引起慈禧太后為首的后黨和頑固派的恐慌，她們發動政變，使這場轟轟烈烈展開的維新運動流產。但要求制度變革的呼聲並沒有因此停止。1905 年孫中山聯合各省革命志士，成立中國同盟會，樹立反清革命的大旗。1911 年辛亥革命推翻了長達二百多年的清朝統治，結束了兩千多年君主專制的歷史，中國現代化又往前推進了一步。袁世凱憑藉其手握的軍事實力和積累的政治資本，奪取了民

國大總統的寶座。但民國這件新衣披在袁世凱的身上，很快就褪色。袁世凱不斷修改民國憲法，導演復辟帝制的醜劇。袁氏的倒行逆施，激起了革命黨人及其有識之士的反抗。陳獨秀在沉悶的政治環境裏，創辦《青年雜誌》，將革命的鋒芒直指倫理領域，稱「倫理的覺悟，為吾人最後覺悟之最後覺悟」。這就將中國現代化運動從政治制度層面伸向倫理思想領域。新文化運動是一場思想、倫理、文學迎新去舊的運動。中國現代化向深層次的精神文明推進。

第二、「五四」新文化運動孕育了一批思想家、文學家，他們各展其才，使新文化運動成為繼春秋戰國之後中國歷史上又一個「百家爭鳴」的歷史時期。

新文化運動的領導核心是《新青年》，這個雜誌是由陳獨秀創辦，最初給這個雜誌投稿的主要是陳獨秀的一些安徽同鄉。陳獨秀進入北大後，這個雜誌的主要撰稿人就是北大的新派教授和受到他們影響的學生。因此，一般來說，新文化運動的主要代表人物大都與《新青年》和北京大學有著密切關係，就是基於這一緣由。

新文化運動的主要代表首先應推介的是陳獨秀。他曾在日本留學，參加了辛亥革命。1915 年 9 月，在上海創辦了《青年雜誌》，這是新文化運動的開始。在運動中，陳的主要功績為：（一）提出學習西方的民主與科學，打出了新文化運動的兩面大旗。（二）號召青年進行「倫理的解放」，從舊家庭、舊習俗、舊制度的奴役中擺脫出來，做一個時代的新青年。在這一點上，他對儒家倫理和傳統的禮教給予了猛烈的批評。（三）推動「文學革命」，使新文學運動迅猛地展開。（四）宣傳革命觀念，提倡法國、俄國式的革命，使新文化運動向法、俄型的革命方向發展。陳獨秀可以說是新文化運動的主要組織者，他擔任的《新青年》主編和北大文科學長這兩個職務，使他在新文化陣營中扮演了一個導演的角色。陳獨秀的個性激烈，很快就成為中國共產黨的創建者和早期主要領導人，但他後來對蘇聯的政治模式和史達林主義越來越反感，對民主政治仍有不懈地追求，這一點又使他被排拒在受共產國際影響的共產黨之外。所以有人說

陳一生都是反對派,少年時期反抗他祖父的權威,青年時代反對清朝,中年時反對北洋軍閥、反對國民黨,晚年走向了共產黨的反面。總的來說,陳屬於反叛性的人物,這樣的人物在社會大變革的時代往往顯得特別活躍而富有思想活力。

新文化運動應該提到的第二個人物是胡適。他於 1910~1917 年先後在美國康乃爾大學、哥倫比亞大學留學,受實驗主義哲學思想大師杜威的影響。在新文化陣營中,他可以說是受美國文化影響最深的人。這一點使他成為現代中國主張向美國學習,主張中國按照美國模式走現代化之路的一個最有影響力的思想家。胡適在新文化運動中的主要貢獻有:(一)提倡白話文,主張文學革命。他是文學革命的第一人。他本人在新詩創作,用白話文寫文章方面也做出了表率。「五四」以後,中國通行白話文,這一功勞首先應歸胡適。(二)提倡易卜生主義,主張個性解放。新文化運動是一場個性解放運動,其思想的源泉就是來自於西方的個人主義思想。這種思想並不是說要人人為我,自私自利,而是主張發展個性,讓每一個人自由發展,以最大限度發揮每一個人的價值和潛能。(三)在哲學方面,宣傳杜威的實驗主義思想,主張懷疑,不要輕信傳統的成見,提出重估一切價值。新文化運動是一場思想解放運動,與實驗主義的影響有極大關係。「五四」時期,實驗主義可以說是最有影響力的思潮。

接下來出臺的是周氏兄弟。也就是魯迅和周作人,他倆都在日本留過學,是著名國學大師章太炎的學生,具有深厚的中國古典文學修養。他們的主要貢獻是在文學和思想方面。魯迅先生擅長小說創作,他在「五四」時期走上文學創作道路,撰寫了《狂人日記》、《阿 Q 正傳》等小說作品,在社會上產生了極大的反響,從此一發即不可收。魯迅先生在他的作品中表述了要改造中國國民性的思想,這從一個方面充實了新文化運動的思想,顯示了它深刻性的一面。周作人長於散文寫作,他的思想隨筆、小品文和翻譯作品在「五四」時期有許多讀者。周氏兄弟兩人在個性上有很大不同,哥哥「熱」,個性激烈,這使魯迅後來成為 1930 年代「左翼」文藝的一面旗幟。

弟弟「冷」，相對溫和，可悲的是，抗戰以後成為投靠日本的漢奸，以後就失去了影響力。有人說，如果周作人在抗戰以前死去的話，他也能成為與他哥哥一樣對中國現代文學富有影響力的偉大作家。周作人一直活到 1967 年 5 月，抗戰勝利後作為漢奸被捕，從此失去了自由，解放以後只能閉戶寫作、翻譯，暮年趕上了「文革」，免不了受到紅衛兵的衝擊，所以他晚年常有「壽則多辱」的感慨。

在新文化陣營中應該提到的還有李大釗。他在新文化運動中最突出的貢獻是宣傳俄國的十月革命和馬克思主義，這對五四以後共產主義運動在中國的興起起有先導作用，因此人們習慣於稱他是中國宣傳馬克思主義主義的第一人。據一位日本學者考證，李大釗接受馬克思主義，在資料來源上與日本報刊有很大關係。[10]許多中國共產黨的早期活動家都自稱是他的學生，事實上，他也是中國共產黨的早期主要領導人，與陳獨秀幾乎擁有同等的地位，時人有「南陳北李」之說。李大釗在推動國共合作方面也發揮了重要作用。不幸的是，1927 年 4 月他被奉系軍閥張作霖在北京殺害。因為這一點，他受到各方面人士的同情和尊敬。如果以周作人來比較，他不僅是死得其所，而且死得其時，他避開了隨後而來的國共分裂所帶來的政爭和中共黨內的路線鬥爭。

在新文化運動中，還有一些值得提到的人物，如錢玄同、劉半農，他倆曾是《新青年》前期的四大筆之一，可以說也是新文化運動的重要代表。另外還有一些人，如梁啟超，梁漱溟等人也很活躍，雖與陳獨秀、胡適的思想主張不盡相同，不屬於新文化運動的主流，但對於當時中國新文化的建設也發揮了重要作用。

在「五四」時期，北大還流行「某籍某系」的說法，也就是說北大當時以浙江籍的教師為多，某系則指章太炎的弟子，他們在北大文科占統治地位。北大還有英美派、日本派、法國派之分。如胡

[10] 參見丸山松幸著、王丹丹譯：〈李大釗與日本報刊〉，收入郝斌、歐陽哲生主編：《五四運動與二十世紀的中國——北京大學紀念五四運動 80 周年國際學術研討會論文集》下冊，北京：社會科學文獻出版社，2001 年 5 月版，第 1429-1463 頁。

適就是留美學生的代表，陶孟和就是留英學生的代表，周氏兄弟、朱希祖等是留日派的代表，李石曾、李書華則是留法派的代表。

第三、「五四」運動充分表現了中國知識份子「天下興亡、匹夫有責」、「敢為天下先」的優良傳統。

從漢末的太學生，到宋代的太學生，再到明末的東林黨結社，直到晚清戊戌運動以前的公車上書，中國士人都有干預政治的傳統，特別是國家處在重要關頭，或遇有緊急事變的時候，這種情結表現尤為突出。受到新文化運動洗禮的北京大學學生也表現了中國知識份子的這種傳統。在北大教授的影響下，北大學生也活躍起來。他們組織社團，組織演講，組織辯論，校園氣氛非常熱烈。北大真正是中國思想文化學術的中心。在北大學生中，當時有幾個有影響的社團值得一提。

新潮社：它是北大學生第一個自動組織起來回應新文化運動的團體，主要成員有傅斯年、羅家倫、俞平伯、康白情、顧頡剛等，他們的主要興趣是在文化革新，1919 年初創辦了《新潮》雜誌。蔡元培、陳獨秀、李大釗支援他們，在經費、活動場所方面給他們提供方便，胡適是他們的顧問。

國民社：其主要成員有鄧中夏、許德珩、張國燾、高君宇、段錫朋等，他們的主要興趣是在社會政治方面，他們創辦了一個《國民》雜誌。這個社團受到蔡元培等校方人士的支持，李大釗是他們的顧問。

在新派學生社團紛紛出現的時候，舊派也不甘寂寞，他們也起來組織了一個有影響的社團——國故社，創辦了《國故》雜誌，力圖與《新潮》相抗衡。這個雜誌的後臺是黃侃、劉師培、陳漢章、馬敘倫等老先生，他們的興趣是在保存中國舊學，所寫文章一律用文言文，不加標點，用直排印刷，與新文化運動的主流真正是反其道而行之。

五四運動主要是新潮社和國民社的成員發起。事情的起因是巴黎和會決定屈服日本的壓力，拒絕中國政府的要求，將德國在山東

的特權轉讓給日本。中國外交失敗的消息被蔡元培先生所獲悉，他於 1919 年 5 月 2 日告訴北大學生。新潮社和國民社的成員遂開始活動，5 月 3 日晚召集北大全體學生和其他北京高校的學生舉行動員大會，提出拒絕在巴黎和會上簽字，決定到天安門遊行示威，通電各省遊行示威以形成強大的輿論壓力和聲勢，迫使政府拒簽和約。

5 月 4 日，北大學生和北京高校的學生三千多人到天安門集會。學生們高呼「外爭國權，內懲國賊」、「取消二十一條」、「還我青島」等口號，他們遊行到東交民巷使館區時遭到了阻攔，學生們被激怒了，然後轉赴趙家樓，這裏有親日派官員曹汝霖的住宅，學生們痛打了正在此處的另一位官員章宗祥，火燒了曹宅。這就是震驚中外的「五四」事件。本來北京政府一些政要人士組織的「國民外交協會」也計畫於 5 月 7 日在中央公園召開「國民大會」，抗議巴黎和會的決定，但由於北大學生提前行動，「五四」運動提前爆發，北大學生的行動改寫了歷史。北洋政府對學生採取了鎮壓措施，逮捕了一大批學生，引起了北大教授們的憤怒，他們號召以更激烈的行動來反抗北洋政府。這樣全國各地的學生都被動員起來，6 月 3 日，上海工人、市民、商人也起來了，聲援北大學生。在全國人民的強大輿論壓力下，中國參加巴黎和會的代表遂拒絕在和約上簽字，「五四」運動終於取得了勝利。這是中國自鴉片戰爭以來第一次在中外交涉中真正按照人民的意願選擇的一個結果。

第四，「五四」新文化運動促進了中國人民民族、民主意識的覺悟，反映了中國人民對民族主義、民主主義的認識達到了一個新的水平。

從民族主義的角度看，過去中國對外的運動多具有排外的性質，五四運動一方面堅決主張抵禦外侮，主張維護國家主權，廢除不平等條約，一方面又對西方文化能夠抱持一種「拿來主義」的態度，向西方先進文化學習。這是一種新的民族主義，不是傳統的義和團式的排外主義。從五四運動開始，中國人以一種比較健康的心態處理中西關係。從民主主義的角度看，辛亥革命雖然創建了中華

民國，但沒有徹底根除人們心中的帝王思想，民國初年出現袁世凱復辟帝制、張勳復辟的醜劇，實為舊思想的沉渣泛起。新文化運動對西方近代文化的一個最重要認識，就是發現個性主義是解放人的一個最重要思想基礎，胡適特別提倡易卜生主義，也就是個性主義，這是民主社會的一種生活方式。蔡元培提倡相容並包、思想自由，這是現代社會的思想規則。陳獨秀反對孔教，以為孔教與現代思想自由原則不符，這都是對思想自由、民主政治的大力推進。民主之成為中國人衡量政治好壞的標尺，是新文化運動深入人心的結果。

　　每個時代對五四運動的認識會有所不同，每個歷史學者對五四運動的理解也可能不一。今天我所作的這些解釋，僅供大家參考，請大家批評指正。

本文為作者 2009 年 3 月 11 日在北京大學「紀念五四運動九十周年」
　　　　系列講座的演講整理稿，收入《北大講座》第二十輯，
　　　　　　　　北京大學出版社 2009 年 5 月出版。

史地傳記類　PC0172

五四運動的歷史詮釋

作　　者 / 歐陽哲生
主　　編 / 蔡登山
責任編輯 / 陳佳怡
圖文排版 / 楊家齊
封面設計 / 王嵩賀

發 行 人 / 宋政坤
法律顧問 / 毛國樑　律師
印製出版 / 秀威資訊科技股份有限公司
　　　　　114 台北市內湖區瑞光路 76 巷 65 號 1 樓
　　　　　電話：+886-2-2796-3638　傳真：+886-2-2796-1377
　　　　　http://www.showwe.com.tw
劃撥帳號 / 19563868　戶名：秀威資訊科技股份有限公司
　　　　　讀者服務信箱：service@showwe.com.tw
展售門市 / 國家書店（松江門市）
　　　　　104 台北市中山區松江路 209 號 1 樓
　　　　　電話：+886-2-2518-0207　傳真：+886-2-2518-0778
網路訂購 / 秀威網路書店：http://www.bodbooks.com.tw
　　　　　國家網路書店：http://www.govbooks.com.tw
圖書經銷 / 紅螞蟻圖書有限公司
　　　　　114 台北市內湖區舊宗路二段 121 巷 28、32 號 4 樓
　　　　　電話：+886-2-2795-3656　傳真：+886-2-2795-4100

2011 年 10 月 BOD 一版
定價：330 元

國家圖書館出版品預行編目

五四運動的歷史詮釋 / 歐陽哲生著. -- 一版. --
臺北市 ： 秀威資訊科技, 2011.10
　　面 ；　　公分. -- (史地傳記類；PC0172)
BOD 版
ISBN 978-986-221-825-9(平裝)

　1.五四運動

628.263　　　　　　　　　　　100015941

讀 者 回 函 卡

感謝您購買本書,為提升服務品質,請填妥以下資料,將讀者回函卡直接寄回或傳真本公司,收到您的寶貴意見後,我們會收藏記錄及檢討,謝謝!如您需要了解本公司最新出版書目、購書優惠或企劃活動,歡迎您上網查詢或下載相關資料:http:// www.showwe.com.tw

您購買的書名:_____

出生日期:_____年_____月_____日

學歷:□高中 (含) 以下　　□大專　　□研究所 (含) 以上

職業:□製造業　□金融業　□資訊業　□軍警　□傳播業　□自由業
　　　□服務業　□公務員　□教職　　□學生　□家管　□其它_____

購書地點:□網路書店　□實體書店　□書展　□郵購　□贈閱　□其他

您從何得知本書的消息?

□網路書店　□實體書店　□網路搜尋　□電子報　□書訊　□雜誌
□傳播媒體　□親友推薦　□網站推薦　□部落格　□其他_____

您對本書的評價:(請填代號　1.非常滿意　2.滿意　3.尚可　4.再改進)

封面設計____　版面編排____　內容____　文/譯筆____　價格____

讀完書後您覺得:

□很有收穫　□有收穫　□收穫不多　□沒收穫

對我們的建議:_____

_____

_____

_____

11466
台北市內湖區瑞光路 76 巷 65 號 1 樓

秀威資訊科技股份有限公司　　　收

BOD 數位出版事業部

....

（請沿線對折寄回，謝謝！）

姓　　名：＿＿＿＿＿＿＿＿＿　年齡：＿＿＿＿＿　性別：□女　　□男

郵遞區號：□□□□□

地　　址：＿＿＿＿＿＿＿＿＿＿＿＿＿＿＿＿＿＿＿＿＿＿＿

聯絡電話：(日)＿＿＿＿＿＿＿＿＿＿　(夜)＿＿＿＿＿＿＿＿＿＿＿

E-mail：＿＿＿＿＿＿＿＿＿＿＿＿＿＿＿＿＿＿＿＿＿＿＿